兰台之魅

——跟着档案看安丘

肖百海 主编

吉林文史出版社

图书在版编目（ＣＩＰ）数据

兰台之魅：跟着档案看安丘 / 肖百海主编.

长春：吉林文史出版社, 2024.9. -- ISBN 978-7-5752-0686-0

Ⅰ. K295.23

中国国家版本馆 CIP 数据核字第 20245ZB918 号

LANTAI ZHI MEI —— GENZHE DANG'AN KAN ANQIU

书　　名	兰台之魅——跟着档案看安丘

主　　编	肖百海
责任编辑	高冰若
出版发行	吉林文史出版社
地　　址	长春市福祉大路 5788 号
邮　　编	130117
印　　刷	潍坊新天地印务有限公司
开　　本	787mm×1092mm　　1/16
印　　张	19.5
字　　数	217 千字
版　　次	2024 年 9 月第 1 版
印　　次	2024 年 9 月第 1 次印刷
书　　号	978-7-5752-0686-0
定　　价	98.00 元

1974年档案馆旧址

安丘市档案馆成立于1959年10月15日，穿越时空60多年，历经1974年、1986年、2006年、2021年4次搬迁，连同馆藏珍贵档案资料，见证了安丘档案由小到大、由弱变强的发展历程。

1986年档案馆旧址

2006年档案馆旧址

目前档案新馆投资 7000 万元，建筑面积 12000 平方米，是潍坊市县市区中最大、条件最好的县级档案馆，曾荣登《中国档案》杂志封面，是"十四五"期间山东省第一个国家级数字档案馆。

2021 年档案馆

档案馆库房一角

安丘市档案馆新馆库房容量300万卷，可满足全市未来30—50年的使用发展需求，目前馆藏档案179个全宗，8.9万卷、2.8万件；图书资料2.5万册，馆藏数字化率达95.2%。其中保管有《安丘县志》《渠亭山人半部稿》《说文释例》等珍稀典籍5200种。

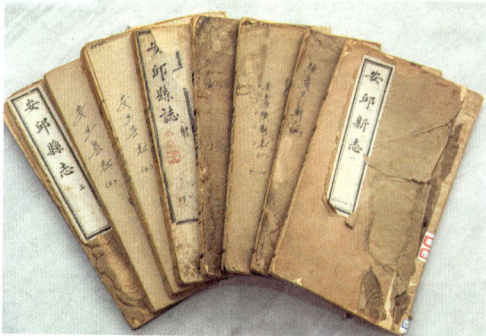

档案馆馆藏各时期《安丘县志》

档案馆馆藏历史档案

编 辑 委 员 会

主　任：贾勤清　乔日升

副主任：段宏喜　田凯文　于　浩　肖百海

委　员：曹学军　李焕云　郎　潮

参 编 人 员

主　编：肖百海

副主编：曹学军　李焕云　郎　潮

编　委：殷荣初　张增福　袁　峰　张志成　潘丽丽

　　　　高贵刚　徐　敏　钟希钢　高　成　孙　超

　　　　肖瑶瑶　王燕云　韩润龙　乔璇璇　辛涌波

序

安丘自古"风气之锺，山川之胜，文物衣冠之盛，甲诸旁邑"，是中华古文明发祥地之一。远在新石器时期，人类就在此处栖息劳作。数千年来，勤劳朴实、勇敢智慧的安丘人民在这片美丽富饶的土地上繁衍生息、开发自然，积淀了丰厚的人文历史，积累了一批弥足珍贵的档案资料。

档案，是对历史真实、客观、权威的记录。它们承载着过去，昭示着未来，与青云比肩，伴汶水长流，值得后人挖掘、研究、珍惜。

近年来，安丘市档案馆本着"对历史负责，为现实服务，替未来着想"的理念，在有关专家、学者的支持帮助下，对中华人民共和国成立前的部分人文历史档案加以钩沉、整理、考辨，着眼于历史变迁，风物，经学，圣贤杰士、孝义、清官名宦事迹，战事、灾乱、美食、名酒等史实，编成《兰台之魅——跟着档案看安丘》一书。该书如一面"知兴替"的铜镜，映照古今，明辨春秋。一册在手，数千年历史波澜尽收眼底，无止境兴废慨叹涌上心头。

《兰台之魅——跟着档案看安丘》以辩证唯物主义和历史唯物主义为指导，以服务当代、惠及后世为宗旨，实事求是地总结、记载了中华人民共和国成立前安丘人民在艰难曲折的行进道路上所遗留的足迹。通过这些广义的历史档案信息，我们可以窥见社会的不断进步和文明的日渐多元。

《兰台之魅——跟着档案看安丘》一书语言精练、朴素，弥散着令人动容的家国情怀，又萦绕着一种淡淡的乡愁。乡愁是故土的一城一池、一草一木，是乡音浓重的一声问候。"以史为镜，可以知兴替"。通过此书，相信当代安丘人一定能找准历史坐标，不忘本来，吸收外来，面向将来，更加自觉地承担起用先进文化引领社会进步的责任，更加自觉地承担起传承弘扬民族优秀文化的责任。通过宣传、弘扬展现安丘人文历史风采，凝聚成东夷、海岱文化特色兼具的文化之脉，使先进文化、特色文化成为我们的城市之魂，成为"唱响安丘好声音，塑造安丘好形象"的强大力量。

该书的编写、出版，不仅可以让我们永远铭记历史教训，弘扬前辈奋斗精神，增强安丘人的自豪感、荣誉感，激发干事创业激情，增强我们爱党、爱国、爱乡情怀，还将对人们了解安丘丰厚的历史文化底蕴大有裨益，必将为文化繁荣发展增添浓墨重彩的一笔，对"决战黄金五年、冲刺第一方阵"起到重要推动作用。

窦韶清

目　录

第三章　圣贤杰士档案

第六章　孝义档案

第九章　美食档案

第十章　名酒档案

第一章　历史变迁档案

安丘先民出沂源

　　三亿年前的古生代末期,今天的山东一带大部分是浅海,绝少山峦。约两亿年前或稍后,随着地壳变动,海水退,大陆升,初步形成了今天地貌的雏形。安丘的地文地理,可上溯到亿年以前。地理学家邹豹君在《论山东省地文的沧桑》一文中提到,在距今一亿三千万年前的侏罗纪时代,今安丘西南部原是鲁西一个大洼的南缘。在白垩纪时代末(距今约六七千万年),山东陆地上又出现了两个大洼。邹文谓:"西洼地的东边缘,在今安丘、莒县以东。"这一地貌特征,在《山海经》中也有记载。也就是说,安丘现存的最古老的"古迹",就是东南部低陷沉积的大洼。《民国山东通志·地理志》称:在三千六百五十万年至两千三百万年的渐新世,山东中部发生了长二百五十公里、宽一百五十公里的拗曲造山运动,这才有了泰山,才有了泰沂山系的余脉——今安丘西部中部的山峦,以及安丘城东、景芝以西的西南——东北走向的道道丘陵。它东边的大洼再也没鼓起来,若干年后,由黄河、潍水等河流接力运作,造

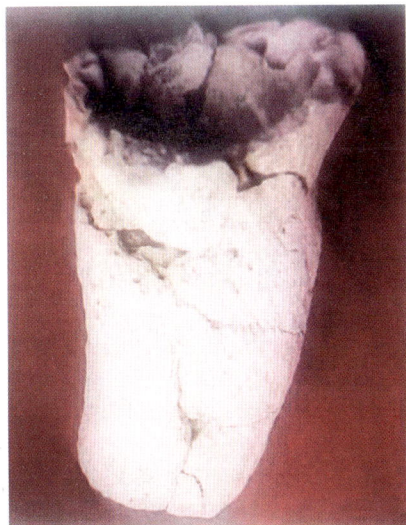

发现于汶河河床的象牙化石

成了一块冲积平原，加入了山东古代的胶莱平原区，成为华北平原的一部分。时光降至五六十万年前的更新世，安丘一带气候温和多雨，原始森林郁郁苍苍，阔叶林中多桑、柘(后世具地方特色蚕丝业的基础)，林间、河谷百鸟翱翔，遮天蔽日，肿骨鹿、熊、虎、马、犀牛、大象、野猪、巨河狸等大型兽类游走出没。生活在这一带的猿人就在这种极其恶劣的自然环境中繁衍生息，一步步走向未来。

发现于汶河河床的木化石

　　人类由古猿进化而来，原始人体质上还保留着若干古猿特征，所以称为"猿人"。三十年前我国考古史上有个重大发现，即根据沂源古人类骨化石标本鉴定：当时山东人的老祖宗是与"北京人"体质特征相似的"沂源人"。他们生活在距今四五十万年前的新生代更新世中期，属于猿人或直立人晚期阶段。这一人与猿揖别之后的进化过程的发现，说明在中华大地的东部——山东，人类历史始自四五十万年前的"沂源人"，山东人无愧祖国大家庭中资格最老的成员之一。

　　原始人群一般居住在比较安全的洞穴中。沂山一带至今尚存数百个喀斯特山洞，考古人员在多数洞穴中都发现了古人类生活遗迹。原始人出则依山而猎，傍河而渔，入则群居共处。他们的工具只是简单的打制石器和稍加修整的木棒，依靠集体力量狩猎或采集果实，食物共同享用。因为方式简单，通常收获甚少，生活条件十分艰苦，好在当时尚无私有观念，劳动仅为果腹而已。原始人群虽然仍盛行比较杂乱的两性关系，但已经开始排除上下辈之间的杂交，只在年龄相若的同辈兄弟、姊妹中实行群婚。于是，具有初步社会意义的习俗产生了。这个实行内部班辈婚的小集团,就是最早出现的人类社会组织形式。《礼记·礼运》曰:"昔者,先王未有宫室,冬则居营窟,夏则居橧巢。未有火化,食草木之实,鸟兽之肉,饮其血,茹其毛;未有麻丝,衣其羽皮。"《吕氏春秋·恃君》云:"昔太古尝无君矣,其民聚生群处,知母不知父,无亲戚、兄弟、夫妻、男女之别,无上下长幼之道。"

在中国大地上,从直立人到早期智人再到现代人类的化石表明,他们之间存在着明显的连续进化。

20世纪60年代中期,离沂源县不远的新泰县的一个溶洞中出土了一枚人类牙齿化石。系一少女臼齿,属晚期智人,考古学上称其为"新泰人"。他们是沂源人的后世裔孙,生活在距今二至五万年的旧石器时代晚期。这时人类体质形态上的原始性已完全消失,现代人开始形成。新泰人是目前在山东发现的最早的现代人。当时还在十六年后发现沂源人的地址附近(属同一个村)发现了与新泰人同时期的一处遗址,有灰烬、烧土、烧骨等文化堆积,说明当时人类已经开始用火烧烤肉食,告别了茹毛饮血的时代。

"新泰人"遗址

到距今二三万年左右的更新世晚期，人类已由"古人"阶段进化到"新人"阶段。此一时期，人们开始由原始人群（不固定的群体）生活，转变为以血缘为纽带的母系氏族公社生活。子女只能确认生母而不知

山西丁村出土的锯齿刃器

父，氏族成员按照母系血统来计算。他们成股成帮地由丛山密岭移居浅山低谷地带，能够人工扩大洞口，人工打制刮削器，还能够制造弓箭，以捕获飞禽走兽和水生动物。骨针的发明创造，使他们的衣着也比较讲究。

大约一万年前，是旧石器晚期到新石器早期的过渡期，被称为"中石器文化"时期。时，大理冰期结束，自然气候由冷变暖，促进母系氏族公社向全盛发展，采集主要是妇女的工作。世界各地流浪穴居的渔猎采集群体，不约而同地发明了各种技术，开始制造较先进的工具，捕鱼狩猎，驯养六畜，甚至开始栽植谷物。

泰沂山区是"沂源人"的重要聚居地，今我市地面西南部山地又是泰沂山系的支脉，中部及以东之境又是潍河水系网，有几股沂源人、新泰人的子孙就沿着发源于百丈崖的汶河顺流而下，来到今安丘地面停居下来。因为此地处于山地与平原结合部，所以山下平原地带聚集的安丘先民就较多，目的是躲避水患。东部当年的大洼里，相对而言人烟就稀少，或者迁来得晚些。应当指出，安丘先民在历史演进中，并非一直固定不变。由于频繁的战争和大范围的瘟疫，除少部分人存活或留居下来，多数远走他乡，一部分去了山西、陕西，但迁至江淮一带者更多。

景芝、老峒峪留足印

大约距今八千年，安丘先民告别了艰辛而漫长的以采集和狩猎为主要生活方式的旧、中石器时代，逐步迈进以刀耕火种的原始农业为主要生活方式的新石器时代。当历史发展到距今六千年前后，山东地区的社会形态由母系氏族社会兴盛时期过渡到了父系氏族社会。一夫一妻家庭开始形成，公有制逐渐瓦解，进而阶级社会产生。推进这一历史大转变的是沂源人的后世子孙、山东地区的东夷人。东夷人是中华大家庭中的重要的一支，是中华民族的始祖之一，他们开启了海岱之区的远古文明：在史前时期他们先后创造了灿烂的北辛文化、大汶口文

1957 年景芝镇出土的薄胎磨光高柄杯
（现藏中国国家博物馆）

化、龙山文化。

北辛文化是黄河下游一种原始社会较早期的文化。安丘境内虽尚未发现北辛文化遗址，但先民们却参与和经历了这场"新石器时代革命"，社会从蒙昧时代过渡到了野蛮时代。是时，磨制石器增多，骨角器发达，烧陶技术有所提高，生产力有了较大发展，定居农业和"剩余财富"已经出现，诸种因素催发了私有种子。

大汶口文化是在北辛文化基础上发展起来的，分布于黄河下游地区，属新石器时代中晚期文化，距今约六千三百年至四千六百年，因山东泰安大汶口遗址最具代表性而命名。大汶口文化时期，安丘的自然环境由湿暖转为干凉，又由干凉转为湿暖。这一时期社会变化极为迅速而深刻，安丘像山东其他地区一样，呈现出空前的崭新的面貌。

"披发文身"的东夷人形体高大，此一时代男性平均身高为一百七十二点二厘米，有的高达一百九十厘米，比同期仰韶文化的中原人高出三至四厘米，所以史书说是"大人也"，可能与海岱地区自然条件优越有关。《说文解字》释东夷的"夷"谓，它由"大"（"大"字是四肢张开的人的象形字）和"弓"组合而成，属六书中的会意字：人背着一张弓，是射猎的汉子。说明远古时候山东大汉是弓箭的发明者且以善射著称，其子孙后羿直到夏朝还是射箭高手。弓箭是一种空前的发明，杀伤力远超棍棒、刀斧，人一旦拥有，如虎添翼。五十多年前，安丘地区的景芝镇曾发现过当时的石箭头。恩格斯说"发明这些工具需要有长

老峒峪村出土的石刀

南部村出土的石铲

期积累的经验和较发达的智力"，标志着古人类在征服自然方面进了一大步。安丘境内的大汶口文化遗址，是本地发现的最早期的人文遗存，至今已经发现二十余处，主要有景芝、老峒峪、南逯、郑家下庄等遗址。

景芝遗址位于景芝镇区西南约三百米处，西靠浯河。1957 年 11 月，山东省文物管理处对景芝遗址进行了小规模发掘，收获丰硕。共发现墓葬七座，出土器物七十四件，其中陶器六十四件、玉器十件。陶器均为生活用具，包括较细腻的泥质陶和耐烧的夹沙陶两种。陶器因质料和烧制火候不同而呈红、灰、黑、白等不同色泽。器形主要有鼎、豆、盆、罐、碗、大口尊（缸）等。考古学家王思礼在《考古学报》上发表的《山东安丘景芝新石器时代墓葬发掘》一文，总结了主要发掘成果。该遗址属大汶口文化晚期遗存，距今约五千五百年至四千五百年，是安丘境内唯一进行过科学发掘的古文化遗址。专家"认为这些器物的质地、色泽和形制，都与我省其他地区的古文化遗址出土的遗物有些不同"。报告敏锐地感觉到所认定的"龙山文化"中还包含着更特殊、更丰富的因素。"景芝镇的陶器以红色陶为主……与新沂花厅和南京北阴阳营以及莒县陵阳河的红色陶倒有些相同。"这些见解非常可贵、特别有意义。后来的考古证明，安丘景芝、曲阜夏侯、新沂花厅、诸城呈子等遗址与此皆属同一种文化范畴，比山东龙山文化早一千多年。学术界认识到，景芝遗存对于两年后通过在泰安大汶口的典型发掘而提出大汶口文化的命名，确立山东新石器时代文化的基本序列,起到了重要作用。更令人振奋的是,几年后山东省文物研究所考古学家王树明发表《考古发现中的陶缸与我国的酿酒》一文,对古酒史做了一番深入研究。文章结论:"缸是酿酒时贮藏发酵的用具,罐既是用来酿酒的,也是盛酒器物。盆是接酒用具,炊具陶鼎和鬶是蒸煮之具。"文章几次提到景芝,说1957年发掘出的国内初见的那三个缸,时与鼎、盆、罐成组,时与鼎、红陶罐为伍,同其他大汶口文化遗址的陶器及其放置情况一样,都是规则的酿酒器具的配套系列。这就是说,四五千年之前景芝就已有酒业。

老峒峪遗址位于辉渠镇老峒峪村,南濒峒峪河。遗址面积约十二万平方米,文化层厚度约三米半。1957年冬,山东省文物管理处考古队结束景芝遗址的发掘工作后,对该遗址进行了调查,并在《考古》1963年第十期刊发了《山东安丘峒峪、胡峪新石器时代遗址调查》一文。此后文物工作者又多次进驻调查,收集了大量出土玉器、陶器、骨器,采集了众多标本。后来本籍人、山东省博物馆专家郑岩等人又对该遗址进行了调查,在《考古》1992年第十期发表了《山东安丘老峒峪遗址再调查》一文。认为该遗址延续时间较长,是一处包含大汶口文化、山东龙山文化、岳石文化和商周历史遗存的遗址。

南逯遗址位于郚山镇养廉村西,北靠下小路,南临小河。遗址面积约三万平方米,文化层厚度大约两米。安丘博物馆曾多次前往调查,采集到的标本主要是陶器,计有鬶足、鼎

老峒峪村出土的陶鬶

足、盘、罐、杯等。

大汶口文化遗址大都位于山前平原地带和河边台地。人们在此居住，一为生活安全，二为渔猎、耕种方便。景芝古遗址以北高地即为部分先民居住点。通过发掘遗址和调查得知，大汶口文化晚期，社会已经发展到血缘组织，安丘先民已从渔猎生活过渡到以原始农业为主的定居生活。农业

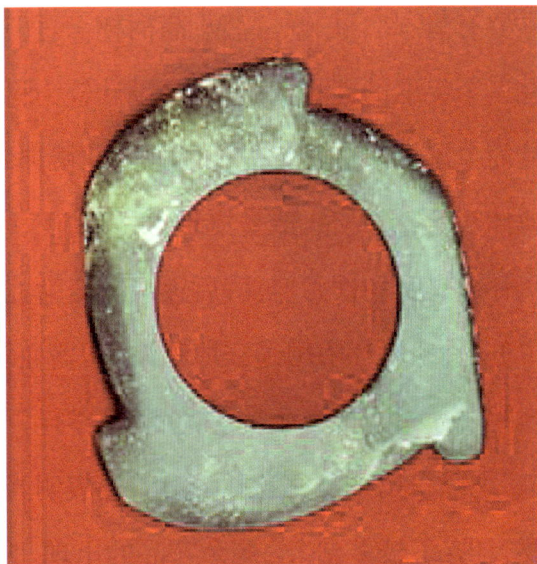

老峒峪村出土的玉牙璧

生产中使用的生产工具主要是磨制石质工具，如石斧、石铲、石锛、石凿等，在遗址中均有大量发现。这一时期，东夷人发明了中耕工具——用鹿角制成的鹤嘴锄，使原始农业得到进一步发展。农作物主要是种植耐旱的粟、黍、稷、麻等。麻是当时主要的纤维作物，秸秆皮纤维可织成粗制麻布，但是稀少的麻布还不能替代遮身和御寒的兽皮。大汶口文化前期气候温暖湿润，适宜栽培水稻。老峒峪出土的陶器中曾发现稻壳，说明这一时期安丘地区或存在稻作农业。

除了农业，以家畜饲养业为主的畜牧业也有所发展。六畜中的牛、猪、狗、鸡已经广泛饲养。特别是猪，已经成为重要的动产和肉食来源，并大量用于随葬和祭祀。在南部遗址一座损毁的墓葬中，发现了一件随葬的猪下颚骨，其中獠牙经过了磨制修饰。当时人们有随葬猪下颚骨的习俗，猪下颚骨的多少在一定程度上体现了财富的多少。

这一时期，手工业也已经从农业中分离出来，主要是制陶业，采用了轮制技术。大汶口文化晚期出现了快轮制陶工艺。陶器种类繁多，器形复杂多样，

主要有鬶、鼎、豆、罐、背壶、高柄杯等。陶鬶是大汶口文化的标志性器物,底部有三个突出的乳状足,是一种设计较为科学实用的炊煮器,也是一种饮酒器,其简单流畅的造型又展现了人们的精神依托——对鸟的崇拜。黑陶高柄杯胎薄体轻,漆黑光亮,造型典雅,工艺精湛,代表着当时制陶工艺的顶尖水平。高柄杯是先民的饮酒器具,后逐步演变为礼器。高柄杯在景芝出土了八个,复原了五个,现均存中国国家博物馆。酒器在安丘出土的陶器中占很大比例,说明当时安丘一带酿酒业发达,饮酒风盛行。这与古代文献中东夷族"喜饮酒、歌舞"之记载相吻合。酿酒业发达,还表明当时的粮食生产能保证正常的生活需要,且有了较多剩余。剩余产品的出现,为私有制的产生提供了条件。大汶口文化时期已经出现了私有化,社会财富、公共权力逐渐集中至少数人手中,贫富分化越来越明显。众多墓葬中随葬品多寡不一,正是占有社会财富多少和社会地位高低的反映。那时候阶级已经出现,无度的贪欲造成了残酷厮杀,野蛮时代发展至巅峰。

大汶口文化晚期陶文(比甲骨文早一千多年的汉字的祖始形态)以及铜器的出现,向我们透露了文明时代即将来临的信息。

此一时期,生活在黄河下游地区的东夷人的首领,是传说中的太昊和少昊。太昊部落崇拜龙(蛇),少昊部落则以鸟为图腾(凤鸟是部落的总图腾),而且"以鸟命官"。陶器上多有鸟的图案,作为"东方文化中的标准化石——鬶,则是鹤、雁或鸠等鸟类的形象"。说明大汶口文化确实是少昊文化或东夷文化。少昊后裔遍布山东,生活在潍河、淄河流域的一支是东夷族中的嵎夷,夏商时期安丘国的"国民"就是嵎夷之一支。

安丘国源流

三四千年前的夏商之世，方国众多，其中就有安丘国。这一说法有若干较权威史籍文献作支撑。李江秋在所著《安丘述略》中断言："安丘这个地名，虽是前汉初年才在《史记》中出现，但这个地区的自然和人文，都可由各种书史的记载，向上追溯到夏代。"2003年山东省地方史志编纂委员会所编的《山东省志·建置志》载："夏商时期今山东地域范围的方国为数不少。据研究山东古国史的学者称，仅文献上有记载，且能查到地望的就有一百三十多国。其中，东夷族氏族部落演进为国者一百多个，就说少昊后国，有穷桑、兖、缙、葳、偃、绞、帛、郦、嬴、运、掩、菟裘、密如、徐、淮夷、兹、时、郯、葛、运、莒、渠丘、计、安丘、无娄、且于、犁比、林间等国。……它们是后世政区的胚胎。"《山东省县级以上行政区划历史沿革完

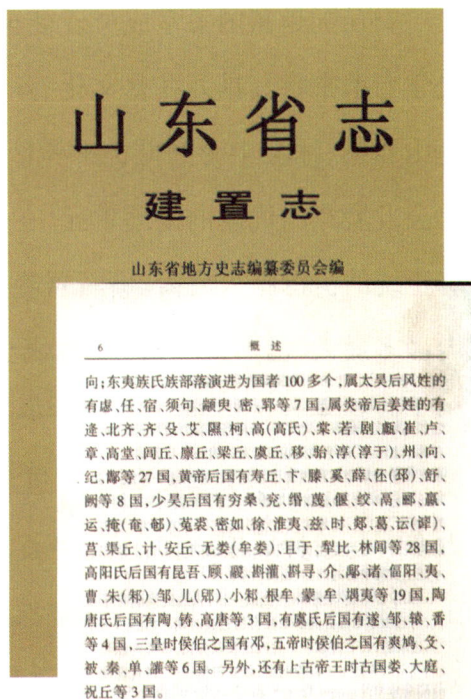

《山东省志》中关于"安丘国"的记载

全篇》《山东的历史》以及王大有《寻根万年中华》之有关登载，并同上说，一字不易，确认夏商时期"安丘为少昊后二十八国之一"，同时指出，这些方国入西周时多数存留下来。

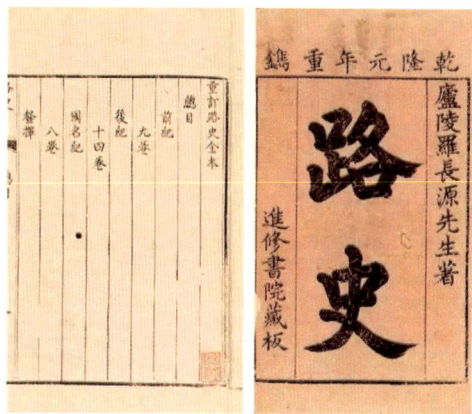

《路史》书影

南宋罗泌著《路史》中纪姓国之"安丘"条下载："汉县，隶北海，今隶密。有安丘亭，西南十二里有汉安丘城。"明确指出该国、该县的承袭渊源。

这些方国虽是同一个祖宗的后裔所建立，但立国时间却有先有后。东夷文化研究专家逄振镐在所著《莒国王室后裔姓氏录》中阐明："《路史·后纪七·疏仡纪·小昊》载：'有……安丘……之氏。'莒后有安丘国……"

安丘国是莒国王室成员迁徙至安丘地区所建立。莒地古文化灿烂辉煌，史学专家常将其排列在鲁文化、齐文化之后予以盛赞。此地处沂河东侧、五莲山西侧、沭河中游的低山平原区，属暖温带季风区大陆性气候，构成古代社会发展相当优越的地理单元。在旧石器时期的三四十万年前，这里就生活着正统的沂源猿人后裔。新石器晚期，大汶口文化聚落群在鲁中鲁东南范围内最多最大，已具古国萌芽。莒属少昊后裔，己（纪）姓。夏代的夷夏关系，经历了修好——交恶——再修好——再交恶的复杂过程。夏启末年及太康时期，夏王丧德，东夷对夏朝采取进攻态势，导致后羿代夏。鲁中东部的东夷人有时是后羿后援，有时又被寒浞利用而随狼打虎。夏朝在中原复兴后，夏王季杼便对今潍坊、日照地区屡次用兵。把相当一部分东夷人驱赶至山东半岛，存留的诸方国归附夏朝，称臣授爵，缴纳贡赋。夏朝统治者想一劳永逸，乘机设了一条长长的防线。有学者说："夏代防夷阵线，重心在今潍城、安丘、寿光一带。"在前面的王师征伐中,莒国受到严重打击,人民惨遭屠戮和驱逐,王室星散,多逃进山地或外迁避难。这种情况发生过不止一次。据统计,在一千三四百年时间中,莒国王室改姓氏者有二十一个,新立方国且多数改姓氏者有八个,这八个是莒氏、渠丘、计、安丘、无娄、且于、犁比、林闾。内中的安丘,就是莒国王室成员在今安丘境内建立的安丘国。当时仍是己(纪)姓。这次逃难并不算太麻烦,跨过潍水上游、翻过两道山脉即安全到达。安丘地与莒地历史上长期紧邻,迟至1943年莒县还有数十个村庄划给安丘,今天的石埠子一带原本就是属于莒县,说明二者的地缘关系非常密切。

至于安丘国的具体地望,理应在除兹、州等国所据之今安丘东部以外的中西部地区,彼时之国(包含国都及周边属地)的东西、南北长度约在七十至一百里。安丘国的中心或说"都城",应在今牟山一带。《管子·乘马》篇说:"凡立国都,非于大山之下,必于广川之上……因天材,就地利。"牟山一带,好山好水还有沃土,正可开疆拓土,再创新天。山是平地突兀的牟山,水是横贯境内的汶水,沃土是典型的山前冲积平原区,系先民理想的安居之地。《说文解字》解"安":"静也。从女在山下。"("女"字上头的"宀"是后世传写"山"的讹变)其实也有安宁、安定之意。其时经常洪水泛滥,乃至海水倒灌,近山、靠山可以躲避水患。牟山地处泰沂山系最东北端,向东直到胶州湾、向北直到莱州湾再无山峦,虽然只有海拔一百七十三米,却有一山飞峙大河边之气象。既得山水之利,又有安全保障,在山坡或山麓地带建城建都,是个绝佳选择。安丘的"丘",《常用古文字字典》称:"甲骨文像二山之形,是小山也。卜辞常用作方国名。"可见,安丘国用它来作国名的主要成分顺理成章。但过去(文字改革前)写县名用"邱"而不用"丘",这并不外行,"邱"的右旁是"邑",该字古时为由于种种原因修筑的"山城"所造,后来它成了标地名的常用字,清雍正三年上谕颁行后,其应用范围更为广泛。

安丘国"国民"的农、猎、渔多种经营生活,到西周的不知什么时候就过完了。国度虽消失,但还剩有国族子孙及其姓氏。《莒国王室姓氏录》载:"莒,少昊后国,东夷古国之一……莒后有安丘国,以邑为氏,称安丘氏。"

这是说,夏代莒国后来分出个安丘国,该国灭亡后,其国族改姓为"安丘氏"。并且注明,新姓氏是"以邑为氏",为纪念故国,不再姓己(纪)。不用说,这个"邑",就是都城,其名叫"安丘"。夏商之时,方国国名和其国都之名往往相同;有周一代,所灭亡之国,其都城都成为"邑"而存在下来。如犁比国留下"犁比邑",林间国留下"林间邑",渠丘国留下"渠丘邑",这些国家的后代都以邑为氏,安丘国的情况也不例外。

至于安丘氏后世信息,存留者甚少。菏泽著名的"安邱堌堆",虽然其文化被命名为"安邱类型",但没听说与安丘氏的后人有什么关系。而到了汉代,却确确实实出现了安丘氏名人。逄振镐文章还说:"莒后称氏者二十一,为二十一氏。后,氏皆称姓……安丘,复姓,汉有安丘望之。"这正像《左传》所载齐大夫莒恒一样,此人原是莒后莒氏(己)国人。

《钦定古今图书集成明伦汇编氏族典》中载有"安丘氏"。《古今姓氏书辩证》"安丘"条载:"耿弇父况与王莽从弟伋共学《老子》于安丘先生。《嵇康·圣贤高士传》曰:'安丘望之,字仲都,京兆长陵山。少持《老子经》,恬静不求仕宦,号安丘丈人。成帝闻,欲见望之。望之辞不肯见,为巫医,隐于人间也。'"安丘望之这位安丘国的后世子民,大概是安丘历史上第一位知名人士。

"安丘"作为名称,既是国名,又是国都名,也是后来的姓氏名,它还是安丘国带标志性的山的名字。宋代郑樵《通志》载:"安丘氏因山为氏。"此说诚然与"以邑为氏"之说有异,但这里我们不想根究孰是孰非,只想说一说由郑氏之所言有幸获得了一条十分重要的历史信息：真有一座名字叫"安丘"的山！

关于"安丘山"，史籍中并非无载。北宋《元丰九域志》和《金史》载安丘县时，都提到过有"安丘山、刘山"，因年代久远，近世又无人提及，即使个别人从资料上偶然看到，也不以为然。其实史载以上两山的次序就很有讲究，安丘山排在比它高出三倍的刘山之前就说明其身份不凡。旧《山东通志》和咸丰《青州府志》不但记载了安丘山的存在，也指出了其具体方位。旧《山东通志》载："安丘山界二郡，故各以名其县。"这两句话的内涵相当丰富，首先肯定有安丘山，其次确定其位置，继而说明汉代二县皆随其名。《青州府志》对旧《山东通志》的话诠释为："安丘古城在今县西南牟山北，与淳于皆属北海；自牟山以南，郚城与朱虚皆属琅琊"，并断定郑樵的"旧《通志》之说信矣。"《安丘县乡土志》则说得更为透彻。其作者系清宣统版《山东通志》四总纂之一、方志学家马步元，他在乡土志的"历史篇"中，讲述了北海郡安丘县在牟山北之牟乡城后，接着又有画龙点睛的一笔："又于牟山南别置安丘县，城址无考……属琅琊郡。"这牟山南之"安丘县"实指与县同级的汉安丘

牟山旧照（辑自《山东古迹名胜大观》）

侯国。这里具体地牵出了安丘山所界二郡的两个重要县份,从而也就很容易理解"各以名其县"的含义:今称为牟山的安丘山的一北一南,有分属二郡的安丘县和安丘侯国,它们皆以山——"安丘"命名。

说到这里,顺便补苴一下乡贤马萧萧说过的几句相关话语:"三代之时大概只称'安丘','山''丘'是一个意思。"他说得很中肯,《中华大字典》解释"丘":"丘也是山。"

《青州府志》和《安丘县乡土志》所言渐渐显露安丘山的真面目,并称"安丘山或牟山之异名也""安丘山或曰即牟山也"。以上所述水到渠成,得出结论:牟山就是原来的称作"安丘"的山。

这座山,是安丘国的见证,是安丘的象征。

形胜之地"安丘"改称牟山,是根牟国占领原安丘国地并长时间统治的结果。大麦的名字都带上了"牟"旁,身边作为前朝象征的山,当然也难逃"牟化"的命运。

东夷氏族又分为许多部族,牟族势力遍及山东各地,安丘、诸城一带是他们活动的重要区域。其中根牟这一分支很早就是个方国,为夏商高阳氏后十九国之一。势力强盛后,根牟开始领土扩张。宋元之际史学家马端临的《文献通考》"周夷狄都"目下称:"根牟都安丘,今密州安丘。"这条内涵丰富的文献资料,对于研究古安丘历史来说,意义非同寻常。"周夷狄都"的意思是,此一条目专门介绍周代少数民族(此处是指东夷部族,具体指的安丘国和根牟国)所建方国的都城。其下正文说,后来根牟国建都于安丘国的故都,其地望是宋元时期隶属密州(州治诸城)的安丘。宋代乐史《太平寰宇记》载:"安丘县,古根牟国城,汉为安丘县,属北海郡。"清代顾炎武《山东考古录》"考牟国"条下:"根牟国即密之安丘,隋之牟山县。"上述种种史料承上启下,进一步肯定了安丘国的存在。

多国并存时代

安丘夏商两代为安丘、斟鄩国地；西周时期有根牟、州（淳于）、纪等国；春秋时期，安丘先后分属州（淳于）、根牟、纪、齐、杞、鲁等国；战国时期，安丘大部属齐国，西南车庄、柘山一带属鲁国。

夏商时期东夷地区的方国都很小，互不相属，各自为政，经常迁徙。方国内有许多"邑"，中心邑称为"都"，其余的邑称"鄙"，鄙的耕作地带称"郊"，郊外未开垦的地带称"野"。上述方国，入西周时多数存留下来，成为后世政区的胚胎。

《杞纪》书影

安丘是纪（金文作"己"）姓方国之一。因文献缺失，夏商周之际存立详情难以确考，后来其都（名"安丘"，即后来的牟乡城）周时为根牟国所占。

根牟国，牟族所建，夏商高阳氏后十九国之一，春秋时曹姓五国之一。莒

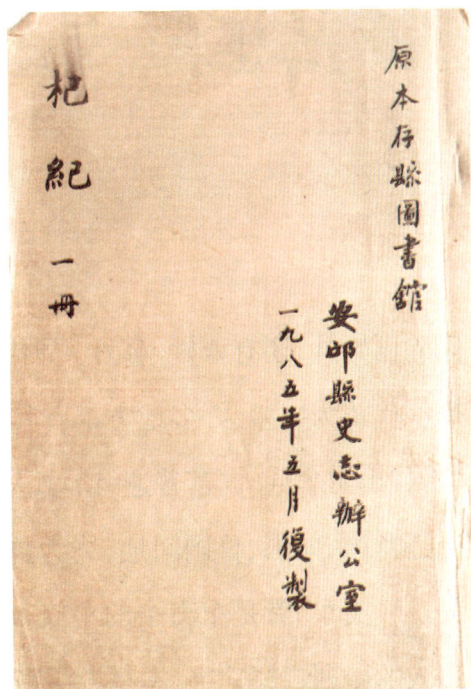

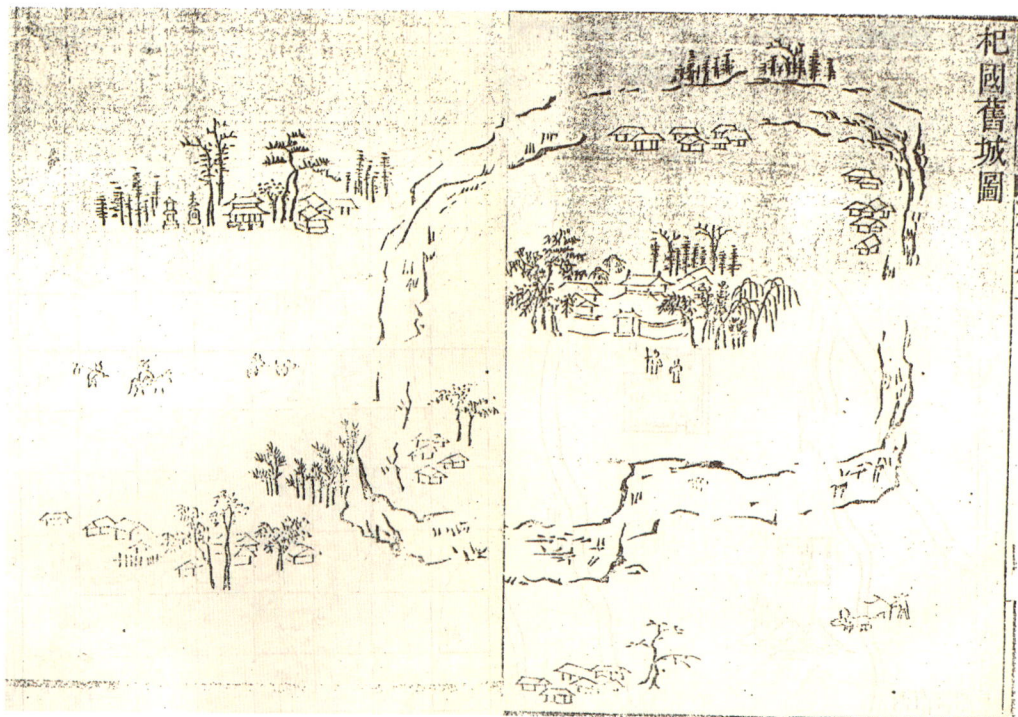

杞国旧城图(辑自《杞纪》)

国除己姓外,还有曹姓、嬴姓。周代牟山一带多曹姓。牟族是东夷之一支,有周一代较为兴盛,好多地方都有其部落和方国。王献唐《山东古国考》认为:"古代山东牟族,固甚普遍,诸城、安丘一带其势力中心也。"春秋末,根牟国南迁莒国、向国、鲁国间地,终为鲁国所灭。《说文解字》说:"古者夷牟初作矢。""夷牟"就是东夷中的牟族人,"矢"指箭镞,进一步证明拉弓射箭是东夷人的专利。"牟"字,本是牛叫声。乡贤王筠在《说文释例》中说,"牛"上头的"厶",系讹变字,它在甲骨文、金文中是弯弯曲曲上升的气,表明牛叫的样子,说明牟族以牧牛为特色。"牟"也与麦有关,"牟"的左旁加上"麦"就成"麰"字,也读"牟",指大麦。牟山一带产大麦,说明大麦种植系牟族首创。牟山一带是牟族聚居之地,牟族是安丘大地早期的开发者和文化创造者之一。

斟鄩故国是夏初在山东建立的姒姓国。史载"太康居斟鄩"。夏王仲康为加强对北方、东方控制，派儿子到今潍坊东南治浑村立国。由于他来自斟鄩郡，后世称这一古国为斟鄩故国。斟鄩故国商代犹存，后为周武王所灭，存在达千年之久，原属安丘市的南流镇、黄旗堡镇一带都属斟鄩故国。

夏朝东夷地区方国林立，一些实力强大的方国或者方国联盟甚至可以跟夏朝相抗衡。以善射著称的后羿"因夏民以代夏政"，夺取夏朝统治权。但他不修民事，只顾四处打猎，将政事交予寒浞打理，后被寒浞所杀。寒浞夺取政权后剪除亲夏势力，派浇灭掉东方的斟灌、斟鄩。《山东考古录》引《竹书纪年》记载："帝相二十七年（约前2120），浇伐斟鄩，大战于潍，覆其舟灭之。"这场战斗的具体地点在原安丘东北部的潍水一带，是中国历史上第一次有记载的水战。后来少康积极复国，贵族靡也在鬲召集斟鄩、斟灌两国遗民予以响应，终于灭掉寒浞，二斟得以复国。二国不知亡于何时，其故地起头由淳于部落建立的州国管理，春秋时已为齐国所有。在齐国的《素命镈》中，齐侯把鄩地的人民都鄙赐给了臣下。

淳于是山东东部古老的部落，夏商时炎帝后姜姓国中，州、淳（淳于）原是不相干的两个方国，周武王封淳于公，享位公爵，到春秋时，州与淳就合二为一了，用"州（淳于）"来表示，亦称州公，习惯上称州国为淳于国，都城在淳于城，位于今天安丘东北二十五公里的黄旗堡镇杞城村一带。春秋初期，州国国势日衰，处于邻国威胁之下。《春秋·桓公五年》载："淳于公如曹，度其国危，遂不复。"于次年春天又去了鲁国。自西周初封立至春秋初灭国，州国共存在三百余年。

杞国乃夏代姒姓成员国之一，是大禹后裔所建。商代杞为侯国，但或封或绝，国运多舛。周初杞国封地在雍丘（今河南杞县），西周末因受淮夷及邻国侵凌，举国东迁。晋代史家杜预注《春秋》言："推寻事迹，桓六年，淳于亡国，杞似并之，迁都淳于。"《汉书》称：杞"先春秋时徙鲁东北"。在中国首届杞文化学术研讨会上，中国先秦史学会会长李学勤说："杞国就迁于今山东新泰定都，新泰作为两千多年前的杞国古都地位有据可查。"《左传·僖公十四年》载："十有四年，春，诸侯城缘陵而迁杞焉。"缘陵在今昌乐东南。春秋中杞在山东境内数度迁徙，唯此迁见于正规史载。《山东通史·列国》称："公元前544年，晋国召集齐、鲁、宋、卫等十个诸侯国，为杞国修筑淳于，自是杞定都于此，以至于亡。"公元前445年为楚国所灭。《史记》谓："楚灭杞……东侵广地至泗上。"

今安丘西南部凌河镇郚城一带属纪国。纪国历史悠久，是炎帝神农氏后裔建立的姜姓国家。周灭商后，封炎帝后裔的一支于纪（今寿光西南）。据《史记》载，周夷王时代，因纪侯向夷王进齐哀公的谗言，哀公被夷王烹杀，由此纪国跟齐国结仇。春秋时期，纪国是一个较小的国家，统治区域有纪、郦（今临淄区东）、邢（今安丘西南）、鄑（昌邑西北）、郚（今安丘西南六十里）等城邑。齐国为复仇，经常袭击和威胁纪国，纪国只得请求婚姻之国鲁国帮助调停，后纪侯又谋划把女儿嫁给周天子以求得庇护，终无效果。前693年，齐国出兵夺取了纪国的邢、鄑、郚三邑，并把其人民迁至别处。两年后，纪侯的弟弟纪季带着郦邑投靠了齐国。前690年，齐国再次伐纪，纪侯怕受辱，便把残余区域交给纪季自己避难国外。至此，纪国宣告灭亡。至今安丘西南部尚有"东纪庄""西纪庄"等村名。

汉代的两个安丘

公元前 221 年,秦王嬴政扫灭六国,结束战国以来诸侯割据之局面,建立了中国历史上第一个专制主义中央集权王朝——秦朝（前 221——前 206）。为加强他对全国的统治,秦始皇废除分封制,推行郡县制。在地方行政建置方面,分天下为三十六郡,后又陆续增设至四十八郡,每郡又分若干县。秦代郡县两级制的确立,开后代行政区划之先河,加强了中央集权统治。县以下基层行政单位是乡、里。乡直属县,一万户以上的县置四乡,五千户的县置三乡,三千户以上的县之二乡,五百户以上的县置一乡。乡有啬夫,主管一乡行政事务;三老,掌教化;乡佐,佐啬夫掌治乡事;游徼,主司奸盗。乡下为里,里置里正、父老、监门等。

秦朝初年,安丘地域为琅琊、胶东二郡毗邻地区;秦末,又调整增设了若干郡,如秦始皇三十四年(前 213),于山东半岛西部始设胶西郡,治所高密,安丘地紧相邻,当属之。关于秦时的县份,因史料佚失,山东可考者仅四十余县,所遗置不见载,史家憾焉。

公元前 207 年,秦朝覆灭。公元前 202 年,刘邦取得楚汉之争胜利,建立汉朝,建都长安,史称西汉。为巩固统治,西汉皇帝在皇族成员中分封了若干诸侯国王。文帝十六年,封齐悼惠王刘肥的儿子刘印为胶西王,都城高密

（潍河东岸的古城阴城，邻安丘地东境）。

安作璋《山东通史·秦汉卷·北海郡》载："景帝二年（前155），'胶西王印以卖爵有奸，削其六县，'即以其地置为北海郡。（《汉书》记载为景帝中二年，即前148年，置北海郡。）此后，北海郡又并入部分侯国和一些削减的县。郡治营陵……领县安丘、淳于……"北海郡所辖二十六个县和侯国多数早就存在，还有一部分是设郡之后所设置，并非全是因北海郡建立而建立。

《山东省志·建置志》"安丘市"下载："西汉于淳于县西南置安丘县，又别置梧城、平昌、昌安、成乡等县，分属北海郡、琅琊郡、高密国。"这就是说，安丘于西汉之时置县。

诚然，本地史志中也不乏安丘置县于秦代之说，冀望有志此道者对安丘置县具体时间多作探究。

汉代郡县与封建并存，增设的郡县大大超过秦代。仅山东地区西汉就有十一郡六国，共有三百零四县。武帝时，在全国置包括青州在内的十三个州刺史部和司隶校尉部。

西汉地方行政机构还实行郡县、侯国并行制度，除沿袭秦朝的郡县制外，还分封了许多侯国（皇亲勋贵之食邑封地，跟县同级）。汉高祖八年（前199），封将军张说为安丘懿侯。这是"安丘"作为行政区域名见诸正史的最早记载。

今安丘境内汉代的行政设置纷乱复杂，据《汉书·地理志》之记载考证，今安丘境内当时除上述县和侯国外，尚存在灵门县、姑幕县、缾县、兹乡侯国、朱虚县（西部局部属之，位于今安丘、临朐交界地带，故城在今临朐东境）。

安丘侯国的大致地域范围在今安丘城区东南方。淳于县治（淳于故城）位于原安丘市黄旗堡镇杞城村一带。梧成县治（即后来的部城故城）位于凌河镇李家西部村东北一百米处,东临温泉河。灵门县治大致位置在今沂水县东北六十五公里处的何家庄子村西南一公里处的"姑子项遗址"。姑幕县治位于石埠子镇石埠子村,汉昌安县治位于安丘市王家庄镇李家古城村(今属峡山区)。

公元9年,王莽篡汉,建立新朝(俗称新莽),"托古改制",更改郡县名称,安丘于14年改名诛郅。23年新莽灭亡。25年刘秀称帝,定都洛阳,史称东汉。东汉初年,将王莽改的郡、国、县恢复原名。建武元年(25)诛郅复名安丘。东汉行政机构沿袭西汉郡县制,后又把西汉的刺史固定为州一级的地方行政长官,成为州郡县三级制。今安丘市境内当时有青州北海国的安丘县、安丘侯国、淳于县、昌安侯国和琅琊国的姑幕县。梧成县并入朱虚国,南部局部属平昌侯国。东汉建武八年(32),安丘侯张步作乱,为琅琊太守陈俊斩杀,随即裁撤安丘侯国,其地并入安丘县。

前面曾提到,旧《山东通志》载:"安丘山界二郡,故各以其县名。"接下来阐释说,山北是北海郡安丘县,山南为琅琊郡安丘侯国。因为这汉代的一县一国同名、同级(县级),二者骑跨东、西两汉,同时存在了二百三十一年,且两故地其后一直包含在安丘县境内,故有"两个安丘"之说,许多古今名著准确无误地予以对照载明。

《读史方舆纪要》载:"汉安丘有二县,一属北海,即此安丘也;一属琅琊,在今县东南,汉高祖封功臣张说为侯邑。成帝时封高密顷王子尝为安丘侯。东汉建武五年,张步降,亦封为安丘侯,寻省琅琊之安丘,而北海安丘如故。"

《山东通史》载:汉北海郡"安丘,县治今安丘西南……""琅邪郡安丘,国治今安丘县东南,侯国。"

近几年出版的搜集资料较全的《汉书新注》载:"安丘故城在今山东安丘

县西南……琅邪郡安丘故城在今山东安丘东南十余里,张说国,高帝封;高密顷王子尝国,成帝封。按:汉代有两个安丘,在今安丘东南者属琅邪郡,在西南者属北海郡。"

《中国历史地图集》之"西汉青州、徐州刺史部间地图"标注:北海、琅邪之郡界两边各有一个"安丘",一西北,一东南。

第一个安丘是安丘县,隶属北海郡。北海郡隶青州,郡治在今山东昌乐县东南五十里。西汉时,有户十二万七千,人口五十九万三千一百五十九。有县(侯国)二十六,安丘县为其中之一。当时的安丘县面积不大,《安丘县乡土志》载:"大抵县在元魏以前疆域极狭,不过三四十里。"

北海郡安丘县的县治(即"安丘故城"),上述诸书皆言在"今县西南"。"今县",即今治,或说今址,自唐代以来一直没有变迁。而有关史籍多是唐宋以来的著作,今址当然没有变化,要找古县治,以此为立足点看西南"十余里"处。其实唐以前的史书也有所明确的指点,东晋人伏琛和十六国南燕人晏谟在《齐记》中并言:"亭在东北十里,非城也,城对牟山。"虽然时代稍久远些,但说得更加到位,既充分肯定了汉安丘城面对着牟山,又否定了汉安丘城在城南埠渠丘亭之说。《山东通志》"安丘故城"条云:"在县西南十五里牟山下。"《青州府志》载:"安丘故城在县西南牟山北。"《安丘县乡土志》载:"北海郡之安丘治牟乡城。"

就今天来说,其所在位于今安丘城区西南六公里、牟山北一点五公里处,即牟山北、汶河南的牟乡城。

西汉北海郡安丘县、新莽诛郅县、东汉青州北海国安丘县一脉相承,县治亦一直未迁徙,此即所谓"北海安丘如故"。

第二个安丘是安丘侯国,隶属琅琊郡。汉高祖八年(前199),刘邦封将军张说(? ——前167)为安丘懿侯。张说秦末追随魏豹起事,魏豹归附汉王刘邦后,张说"以执盾入汉,以司马击项羽,以将军定代",凭借军功封侯,食邑三千户,在位三十二年。汉文帝十三年(前167),共侯张奴嗣爵,在位十二年。汉景帝三年(前155年10月——前154年9月),敬侯张执嗣爵,在位十年。汉景帝中四年(前147年10月——前146年9月),康侯张新嗣爵,在位二十一年。汉武帝元狩元年(前122),张指嗣爵。汉武帝元鼎四年(前113),张指"坐入上林谋盗鹿,又搏掩,完为城旦",因罪国除。需要指出的是,这一"国除",并非安丘侯国即不复存在,朝廷还继续在原地封侯。例如,景帝三年胶西国王刘印参与七国之乱,兵败国除,同年景帝于原地立其子刘端为胶西王。安丘侯国因张指犯罪国除,汉成帝时又于原地封了刘尝,东汉时光武帝最后封了张步。新莽朝安丘县曾改称"宁乡"。

　　关于安丘侯国的方位,古今绝大多数学者都认为其大致地域范围在今安丘城区东南方。《汉书新注》载:"琅邪郡安丘故城在今山东安丘东南十余里。"《安丘县乡土志》载:"又于牟山南别置安丘县(安丘侯国),……属琅琊郡。"邹逸麟博士转述《嘉庆重修一统志》谓:"第二个安丘为琅琊安丘侯国……在今安丘东南。"李江秋所著《安丘述略》引商务印书馆出版的《地名大辞典》载"安丘侯国"云:"汉侯国,后汉省,故城在今安丘县东南。"……谭其骧在《潍坊历史地图集》中对安丘侯国的方位进行了明确标识:中心位于斜亘金冢子、石堆两镇边界的车戈庄岭西侧,正处于当年琅琊郡、北海郡、高密国三地之界首。近几年在白芬子村以南的蒿里山所发现的古城址,正在牟山东南,或疑为安丘侯国之地望。此说颇具新意,尚待专家考证。

汉代安丘故城

西汉北海郡安丘县、新莽诛郅县、东汉青州北海国安丘县一脉相承,县治不变,位于今安丘城区西南八公里、牟山北一千五百米处。

《读史方舆纪要》"牟山"目下云:"在县西南十五里,山北有故城,即牟乡城也。"《路史·安丘》载:"汉县,隶北海,西南十二里有安丘县城。"《齐乘考证》载:"汉安丘县城在县西南二十里。"《嘉庆重修一统志》载:"北海郡安丘在今安丘西南。"《新府志》载:"县西南有牟山,地名牟乡,谓即牟邑。"《山东通志·安丘故城》载:"在县西南十五里牟山下。"《青州府志》谓:"安丘古城在县西南牟山北,与淳于皆属北海。"明万历《安丘县志》谓:"古城在牟山,安丘

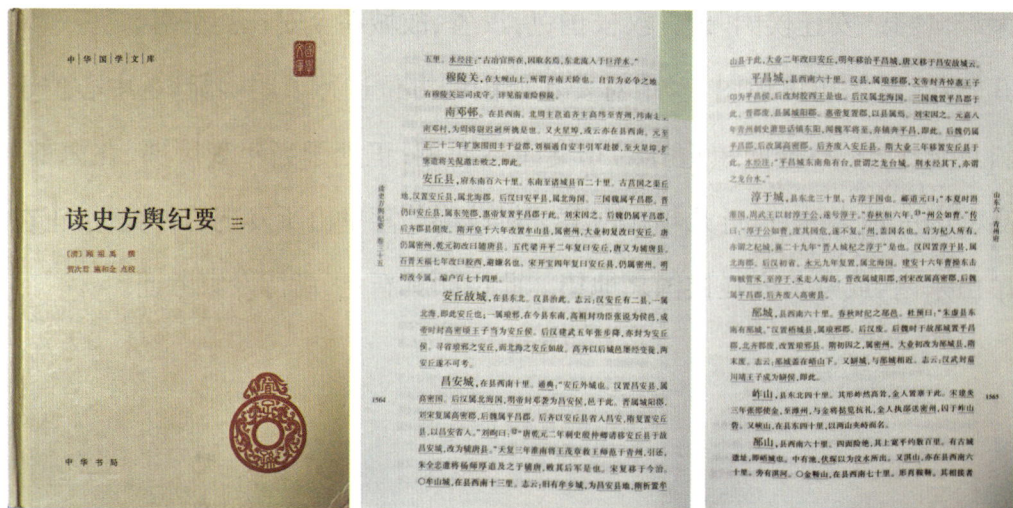

《读史方舆纪要》书影及有关内容

故城也。"《安丘县乡土志》谓："北海郡汉之安丘,治牟乡城。"上述文献资料对于确定汉安丘县治在牟乡城大有所本,另外考古发现更提供了直接佐证。1933年出版的《山东古迹名胜大观》"牟山"照片下标注:"山在县城西十余里,隋开皇中曾置牟山县,城址陂陀,今尚历历可辨。……"1990年版《安丘县志》云:"安丘故城位于今县城西八公里的牟山水库中……"

故城遗址面积一平方公里,高出地面一至两米,高处可达六到八米。城垣废墟呈方形,二十世纪五十年代末修建牟山水库时还清晰可辨,残砖碎瓦、土陶片、画像砖时有发现,多系汉代遗物。故城附近发现汉代墓葬六座,董家庄汉画像石墓就在故城西南一千五百米处。

侨置平昌郡安丘县

司马睿称帝建立东晋后,为安置北方流民,便于统治,制定了"侨寄法",按照门阀士族的原籍名称,设置一些侨州、侨郡、侨县来管理,叫作"侨置"。如山东原平昌郡(三国时期)安丘县南渡流民集中居住的区域,即名"南平昌郡安丘县",并以其首领为侨置各级行政部门的官员。这样既简单易行,又符合侨人利益。321年东晋政府在京口侨置徐州,侨安丘县早已属焉。431年刘宋政府将在淮南的南徐州迁往京口,并将在江南的兖州侨郡县割属之。

侨置的郡县,分合不一,名称常变。侨置之初,直以北地之名称之。后来刘裕收复青、兖、徐之后,在原州、郡名称之前加上"北"字,代晋后,又取消"北"字,而在侨置的州、郡、县名称之前加上"南"字。后来,侨居的时间长了,就逐渐不再冠以"南"字了,如孟姓的四位名人就直呼"平昌四孟"。

京口由于南徐州等州的到来,故亦称"南徐",因北来人口多聚集定居于此,故又名"北府"。盛时,南徐州备有徐、兖、幽、冀、青、并、扬七州之邑,领郡十七,总人口四十一万八千,侨郡县占十五郡,人口二十五万。仅京口一地就设有七郡。《山东通志》"典志"载:"刘宋时代,南徐州所领今山东地区的侨郡"就有十个,南平昌郡即其一。南平昌郡为晋明帝所立,辖安丘、新乐、东武、高密四县,皆为侨置,共有二千一百七十八户、一万一千七百四十一人。顾祖禹《历代州域形势》有句话："南平昌治安丘。"它一方面是说这里的安丘县址曾兼做过南平昌郡的治所,有太守衙署,另一方面说明北来的安丘侨民的聚居中心就在京口。这里,设有安丘县衙,并有安丘伏、孟、徐、郑、孙等世家大族府第。

诚然,作为县民,大部分还是跟来逃难的农民。他们来到长江下游这广袤的冲积平原上,既有稳定的生活环境,又有充足的生产资料,正是如鱼得水,情绪非常高涨,原来的沼泽地和荒野不久就被开辟成良田。他们从北方带来的辕犁、蔚犁,耙刃宽大,便于深耕,在当时是比较先进的生产工具。他们帮助江南人民学会使用粪肥,普遍推广牛耕,逐渐改变耕作方法,变粗耕为精耕。由于生产工具和生产技术的改进,加之气候温和,雨量充沛,土地肥沃,农业产量大大提高了。史称:"自晋氏迁流,迄于太元(晋孝武帝司马曜年号,376—396年)之世,百许年中无风尘之警,区域之内晏如也。""自此以至大明(宋孝武帝刘骏年号,457—464)之际,年逾六纪,民户繁育,……地广野丰,民勤本业,一岁或稔,则数郡忘饥。""丝棉布帛之饶,覆衣天下。"随之,该地的炼钢、造纸、制瓷和造船诸业发展迅速。江南水乡便利的水上交通,促进了商业和城镇的发展,商业贸易的繁荣,形成了都城建康和京口、山阴等大城市。

中原士族知识阶层的南来,使从黄河流域移传到长江流域的汉文化,不仅保存了旧有传统,而且还发展了新的地域特色。例如,经学大师伏生的十八世孙伏滔及其后裔的经学,在江南文帜高树,影响深远。另外,还有几位安丘经师由于深受经学大师郑玄熏陶,到江南后将恪守东汉家法、讲明训诂章句等学说和治学方法,与南方学者研究《周易》力追魏晋、推崇王弼注的学风相融合,逐渐形成了南朝治经学郑(玄)王(肃)并用的良好风气。文学方面也颇有成就,当代学者李伯齐所著《山东文学史论》在涉及东晋玄言诗作手时说,"伏滔、徐邈和徐广也有一定的成就"。另外,《文心雕龙》作者刘勰的祖籍就是与安丘边界难分难明的莒县。

由于南边的安丘经济文化发展迅猛,南朝时期它实际上占据了安丘的正统地位,而北方的安丘却暗无天日,各方面萧条不堪。所以继两晋大南迁之后,又有数批安丘乡亲迁徙至江南平昌郡安丘县,在那里落地生根。与此形成鲜明对照的是,由于山东人口大量外流,田地荒芜,北魏末年,冀、瀛诸州有二十多万户流徙到青州一带。

县城曾在都吉台

《太平寰宇记》《齐乘》《山东通志》《山东省沿革表》等书皆言隋炀帝大业三年(607),安丘城"移于汉平昌城内"。《大清一统志》"平昌故城"下:"隋大业三年,自牟山移安丘县治此。"《安丘县乡土志》也有此记载。历来史家多用此说,向无异词。关键是确定其地望,以洗浮说。

最早记述平昌城址的是北魏地理学家郦道元,他在《水经注》中记载:"浯水(按:后称'渠河',经姑幕县东流)又东北迳平昌城北,

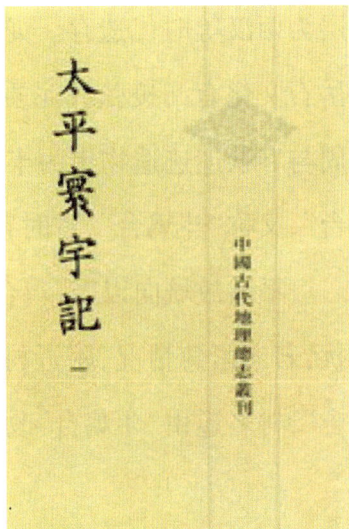

《太平寰宇记》书影

古堨此水以溢溉田,南注荆水。""潍水又北迳平昌故城东……城之东南角有台,台下有井,与荆水通。物坠于井,则取之于荆水。昔常有龙出入其中,故世亦谓之龙台也。"郦道元生活的年代,从西汉延续下来的平昌县还在,他又经过实地考察,所注定然可靠。在这方面不乏旁证。(北)《魏书》"高密郡平昌"下:"治平昌城。有龙台山,上有井,云与荆水通。"《齐乘考证》也载龙台井"龙出入其中,故世亦谓之龙台城",并断言"龙台城即平昌城矣"。

　　《诸城市志》之"故城遗址"一节中"平昌故城"的坐标点是：处于渠、荆二水构成的河套地区的今石桥子镇都吉台村。"建置隶属沿革表"所列历代平昌县城、侯国国治，皆驻此址。乾隆帝二十九年《诸城县志》载："《水经注》为龙台城，即今斗鸡台。"《潍坊市志》"行政建制"之记载亦同。新版《续山东考古录》中有关"汉平昌县"的三处点注，都为："遗址在今诸城市城关北三十公里石桥子镇都吉台村。后汉、魏、晋、刘宋、后魏平昌县同此注。"

　　该遗址北临渠河，东靠荆水，南北长一千米，东西宽九百米，总面积九十万平方米，内涵极为丰富。下层为龙山文化，中层为岳石以及商、周文化，上层为两汉等时代遗存。龙山文化遗物有石斧、石刀、石凿、陶纺轮、黑陶罐；岳石文化有凸棱弦纹泥质陶盂，商代有粗绳纹大型陶鬲、大型陶"酒流"，西周与春秋遗迹遗物更为丰厚。故城东南角有一高约七米的土台，俗称"龙台"，又称"斗鸡台"，古时曾常在台上举行斗鸡活动。

　　平昌故城向以"斗鸡台"名村。咸丰年间某进士主持加固围墙，防流匪骚扰，若遇紧急情况，附近村民多来避难，结果都逢凶化吉，所以一时盛称"都吉"，村名遂由"斗鸡台"改为"都吉台"。

辅唐城的前身和后继

唐乾元二年,安丘县治移于昌安县城并改名辅唐县之后,昌安城便改称"辅唐城"。这是安丘县历史上的重大事件,近年省内史志新著屡屡提及这一问题。

省史志编委会主编的《山东省志·建置志》"安丘市"下载:"唐初省昌安县、鄋城县并入安丘。乾元二年(759),刺史殷仲卿奏请治于昌安城(今安丘县城)。并改名辅唐县,属密州。"

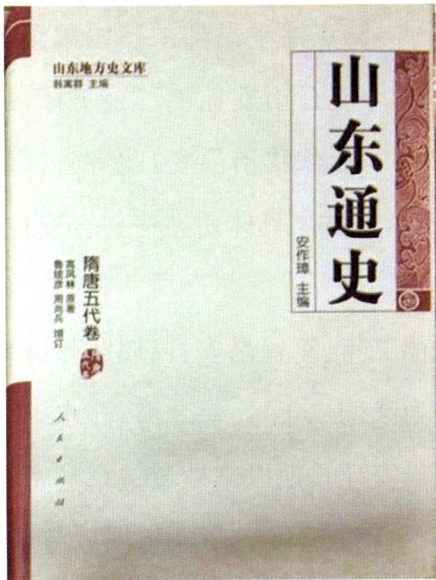

安作璋主编的《山东通史》"典志"载:"乾元二年(759),经密州刺史殷仲卿奏请,将安丘县治所移至故昌安城(今安丘县治),改称辅唐县。"

(北)《魏志》"昌安"下有:"昌安城、巨丘亭。"《魏志》即《魏书》,它是研究北魏历史最原始、最完备的资料,据该书记载,当时的昌安县尚有昌安城和巨丘亭两处名胜。《地形志》载:"昌安有'巨丘亭','巨'乃'渠'字之脱

《山东通史》书影

烂。"另有学者断言:"'巨丘亭'乃'渠丘亭'之误"。其实"巨""渠"古代音近,"渠"弄成"巨",是出于书写或读音的原因。再说,汉昌安界内自古未有名亭之记载,有的是西北边不远的渠丘亭,它自古在安丘境内。可见,渠丘亭所在的大墩一带地区,在南北朝末叶,已属昌安县辖。对此,清代历史地理学家叶圭绶所著《续山东考古录》有解释:"《魏志》:'昌安有昌安城,巨丘亭是。'跨有安丘地,且非汉治矣。"叶氏谓:有巨丘亭(渠丘亭)的地方是昌安县城;该县已跨有安丘县地,且西进得很深入。怪不得北齐时昌安把安丘吞食得那么干净,原来安丘的东半部早已被它拿走了。"且非汉治矣"特别有价值,意谓昌安县不但占据了安丘县东半天,而且还在渠丘亭附近安上了它的县城。叶氏同时还明确交代,这新县城已经不是那汉代的昌安县治了。《续山东考古录》的这段载录十分透彻,不啻凿破鸿蒙之一笔。原来昌安县从安丘城东南十四公里的李家古城村(汉昌安县治)移过治!正是这一笔,使得有关安丘与昌安之间的纠结迎刃而解。

这昌安新县址不但做过县治,还做过州治。《魏志》在载"平昌郡"时,将"昌安"置于其所领六县之首。根据"县名先书者,郡治也"之凡例,昌安当为平昌郡治。再看王汝涛教授等对《续山东考古录》点注平昌郡:"三国魏置,治平昌,寻废。晋复置,治安丘。后魏治昌安,即今安丘市安丘镇。"商务印书馆1931年版《地名大辞典》"平昌郡"条载:"……后魏移治昌安,北齐省,即今安丘县治。"两条资料都指出了南北朝时期昌安城之具体所在——今安丘市区。

唐初,经历了区划、建置的重大变革。武德二年,复置昌安县,属潍州,治所不变。《山东通志·隋唐五代卷》:"潍州也为武德二年置,领北海、潍水、营丘……昌安(今山东安丘)等十七县。"昌安与安丘长期以来地域关系甚密,故《续山东考古录》有载:"《寰宇记》:'武德二年安丘移于今理',误以复置昌安为安丘移治也。"无意中透露出昌安又恢复于老安丘之腹地。实际上安丘两年后在鲁西南立县。武德四年(621)复置濮州(治鄄城),辖包括由临濮县析置的安丘县在内的九县(见《山东省志·建置志》);武德五年(622)废安丘、长城、昆吾三县,当年便在今安丘城址范围内或说在附近复置了安丘县(又像是由南向北调了过来),属刚刚改称的密州(见《山东通史·典志》:"唐武德五年高密郡改为密州,领诸城、安丘、高密三县。")。因为老主人安丘回来了,一年后的武德六年,昌安县即被撤销。就新安丘城的具体位置,《安丘述略》根据商务印书馆《地名词典》称,安丘"唐移置昌安北城"。

为证实这两个县城方位的特殊性,可参看在唐朝时人眼中它们是怎样的:初唐李贤(654—689)主持的《后汉书》注中诠解:"昌安故城在今密州安丘县外城也……淳于,县名,属北海郡,故城在今密州安丘县东北也。"盛唐史学家杜佑(735—812)的《通典》关于安丘(辅唐)的附注亦云昌安城即"今县外城,淳于城在今县东北"。

昌安城或说昌安故城在未被占前,作为安丘县外城达一百三十七年。这种情况并不少有,古夷安县城就曾是今高密的外城。

以上两则注解表明,这两个县城的确出现了连体局面,也表明在这两则文献所跨的时段内,它们的位置基本稳定。

乾元二年是公元759年,安丘城已完全移进昌安城中,并且随县改称辅唐城。有的资料在表述这一变迁时,或云"移故昌安城",或云"移昌安故城"。二者意义上诚然有点细微差别,但总之不过是在说昌安县已经撤掉,再载其县城时,便用"故"而已。出于静止观点,有人就把这"故"老往汉昌安城李家古城子身上考虑。要说"故",请看《水经注》中的一句话:潍水"又北迳昌安县故城东。"郦道元是北魏人,那时的昌安城已经为"故"了,其新一点的昌安城得向西北方找。

我们且回过头来看看唐安丘移昌安城后的辅唐城的方位。

移城半个世纪之后,中唐宰相李吉甫于宪宗元和八年(813)编纂成书的

《元和郡县志》"辅唐县"条云:"上东南至州一百二十里……牟山在县西南十三里。"

此条目所指显然不是汉昌安城(李家古城遗址)的方位,因为对不上茬口。文中的"州"是指密州,即今诸城市区。它看汉昌安城址是向北,而不是西北;距离也不是一百二,而是只有九十里。汉昌安城看牟山也不是西南,而是西北,距离却是四五十里。如果由汉昌安城看淳于城,方向不是东北,而是看北稍偏西。上述已很清楚,作为参照物的密州、牟山、淳于城不可能移动,而唐安丘、辅唐县址的所在——今安丘城址,从地理位置上讲,它恰恰处于李贤《后汉书》注、杜佑《通典》以及李吉甫《元和郡县志》所指示的观看诸参照物的立足点上:东南距曾作为唐密州的诸城市区一百二十里,西南距牟山十三里,古淳于(杞城)正是在其东北方,卯眼对上了榫头,它是一个准确无误的坐标点,牢固地把辅唐城锁定在今安丘城区上。三位唐代人的撰述,乃本朝人记本朝事,当不至有误。他们的记载,意义非同寻常,令古今疑团涣然冰释。

显而易见,辅唐城的前身就是北魏昌安城,即今天的安丘城,其后继,是随县名更改而更改的城名。辅唐县于五代梁开平二年复改为安丘,后唐又名辅唐,后晋改曰胶西,后周因之。宋开宝四年复为安丘,金元因之,属密州,明清属青州府,亦因之,当然城名亦随而因之。自盛唐至今一千三四百年间,县名屡变而其城却未大迁,或说一直没离开今城区一带。既非像有的志书所说宋代由李家古城旧址"复迁"而来今所,也不是由元朝王野驴将军"修筑今城始徙今所"。宋朝开宝四年是公元971年,这年由胶西县改名为安丘县;公元976年至983年成书的《太平寰宇记·安丘县》明载,(县在州的)"西北一百二十里","牟山在县西南十三里",与《元和郡县志》所载完全一致,唐、宋没有变化。它承上启下,县址定位绝对可证。

元代重修安丘城

北宋开宝四年（971），改胶西县复称安丘县，县治（安丘城）位于今址。前身先称昌安城，后称辅唐城，皆有案可稽。北宋灭亡后，安丘归属金朝，属山东东路益都府密州。1234年蒙古灭金，安丘改属蒙古。1271年，蒙古大汗忽必烈改国号为元，1279年灭南宋统一全国，安丘隶属中书省山东东西道益都路密州。这一时期，由于战乱频仍，安丘城迭遭兵燹，旧有城池破坏殆尽。

元至正二十一年（1361），"总兵官察罕帖木儿檄大将王野驴守御是土，乃经营城郭。周环广三里二佰四拾步，高二丈二尺，基阔省高七尺（底宽一丈五尺），上阔九尺。辟为三门，东曰威武，南曰太平，北曰乘胜。制阙东北隅，俗呼为幞头城"。据中华人民共和国成立初期实地测量，安丘故城南北长五百六十六米，东西宽四百九十八米，城墙周长两千一百三十米，占地二十八万平方米，与明万历《安丘县志》中安丘故城之记载相符合。

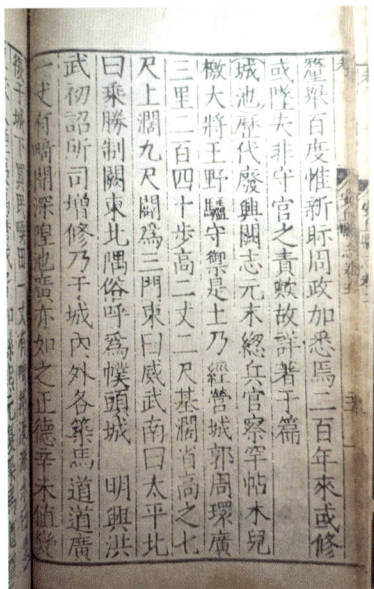

明万历《安丘县志》
中关于安丘故城的记载

县治位于故城东北隅,即原县政府、今兴安街办驻地。东侧是县学,包括文庙、学宫两部分,是祭孔、尊孔以及办学场所,文庙在前,学宫在后。县学始建何年无考,金末毁于战火,废址多为邻人侵占。

元朝建立,囿于物力维艰,仅将学宫简单修复。至元八年(1271),郑玄后裔郑朝宗"典学教谕"。当时学宫一片荒芜,文庙旧地多被邻人侵占,余者低洼狭小,无法修筑。有位名叫梁安仁的老者献出他所绘制的学宫旧图,郑朝宗据图收回被侵占的土地,并筑起围墙。至元二十八年,达鲁花赤牛牛与县尹梁世英重建文庙正殿先师殿。至元三十一年,县尹董士良修建两庑,达鲁花赤海牙续建戟门,雕楹刻桷,极尽壮观。大德八年(1304),兖州人田恭来安丘担任县尹,复建传道堂斋,填平旧殿东边深达数十丈的古坑,绕文庙、学宫围墙栽植一圈竹木,翁翁郁郁,别饶风致。田恭此举,深受邑人推崇。

明代修葺安丘城

明代安丘县城在元代基础上多次修缮,特别注重了城防建设。

洪武初年,在城内修筑马道,宽丈余;在城外开挖隍池,宽也是丈余。正德六年(1511)辛未正月,流贼齐彦明部攻陷安丘城,事后,县政府出资,在城下"买民堨田一丈有奇,筑濠潴水,曰护隍,岁久湮夷"。万历元年(1573),县城有居民七百八十八户、两千二百九十七人。万历十六年,知县熊元"复筑马道,益增高之护壕,高三尺有畸,上可容轨。池广视护隍而深倍之,女堞皆缭以砖云"。安丘城墙从此开始使用较为坚固的砖作为建筑材料。

万历四十三年闰八月,昌乐巨盗张国柱等踞崇山(在今昌乐县),饥民从者数百人,逾城大掠而去。同年,莱州府同知兼安丘知县赵可行至,筹备修城事宜。因疫病流行,加上水灾、雹灾相继,直至万历四十六年春,才重修东门瓮城并门楼五间。崇祯十

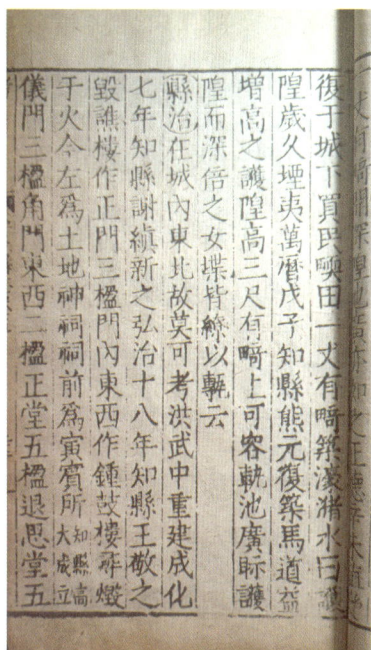

明万历《安丘县志》中
关于修葺安丘城的记载

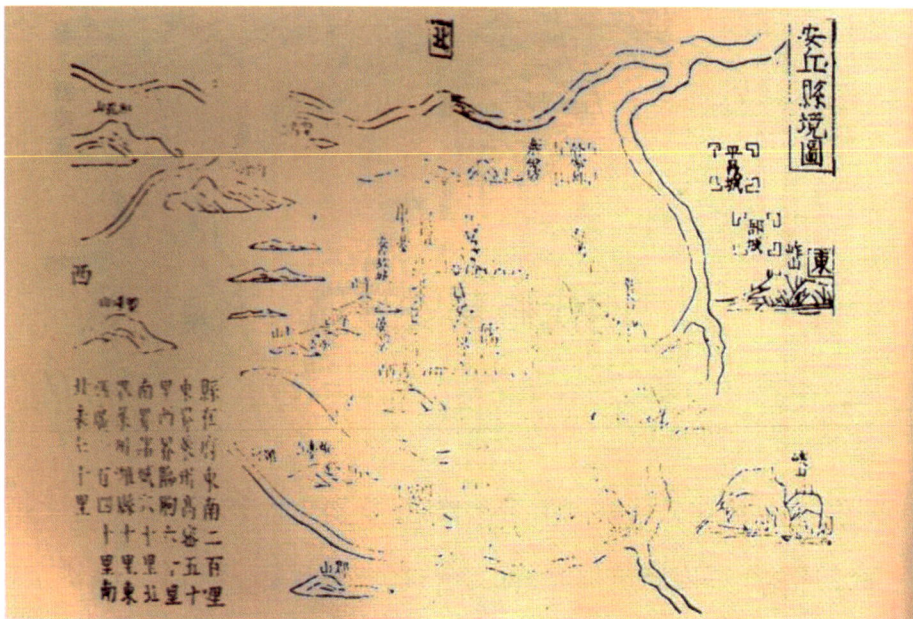

明代安丘县境图(辑自万历四十三年《青州府志》)

年(1637),知县房建极重修南门瓮城并门楼五间,又修西北门楼各五间和四座角楼。"雉堞楼橹焕然改观,时有百废俱兴之称。"崇祯十三年,知县刘今尹至,"时诏天下甓城(用砖砌城墙)",刘今尹"以邑瘠",将皇帝诏令打了折扣,于翌年冬筑敌台四座,又在三座城门外、四座角楼下各甓数丈。角楼、敌台的修建和砖的使用,增强了城防能力。但安丘城墙仍然大部土筑,跟周边各县特别是跟潍县城相比,城防能力相对薄弱。

县治在县城东北隅(今兴安街道办事处),洪武年间重修。弘治十八年(1505),知县王敬之毁谯楼,作正门三楹,门内东西做钟鼓楼,不久毁于大火。别署有布政行司、按察行司、青州行府,印台西北有渠丘驿。县治西侧有税课局,另有僧会司、道会司、开明寺(养济院)、惠民局以及预备仓、学仓等。

清代扩修安丘城

　　清朝建立后，经济发展迅速，社会财力大为增加，安丘县衙多次修缮城垣及城内建筑。跟前朝相比，建筑物显著增多，气势更加恢宏。县治东有学宫、文庙、文昌阁、曹氏碎墨斋，西南有刘正宗相府楼，西北有城隍庙、常平仓，大十字路口东南有张氏宝墨楼。城区道路上矗立着自明代以来修建的二十四座牌坊，成为安丘城一大景观。

　　顺治五年（1648）春，知县丁同益修筑东门瓮城"并城上埤堄六百有奇"；十六年，知县任周鼎重修城垣"并埤堄百余"。康熙七年（1668）夏六月，安丘发生大地震，县城毁坏严重（"城全堕"），翌年，又连续发生多次地震，冬十月，知县官于宣会同缙绅官民商议捐资修复城墙，各方通力协作，"旬余告成"。康熙十七年春二月，知县胡端捐俸重修四座谯楼。乾隆帝二十六年（1761），新修城墙；二十九年，修城墙雉堞及四门城楼。咸丰

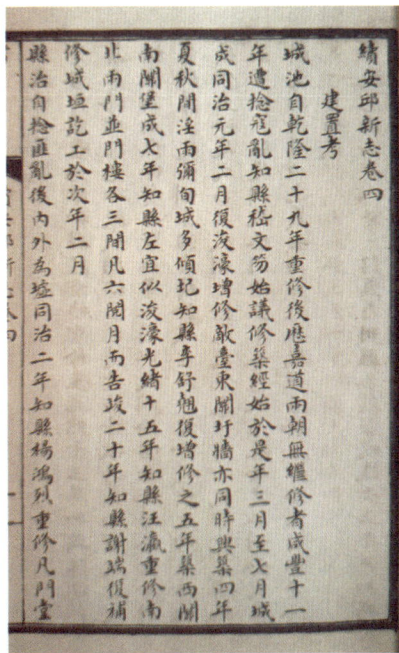

《安丘续新志》中关于
清代修葺安丘城的记载

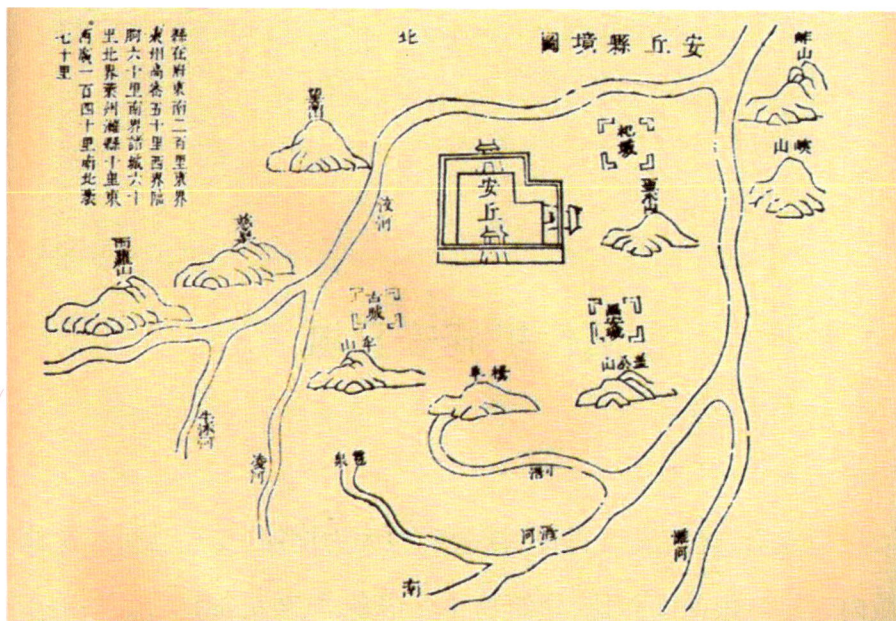

清代安丘县境图（辑自康熙六十年《青州府志》）

十一年（1861）农历春二月，捻军攻陷安丘城，士民死伤惨重，财物劫掠一空。捻军退走，民众在代理知县嵇文笏主持下，从夏四月至秋七月，将城垣修复一新。同治元年（1862）正月，又修筑东关堡，疏浚护城濠，修建敌台；四年再修城墙；五年修筑南关堡、西关堡，并在东关、南关、西关南段外新筑圩墙，长约两千九百一十米，所包括区域称为外城（外郭）。光绪十五年（1889），又修建南门、北门，各修门楼三间；二十年十一月再修城垣，次年二月竣工。

县治（官署）曾多次修建。康熙七年安丘大地震，县治自思退堂后全部倒塌，六房（吏、户、礼、兵、刑、工）及县丞、典史的住宅也几乎尽毁，翌年知县官于宣独力捐俸重修。乾隆帝三十三年，知县张东又新修县治。嘉庆二十年（1815）春二月，知县吕绍贤"奉委解铜"，家人没有戒火，结果引发火灾，"合署屋宇全焚，什物一切无存，人仅以身免"，当年秋即重修如故。道光二十一年（1841），新任知县张梦祺又捐出俸禄修缮县治。咸丰十一年，捻军大掠安丘,县治几为废墟,同治二年秋粮丰收,知县杨鸿烈予以重修。

文庙和学宫是县城首善之地,关系一县之观瞻,历任官员均非常重视。顺治十四年,知县徐谓弟大修文庙,请顺治四年进士、回家服丧的夏坡人李孟雨主持此事,重修先师殿并东庑、戟门、棂星门及名宦、乡贤二祠,"壮丽宏敞,倍于往昔"。自康熙四年开始,训导王懋建即开始捐资修缮文庙;七年地震,文庙虽多处"倾圮",却是县城中唯一主体尚存的建筑物,王懋建又多次捐资修缮,至十一年夏四月,文庙最后修复竣工,特别是先师殿,"辉煌巩固",观者赞叹;三十二年春,县人黄维熙又捐资修缮文庙两庑;四十八年,知县陈犹龙主持修缮文庙。乾隆帝三年,教谕丛淙捐俸倡导修缮学宫并开凿泮池,县人积极响应,修复后的学宫内外完整,设施齐全;二十四年、五十七年,知县朱华国、谢保氯又两次重修。嘉庆二十一年春,教谕杜浵倡修文庙,获县人大力支持,旋即告成。咸丰元年,全县又捐款修建文庙。光绪十三年,在代理知县汪瀛主持下,将文庙、学宫的正殿、两庑、各祠斋、学舍翻修一新。

城隍庙始建于何时史书无载。明洪武二年(1369)改建,毁坏于明末战乱。顺治十四年,知县徐谓弟予以重修。康熙七年地震,城隍庙倒塌,九年春二月,训导王懋建捐资重修;十九年,知县陈文焕捐资修缮,同时还捐资修缮了明伦堂和雹泉庙。嘉庆二十二年、道光十二年、咸丰六年、宣统二年又先后四次修建。

道光二十三年,知县齐栋倡修关帝庙(位于东小关路北),壮丽恢宏,视前有加;二十五年,代理知县韩云涛主持在青阳门外修建先农先啬庙,不久倒塌。光绪六年春,在青阳门外路北重建八蜡庙;十四年,代理知县汪瀛大兴土木,春天修关帝庙,夏天修文昌阁并添建文昌三代祠,继而又修常平仓。

三县共存及合并

国民政府在安丘统治结束

1911年10月10日，武昌起义爆发，随后两个多月里各地纷起响应。12月29日，已独立的十七个省派出代表，推选刚刚返国的孙中山为中华民国临时大总统。

1913年2月，北洋政府公布《划一地方现行各县地方行政官厅组织令》，各省一律实行省道县三级制。山东设岱北、岱南、济西、胶东四道，辖一百零七县。安丘县属胶东道。1925年山东改为十一道，即济南道、东昌道、泰安道、武定道、德临道、淄清道、莱胶道、东海道、兖济道、琅琊道、曹濮道。安丘县改属莱胶道。1928年6月，南京国民政府完成"二次北伐"，取代北洋政府，进入"训政"时期。山东省于此时撤消道这一级机构，安丘县直辖于山东省政府。当时全县分为六区五十二乡镇（乡三十、镇二十二）。1932年全县划分为六区五十四乡镇一千四百六十二村，具体如下。

第一区区公所驻安丘城，辖归家疃、关王庙、牟山店子、大石泉、周家十里、白芬子、许戈庄、大埠后，西关厢、北关乡、南关厢等十二个乡镇三百三十九个村庄。

第二区区公所驻逄王,辖安泰、杞城、韩吉、邢戈庄、担山、赵戈庄、朱子、高戈庄、逄王等九个乡镇一百六十六个村。

第三区区公所驻景芝,辖石堆、莲池、大孙孟、甘泉、金堆、大市留、景芝等七个乡镇一百六十一个村。

第四区区公所驻凌河,辖阳旭、慈埠店子、大光甫、偕户、川里院、夏坡、辉渠、儒林庄、凌河等九个乡镇二百三十个村庄。

第五区区公所驻平原,辖胡家漳河、红河、包庄、高崖、大盛、南鄗、牛沐、南逯、贾孟、平原等十个乡镇三百九十六个村庄。

第六区区公所驻官庄,辖罨泉、上峒峪、岐山、利见、毛家寨庄、阎家管公、官庄等七个乡镇一百七十个村庄。

1936 年国民政府颁发《行政督察专员公署组织暂行条例》;同年,山东省政府制定《山东省分区设置行政督察专员公署暂行规程》,将全省划为十二个行政督察区,各区设专员兼本区保安司令。当时仅在济宁、菏泽、临沂设立了三个行政督察专员公署,次年,又在临清、惠民、聊城、牟平分别设立第四区、第五区、第六区、第七区等四个行政督察专员公署。其余各县仍直接隶属于省。安丘县直属省府。

1937 年卢沟桥事变后,日军南犯,很快侵占济南。韩复榘逃离省城,被蒋介石处决。沈鸿烈任山东省政府主席,省政府辗转曹县、东阿、惠民等地,后流亡至沂水县东里店。此时,国民党山东省政府成立有鲁西、鲁北、胶东三个行署,并划分为十七个行政督察区,于 1938 年至 1942 年间,各区先后成立行政督察专员公署。安丘县和昌乐县、益都县、临朐县、潍县隶属第八行政督察区。

1947 年 3 月至 8 月间,国民党山东省政府主席王耀武调整山东行政区划。安丘县和潍县、昌乐县、益都县、临朐县、昌邑县等为第八行政督察区。

中华民国建立后,改县衙为县公署,改知县为知事;1928年县公署改称县政府,知事改称县长。

随着抗日战争和解放战争进程发展,安丘三县相继解放,国民政府在安丘统治结束,退出历史舞台。

安丘县(后改名老安丘县、丘南县)

1943年夏,安丘南部山区解放。8月,中共莒沂安工委决定,建立中共安丘县工作委员会。隶属莒沂安工委,驻地西古庙等村。书记崔杰千,委员崔杰千、陈侠、王文轩、李福泽,组织部长陈侠。1943年9月6日,安丘县政府(抗日民主政府)在西古庙村成立,崔杰千任县长。1943年10月,鲁中区党委莒沂安工委决定,安丘县工委改建为县委,隶属鲁中区党委莒沂安工委,驻地未变,崔杰千任书记。委员为崔杰千、陈侠、王子健、许杰(1944年9月

至 1945 年 5 月）、周次温（1944 年 4 月至 1945 年 5 月）、展中（1944 年 11 月任职）。秘书处秘书为赵季武,组织部部长为陈侠,宣传部长为展中。县政府时设秘书室、公安局、文教科、战时邮局。是年 12 月成立中共安丘县大队,崔杰千任大队长兼政委。莒县在渠河以北的六十三个村庄划归安丘县。安丘沿渠河两岸的张靳、清河、里丈等二十七个村庄划属诸莒边县。设柘山、夏坡、南部、召忽、唐山（次年改名郚山）五个区。随着解放区的增大,1944 年增设高崖区,1945 年又增设寿山、汶河、石泉、凌河四个区。1948 年 5 月,石泉区划归（新）安丘县,汶河区划归昌乐县,高崖区改称牛沐区。

1945 年 8 月,崔杰千继任县委书记。县委隶属鲁中区党委莒沂安工委（1945 年 8 月至 9 月）,驻胡峪等地。1945 年 9 月,崔杰千调离,徐仲林接任安丘县委书记。县委机关驻胡峪、老峒峪、夏坡等地。隶属鲁中三地委（1945 年 9 月至 1946 年 11 月）。1946 年 11 月 7 日,徐仲林在安丘战役中牺牲,曹春耕接任县委书记,葛群任副书记。县委机关驻辉渠村,隶属关系未变。1948 年 4 月底,安丘城解放。5 月,（新）安丘县政府在安丘城建立。为区别新建立的安丘县,原安丘县称（老）安丘县。同年（老）安丘县委书记曹春耕调离,李维诺接任。隶属鲁中三地委,1948 年 7 月,改属鲁中南三地委。1949 年 6 月,（老）安丘县改称丘南县,改属昌潍地委。县委驻地未变。

淮安县（后改名潍安县）

1945 年 7 月,中共领导的淮安县政府在景芝建立,周次温任县长,设秘书室、民政科、财粮科、文教科和战时邮局,后又设公安局。同时县大队建立,巫景全任大队长。全县辖三百九十八个村庄,包括刚从高密划入的潍河以西五十七个村庄,从诸城县划入的渠河以北三十八个村庄。淮安县下设景

芝、朱子、渠河、甘泉、官庄、金堆、古城子、留晃八个区和新二区。1945年8月,中共淮安县工委撤销,建立中共淮安县委,陈克任书记。驻地景芝,隶属鲁中四地委(沂山地委)。委员有陈克、周次温、巫景全、刘铭。组织部长刘铭。1945年9月,发生了"景芝事件",陈克、巫景全、刘铭等被叛敌押送安丘城,后转押至潍县城,壮烈牺牲,淮安县委遭到破坏。9月至10月,淮安县委的工作由地委工作组主持。11月,县委重新建立,秦昆任书记。县委驻地未变。1945年10月,改属鲁中区三地委(沂山地委)。1946年1月,古城子区改名石堆区,7月,朱子区改名孙孟区。1947年2月,将甘泉区南部划出,置临浯区,3月,增置灵山区。1948年5月,撤销新二区、留晃区、灵山区,8月撤销石堆区。1948年5月,秦昆调离,王润斋任县委副书记,主持县委工作。县委驻地未变,隶属鲁中南三地委。1949年2月,王润斋调离,王秋浦任县委副书记,主持县委工作。县委驻地未变,隶属鲁中南三地委。1949年6月,三地委撤销,淮安县委改属昌潍地委。1950年6月,淮安县改为潍安县。

（新）安丘县（后改名安丘县）

1948年4月，安丘全境解放，5月在县城建立（新）安丘县政府，辖城关、王封、赵戈、逢王、南流、许营、平柳、阿陀、慈山、石泉、十里、尧洼十二个区，隶属昌潍直属行政区（后改称昌潍专区），原安丘县改称（老）安丘县。6月，中共昌潍地委决定，建立中共（新）安丘县委。驻地安丘城。隶属中共昌潍地委。书记江征帆。1949年3月，江征帆调离，县委书记由范光一接任。1949年6月，（新）安丘县改称安丘县，仍辖城关、王封、赵戈、逢王、南流、许营、平柳、阿陀、慈山、石泉、十里、尧洼十二个区；（老）安丘县改称丘南县，依旧辖柘山、夏坡、南部、召忽、郚山、寿山、凌河、牛沐八个区。

三县合并

中华人民共和国成立后，安丘、淮安（潍安）、丘南三县并存。

1952年6月9日，根据昌潍地委关于整编并县的会议精神，安丘县成立了整编小组。从 6 月 9 日至 17 日，进行了县委直属机关的整编和安丘十二个区的干部调整，并向昌乐县委作了七、八两区的交代工作（平柳、阿陀两区划归昌乐县），同时作了接收工作的准备。按照上级党的整编指示和决定，按照乙等县的编制员额，以德才兼备的干部政策标准和大胆提拔干部的精神，经地委批准，提拔分区委员以上干部六十八名，一般干部七十三名，并于15 日、16 日两天，召开机关干部大会，由王凤文作整编并县动员大会，按地委批示，将全体干部的配备进行了大会宣布，同时对区干部调配做了明文公布。

1952 年 6 月 18 日，安丘县委派陈宗元同各业务部门去潍安县进行具体的接收工作。召开双方部门负责干部会议，由陈古山进行动员，讲明注意问题，进入具体交接。至 26 日，除合作社财政科尚不完备外，其他各部门交接结束，办理了责任明确的交接手续，并在交接书上签名盖章。交接完毕，召

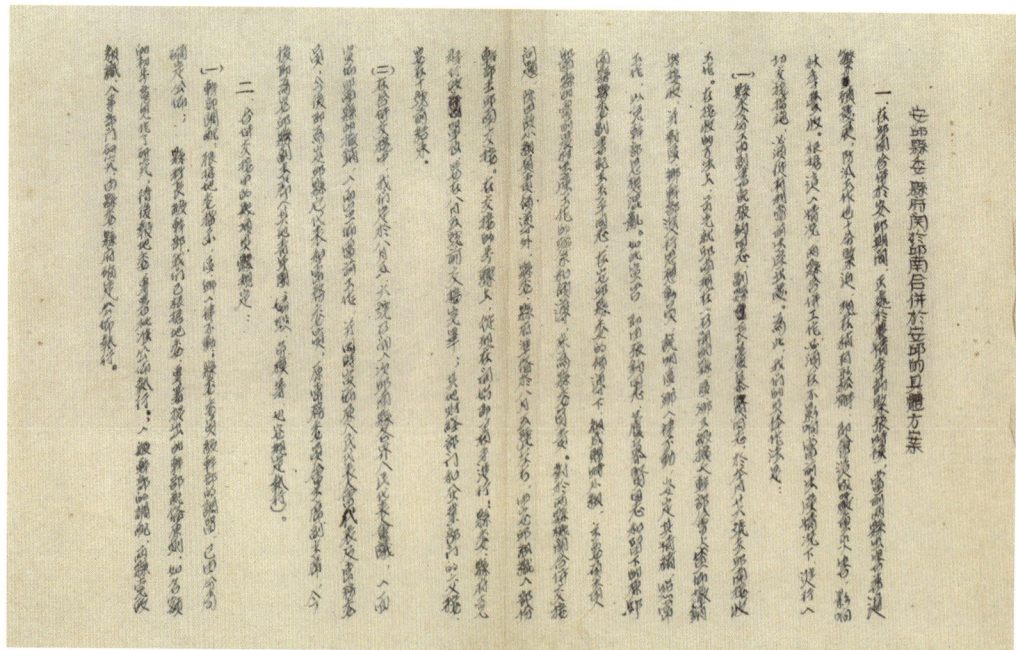

安丘县委、县府关于丘南合并于安丘的具体方案

开区书记、区员会议,由陈古山宣布并县划区决定,讲明了合并意义,布置了抗旱任务。至此,潍安县并入安丘县。

1953 年 7 月 25 日,昌潍地委派刘勇来安丘传达昌潍地委、专署关于丘南县撤销并入安丘县的方案,指出:在不影响夏季生产的前提下完成并县,在接受县的领导下,由原撤销县留下的县委人员组成临时性组织(办事处),负责领导贯彻当前的各项工作,完成并县移交工作。原县之人民代表及常议委员即为接受县之代表与常议委员,原县之常议委员会的主席、副主席,为并入县的副主席。干部的调整,先限于县级机关,原区乡一律不动。7 月 26 日,安丘县委派张钧、卢慕贤前往丘南县接收,首先合并了县委,接受了区乡,配合丘南临时组成的办事处,掌握一切交代事宜与生产等各项工作。8 月 5 日,丘南县召开县各界人民代表会议进行并县意义教育,宣布丘南撤销并入安丘县,布置当前工作。接受县表示了今后的领导态度。8 月 15 日开始交接,9 月 15 日结束。1953 年 8 月,丘南县并入安丘县。

安丘县原辖十二个区,至 1952 年 6 月潍安县辖七个区并入安丘县,同时,安丘县管辖第七、第八(平柳、阿陀)两个区划归昌乐县,景芝区(潍安县第一区)改称景芝镇,安丘县管辖十七个区一个镇。至丘南县辖八个区并入安丘县,安丘县共管辖二十五个区一个镇。并县后的辖区范围与国民党统治时期相近。潍安、丘南县并入安丘县后仍称中共安丘县委,至此结束了现安丘境内三县并存的局面。

第二章　风物档案

渠丘亭

汉朝县以下的基层单位仍然是乡、里，此外，还继续存在亭的设置。《山东通史·典志》载："亭直属县，每十里（此处的'里'，系长度单位）置一亭，是行旅食宿馆舍和邮驿机构。亭置亭长，主管一亭；亭佐，佐助亭长；亭候，主司候望；求盗，主司奸盗。"当时山东曾有几个名亭，渠丘亭即为其一。

东汉时期，渠丘亭建于安丘县治南一里处，即今天的城南埠（古称印台，俗称"大墩"）。大墩系形胜之地，古时，人们常于夜晚登临观月。月亮印于名泉龙池中，引人入胜。此地又临通衢大道，正是建亭的优越位置。该亭存在至何时，史书无载，只知明代又在此设过渠丘驿。亭和驿，其日常经管的主要事项都差不多，但亭的机构较为复杂，权限更大。

就是这个渠丘亭，后来本县人士对它产生误判，认为它是莒国国君渠丘公（名朱）的常居地——渠丘（邑）。由此，又产生了一系列误传：渠丘公成了渠丘父（别人把"公"舛写为"父"也以为对）；龙池一带当成城池（但没人说出能那是个什么城），莒君朱曾在那里和人过说话；尤其缺乏常识的是，竟将渠丘之邑附会成了一大片国君的什么"封地"（竟自己封给了自己），且被尊为安丘的前身，以讹传讹，越传越不靠谱。

其实,持上述说法的,最早是汉代以后的人,以前绝无,这应该很能说明问题。《安丘述略》称,三国时注《汉书》的魏人孟康,大概是此一公案之始作俑者。他在北海郡"安丘"县下注曰"今渠丘是"。这是个"误注"。渠丘之邑存在于春秋时期,作者是三国人,这"今"时,已无什么渠丘了!于是,被带进迷魂阵里的读者,只能猜谜,只能误读。有幸《续山东考古录》清醒地指出:《汉书》之注"今本脱漏'亭'字",随后补上了一个。无独有偶,郦道元的《水经注》也作了补正,"渠丘"之后有了"亭"字。这就清楚了,原来孟氏的意思是:为区别汉代同时存在两个安丘——安丘侯国和安丘县,以此表明:含有今天渠丘亭的境域,即是北海郡安丘县!说到底,那渠丘与安丘县并无关系,当然与渠丘亭也没啥瓜葛。如果有人硬说咱的亭重了渠丘的名,不讲出与莒渠丘或齐渠丘有些关系不行的话,那起码也应当对菏泽东阿的渠丘山是怎么起的名说个圆满。

综上所述,安丘的渠丘亭就是渠丘亭,而与渠丘无涉。这在众多历史文献中均有明确记载。山东省史志编委会《山东省志·建置志·市县建置沿革》"安丘市"条下遍找所载,安丘历史沿革上并无渠丘。明代王圻《续文献通考》载:"古代山东渠丘有二处;另有渠丘亭,即今山东安丘县南,与渠丘氏无关……一渠丘春秋时属莒国,在山东莒县境内。"杨伯峻《春秋左传注》载:"渠丘,莒地……安丘县有渠丘亭,或以为此即渠丘,误。"《中国古代史·地图集》附有《中国古今地名对照表》,其有关部分的记载条分缕析,言简意明,为当年的渠丘亭、渠丘之所在画了一个大体轮廓:渠丘(春秋)——在山东莒县南;渠丘(春秋)——在山东淄博东北;渠丘亭(东汉)——在山东安丘南。

安丘齐长城

　　齐国是我国历史上最早修筑长城的国家。齐长城始建于春秋时期，完成于战国时期，西起长清县孝里镇广里村北，横越泰沂山区，东至青岛市黄岛区东于家河村东北入海。齐长城沿山脊修建，根据不同地势，或石块垒筑，或灰土夯筑，或以沙石混筑，或以陡崖为城，绵延逶迤于崇山峻岭中，十分壮观。2001年6月，齐长城遗址被国务院公布为全国重点文物保护单位。

五龙山齐长城

柘山镇邰家崖村东齐长城

　　安丘齐长城修建于战国中期，自安丘西南与临朐、沂水交界处太平山入境，沿与沂水分界线东行，至青石胡同完全进入市境，然后向东转南至浯河出境，与沂水复线的第二段相接，跨越石门顶、石虎山、磨山、大车山、紫草山、城顶山、摘药山等七十五座大小山头，全长四万六千五百五十米，现存遗址三万九千米。长城沿山势修建，沿线地质为玄武岩、火山岩、麻岩、黏土、砂土等，构筑用料多就地取材，或石块垒筑，或沙土夯筑，或以山体陡崖为城，两侧擂石堆、山寨遗迹依稀尚存。

　　有关齐长城的史料记载及安丘段修筑的大致时间，《竹书纪年》载："周显王十八年（前351）齐筑防以为长城，齐宣王时，复向东修至海滨。"《齐记》载："齐宣王乘山岭上筑长城，东至海，西至济州千余里，以备楚。"明万历《安丘县志》载："（县治西南）八十里曰太平山上有长城岭。"又载："古长城，一名长城岭，在太平山上。"清光绪《临朐县志》载："长城在大岘山上，沿沟壑伏，沿崖阜起，西接博山之岳阳山凤凰岭，东随大弁山入安丘界。"

董家庄汉画像石墓

董家庄汉画像石墓现复原于安丘市博物馆院内，原址在凌河镇董家庄村北。该墓1959年修建牟山水库时发现，同年12月至次年3月，山东省文物管理处对墓葬进行了清理发掘，把画像石拆迁到县城保存。1963年在北关果园内（现市博物馆院内）复原。

整座墓葬由甬道、墓门、前室、中室、两间后室、东耳室、北耳室等部分组成。整座墓葬除甬道用砖铺地外，其余均用预制石板、石条建成，共享石材二百二十四块，大部分是石灰岩。甬道为券顶，前室、中室及后室东西两间均为

董家庄汉画像石墓（一）

董家庄汉画像石墓(二)

盝顶,皆用加工成子母口的梯形坡石与长方形的顶石扣合而成。两耳室为平顶。石材之间采用了水泥砌缝黏合,非常牢固。室内前室、中室、后室中间,立有四根承重的方柱石和圆柱石,柱石与墓门、甬道构成一条南北中轴线,东西基本对称。

墓内石材全部经过加工,在二百二十四块石材中,有一百零三块刻有画像。这些画像分布在甬道封口石、墓门、墓室四壁及室顶、立柱、地栿等处,面积达一百四十六平方米。画像根据题材需要和所处的部位采用不同雕刻技法,其中绝大多数是凿纹减地浅浮雕,少数为减地凹面阴线刻,个别画像采用高浮雕和透雕技法,有时同一幅画像使用多种雕刻技法。

该墓一说系孙嵩墓,与史实不符。1957年第一次全国文物普查时,孙嵩墓和墓道碑尚存。2009年第三次全国文物普查时,安丘市文物普查组工作人员详细走访了牟山四周村庄,寻访证人。牟山前村有位八旬老人确切指出了孙嵩墓和墓道碑被毁前的具体方位(与1957年第一次全国文物普查图标注的位置大致相同),否定了董家庄村北汉画像石墓为孙嵩墓的说法。

管宁故里

管宁(158—241)字幼安,东汉、三国时学者、高士,系"齐相管仲之后。田氏代齐后管氏去之,或适鲁,或适楚。汉兴,有管少卿为燕令,始家朱虚,世有名节,九世而生宁"。

管宁勤奋好学,饱读经书,成年后结交了两位有名的学友。一位是平原(今山东平原)人华歆,另一位是同乡邴原。时人称三人为一龙,华歆为龙头,邴原为龙腹,管宁为龙尾。

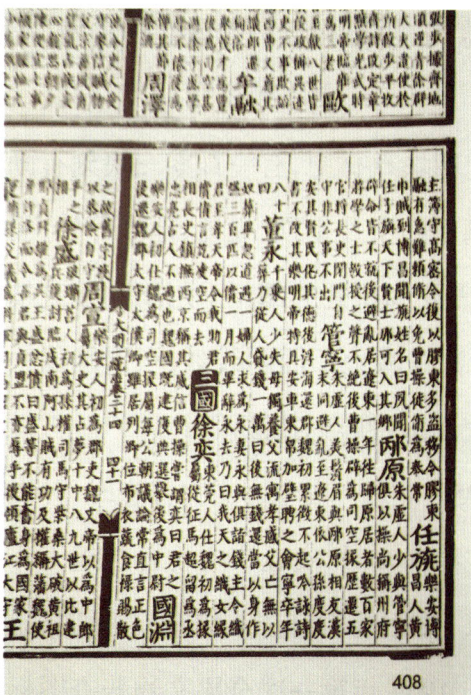

《大明一统志》中关于管宁的记载

东汉末黄巾起义,军阀混战,管宁与邴原等一同避居辽东。辽东太守公孙度早知其名,虚馆以候之。管宁往见公孙度,语惟经典,不及世事。退而在襄平附近依山为庐,越海逃难者多来居住,该地旬月间已为城邑。他与邴原等设馆召众于山岩,授诗书,陈俎豆,饰威仪,明礼让,开启地方文化教育,传承、弘扬礼乐文明。辽东民众化其德,由是风气淳朴,社会安定。

魏文帝黄初四年(223),已担任司徒的华歆上表推荐管宁,魏文帝下诏召还,客居辽东三十七年的管宁借机返回中

管宁冢

原。临行,继父公孙度、兄公孙康而立的公孙恭亲自送行,并赠送许多礼物。出发时,管宁连同以前公孙度、公孙康的赠物全部留下,一芥未取。管宁走后,"辽东郡国,图形于府殿,号为贤者"。

在文帝曹丕、明帝曹叡、齐王曹芳三朝,华歆屡将自己官位让与管宁,陈群、桓范、卢毓、陶邱一、孟观、孙邕、王基等大臣又数次举荐。尽管魏帝封以太中大夫、光禄勋之高位,但管宁淡泊明志,醉心经籍,有经天纬地之才而不求闻达,高风亮节实堪为百世之师。齐王曹芳正始二年(241)卒于故里。

据考证,官庄镇老管公村是管宁故里。除村东南管宁冢(或曰社?)外,村西埠岭上还有管宁祠,清末圮废。村西有地名为"挥金坡",史载汉灵帝光和元年(178),华歆不远千里来访管宁,二人一起锄园得金,管宁挥锄不顾,华歆捉而掷之,后人称此地为"挥金坡"。过去,该村村民常将钱褡绣上"挥金故里"四字,表明自己是管宁老乡。除老管公外,附近还有四个村子村名与管宁有关,分别是:河北管公、河南管公、阎家管公、小管公。此外,还有一个村子叫坡楼,相传古时候村外岭坡上有小楼一座,系管宁隐居处。

管宁冢位于官庄镇老管公村东南。现存封土高约三米,直径约十三米,内杂汉代砖块。

明代安丘八大景

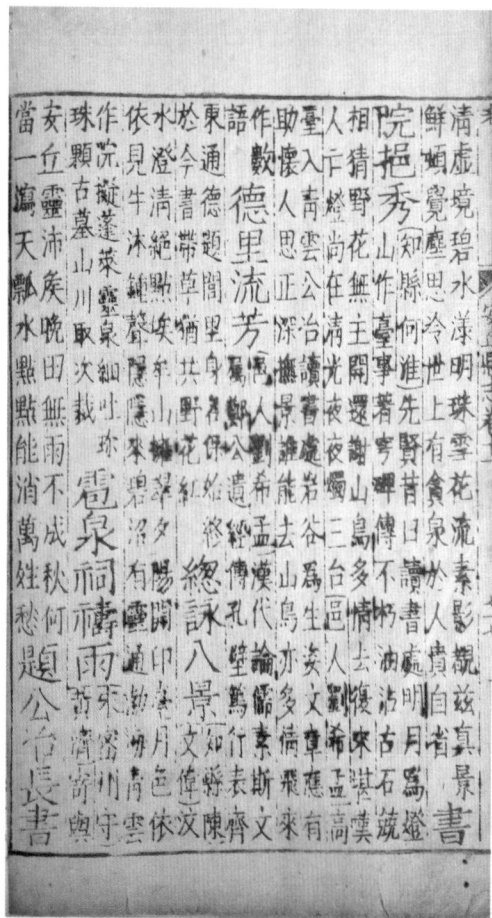

明万历《安丘县志》中关于
安丘八大景的记载

明朝中后期,各地兴起修建、歌咏地方景观之风尚。《四库总目提要》中曾谓:"县必有景,景必为八;必有题诗,诗必七律。"明万历《安丘县志》记载"安丘八景"为汶水澄清、牟山拥翠、印台月色、牛沐钟声、碧沼龙潜、书院挹秀、清泉珠吐、德里流芳。安丘多任知县如谢缜、陈文伟、何淮均作诗颂咏,县人刘希孟奉和相酬。其中以陈文伟所作《总咏安丘八景》诗流传最广,诗曰:汶水澄清绝点埃,牟山拥翠夕阳开。印台月色依依见,牛沐钟声隐隐来。碧沼有灵(龙)通渤海,青云作院拟蓬莱。灵泉细吐珍珠颗,古墓山川取次裁。

根据有关记载,兹将"八景"浅释如下:

汶水澄清

汶水自临朐东来,自西南而东北流经县境,百回千折,两岸多沙少土,沙细而白,河水清澈见底,纤尘不染。

汶河新貌

牟山拥翠

牟山在县城西南八公里处。山虽不高树亦无多,但每当夕阳西下,站在县城内遥望山顶,"苍苍横翠微",令人心旷神怡。清咸丰辛酉年间,捻军攻掠牟山,将该处景观破坏,迄今未能恢复旧观。

印台月色

旧称"印台春色"。印台在城南偏东一里处,俗称"大墩",相传即古渠丘亭所在地,是近城最高点。每晚月出,须高过印台,城内才能看到。此句描写月亮冉冉上升,超越印台之景象。

印台旧貌(辑自《山东古迹名胜大观》)

牛沐钟声

县城东门钟亭上悬一巨钟,高六七尺,传与城西南三十五公里牛沐寺的巨钟为同炉铸成,声气相通。每当朔望晨夕,牛沐寺僧撞钟时,该钟即嗡嗡作响。

《青州府志》中关于牛沐村的记载

碧沼龙潜

说法有二。

(一)城东四公里青云山上,有一口海眼井,相传古时井内二泉并列,泉深莫测,直通渤海。每当风来雨落,便闻龙吟之声。

(二)县城北阁子外、汶河南有龙湾。旧为民间桑田,明隆庆三年大水后遂潴为湾。周广数里,泓深叵测,大旱不涸,隆冬不冰。传说此湾有潮汐,疑与大海连通。

书院挹秀

书院为公冶长读书处,在县城西南三十五公里城顶山前坡。此处背风临流,树木蓊郁,曲径通幽,百鸟和鸣,宛如蓬莱仙境。今尚有青石质公冶长读书处碑一通,立于明万历三十五年(1607),碑文由时任安丘知县孙振基书写,楷体,阴线阳刻,铁钩银画,字迹饱满圆润。

公冶长书院

清泉珠吐

县城西南二十公里雹泉村西有一山泉,名雹泉(又名珍珠泉)。宋元时候常为祈雨之所,并赐封为"灵霈侯""灵沛公"。泉水如镜,清澈见底。泉水自石头罅中涌出,形成串串气泡,状如珍珠,酷似冰雹,因而得名。

珍珠泉

德里流芳

县城东二十五公里潍水东岸砺埠山上有东汉大司农郑玄墓,依山傍水,松柏苍翠,草如书带。郑玄学富五车,为汉代大儒。东汉北海太守孔融表其乡为郑公乡,彰其里为通德里。明、清、民国期间,此地多数时间属安丘县管辖,今归高密。

郑玄墓

摘药山胜迹

摘药山位于柘山镇、石埠子镇交界处,海拔四百九十五米。相传古代著名思想家、道教创始人老子后裔曾在此采药炼丹,所以该山被称为摘药山。因古时山上遍生柘树,故又称高柘山。《重修莒志》载:"高柘山一名摘月山,俗名高望山,山巅有老子庙,西有老子庄。"

老子庙遗址

据史籍记载,明嘉靖年间山顶已有玉皇殿、碧霞祠等建筑,清代又多次重修扩建。主体建筑玉皇殿为单层券顶石质,一门两窗,圆拱式门口,门上石匾四字:"金阙云宫"。阁之上建有老子庙,上祀老子,下祀玉皇大帝,道是"先有老子,后有天"。在古今寺庙建筑史上,这种风格极为稀有。据传山上曾建有望海楼,可以东望大海。另有关公庙、仙姑

摘药山道观残碑

庙、药王殿等建筑,道、释、儒、俗和谐共处。今玉皇殿主殿尚存,其他建筑毁损严重,仅剩断壁残垣。

古时山上碑刻极多,至今尚存明嘉靖年间《重造娘娘金身碑》、清康熙年间《万善同归重修碑》以及清光绪、宣统年间重修碑刻残件。明万历年间江西道监察御史刘璞(今石埠子镇冢头村人,自号柘山)两次登临摘药山,所留一方刻石亦保存完好。

老子后裔现散居柘山镇大老子等村,自称"老子李"。《李氏族谱》载:"吾李氏乃老子后裔,汉初由胶西迁此。为念老祖,取村名老子。"他们称老子为"老子爷""太上老君",称先人居住炼丹的山洞叫"老君洞"、采药歇息处叫"李家顶"、上山的小道叫"李家巷"。

公冶长书院

公冶长书院位于城顶山前坡，相传为春秋时孔子弟子公冶长读书处，向南不远为石埠子镇孟家旺村。山上旧有公冶长祠和青云寺，素以环境幽静、风光秀丽闻名遐迩，早在明代就以"青云作院"成为安丘八景之一。中华人民共和国成立初期，祠、寺俱废，仅存明、清遗留碑碣四通和参天银杏树两棵。1989年，安丘县人民政府拨款五万余元，新建公冶长祠正厅五间，碑亭、碑楼各两座，以及过道、影壁、院墙等。

公冶长读书处碑

公冶长祠的始建年代难以详考，历代曾多次重建和修葺，见于史载的有三次。第一次是明成化十三年（1477），由安丘知县陈文伟主持重建。第二次是清康熙十五年（1676），由安丘知县胡端出资重修，彼时所立《重修公冶子长祠堂记》碑至今犹存。第三次是清道光七年(1827)，由辛天池、李政铎主持此事，道光九年所立的《重修庙碑记》石碑碑文曰："丁亥之春，辛君天池与李君政铎等游公冶长祠，慨其荒凉，毅然以修复为己任，乃纠邑之绅士敛财鸠工，不辞劳费。丹楹刻桷，中外修整。"

青云寺在公冶长祠西侧，其始建年代及规模亦不可考。据明万历《安丘县志》中陈文伟所作《公冶长书院记》载，书院山前"有古梵刹"，可见早在明成化年间青云寺即已存在。佛教于东汉传入中国，盛于隋唐，由此推断，青云寺的始建年代应晚于公冶长祠。据现存碑文记载，青云寺在清代道光年间曾两度维修，规模颇大，后毁于民国。现在的青云寺是在原址上重建而成，由庙门、天王殿、大雄宝殿组成，占地约四亩。各殿内塑有弥勒佛、四大天王、释迦牟尼、六大菩萨等诸多佛像，肃穆庄严、气势宏伟，再现当年佛门圣地的巍峨之风。每年农历四月初八，为青云寺庙会，是日附近乡民云集于此，观赏风光，思念先贤，近几年又增加物资交流和文艺演出活动。

青云寺前有一平地，生有两棵巨大的银杏树，两树东雄西雌，雄树粗五米余，雌树粗六米，均高达三十米，传为公冶长亲植，距今已有两千五百多年历史。据原山东省人大常委会副主任李晔(研究银杏的专家)考证，这两棵树是"全省最老的夫妻树"，有"大树底下好乘凉、银杏树下结同心"之说，每年都会吸引大量的情侣来这里合影、许愿。附近遍生"金楸"，被确定为山东省优良树种，所产樱桃色形味俱佳，为果中珍品。

安丘城牌坊

安丘南门里牌坊

牌坊是一种古老的门洞式的纪念性建筑物，在旧时代的中国城乡随处可见。安丘城(包括四关)不到一平方公里的区域，就矗立着二十三座石质牌坊，大都修建于明清两朝。新中国成立后的"大跃进"年代，上述牌坊作为封建时代的象征物被一一清除，且将石块砸碎用于"大炼钢铁"，对文化传承造成了无法弥补的缺憾。

曾经坐落于安丘城及四关的这二十三座牌坊中，最为有名的是"大中丞"坊和"关中督抚"坊。"大中丞"坊有两座，一座在文庙大门以西，另一座在城里南北大街。"关中督抚"坊也在城里南北大街。以上三座牌坊均修建于明朝中期，彼时安丘文化繁荣，人才辈出，相传有"一日放三西"之盛举。文庙大门以西的"大中丞"坊的"大中丞"三字系当时"大手笔"所书,结体古朴端庄,苍劲有力,极受时人追捧。潍县知县郑板桥一次来安丘,看到牌坊上的"大中丞"三字后连连赞叹:"'大'字十年尚可,'中丞'二字今世不能矣。"

文庙大门以西那座"大中丞"坊,系为明朝江西巡抚马文炜而建,城里南北大街上那座"大中丞"坊,系为明朝山西巡抚辛应乾而建,"关中督抚"坊系为明朝陕西巡抚韩必显而建,这三位都是安丘人,俱为进士出身,是"学而优则仕"的典范,深得朝廷器重、百姓爱戴,堪称安丘之骄傲。

安丘城的牌坊中,"世科"坊也有两座。其一坐落城里南北大街,系为明朝嘉靖乙酉举人辛乐、壬辰进士辛童和壬戌进士辛应乾而建。另一座位于西小关街中段,为马氏一家四世五人(马文炜、马应龙、马从龙、马长春、马澄)的科举成就而建。与马家有关的,还有一座"三沐纶音"坊,矗立于东关南北街南段,是为马惠夫妇(马文炜的双亲)而建。因子孙显贵,马惠被朝廷累赠为中宪大夫,其妻门氏累赠为恭人。

与科举有关的,还有"兄弟进士"坊和"兄弟联芳"坊。"兄弟进士"坊位于东关十字路口以东,系为兄弟进士曹一麟、曹一凤而建。"兄弟联芳"坊坐落南关街、西关街十字路口以西五十米处,系为同榜举人李迁乔、李迁梧而建。由于曹一麟、曹一凤兄弟二人双双中举,他们的父亲曹汝勤被明朝廷封为南京户部郎中,并获建一座"具庆重封"坊,坐落东关十字路口以西。

马步元所著《安丘县乡土志》载,安丘城有"玉堂青锁""督学天褒"两座牌坊,但据世居安丘城的老人回忆,"玉堂青锁""督学天褒"是一座坊而非两座坊。该牌坊坐落城里于家胡同南端,"玉堂青锁"是坊的南面,记载进士王孟熙的身世;"督学天褒"是坊的北面,记载王孟熙的父亲、贡生王士瑶的身世。

安丘城还有一座"两世宪臣"坊,该坊位于城里东西大街、县衙大门以西、相府大门以东,系为王嘉谟及其子王应楫而建。

在城里东西大街十字路口以东,有一座"文武铨衡"坊,因建坊所用石料洁白如玉,遂有"玉石牌坊"之俗称。该坊系为明朝癸未进士、诗文圣手黄祯而建。

西关街中段有一座"中台宪臣"坊,该坊系为明朝御史、巡按王业宏而建。

"天官"坊坐落城里南北大街十字路口以北,系为明朝吏部主事刘希孟(刘正宗的祖父)而建。

"两世宪臣"坊(绘画)

"宪节重纶"坊坐落西关街西段,距离河清门百米左右,系为明朝河西道副使张文炫所建。

安丘城除上述十五座功德牌坊外,还有八座贞节牌坊。

其一是位于城里东西大街、文庙大门以东的"节烈合坊"。《安丘县乡土志》有载:"节烈合坊,在学宫东,共四百余人。"

其二是位于城里南北大街的"劲节芳型"坊,系清廷为旌表南门里张扶舆的继室丁氏而建。

其三是位于城里南北大街上的"彤史扬清"坊,系清廷为旌表南门里张德纲的继室刘氏而建。

其他五座"节孝"坊分别位于炭市街、西小关街、西关街,系官府为旌表张庚舆之妻曹氏、张暎之妾夏氏、曹泓之妻周氏、李仁方之妻周氏、王仁长之妻李氏而建。

卧牛石

　　该石原安放在安丘城西南隅之曹家花园，今存安丘市博物馆。该石长三百三十厘米、高一百二十厘米、厚一百厘米，状如卧牛，故称"卧牛石"。文化大革命期间，"卧牛"之首、尾被砸掉，但身躯尚保存完好。

　　该石正面居中刻有草书大字：以云水心结名士缘。落款是草书：峡江牧人醉笔。旁镌印章三枚，文字均为篆体，右边是：知止；左边是：在乙；下方

卧牛石原貌（辑自《山东古迹名胜大观》）

卧牛石今貌

是:方。正面右首刻有篆字:小巫峡。正面左侧上方刻有隶书:作扫壁人。该石背面刻字自左而右依次是行书:有扶鳌之力;篆书:水天一色;正楷:布衣夷;隶书:鲸云;草书:相知在半儒半吏半僧半俗之间。

据李江秋所著《安丘述略》记载,该石最早的主人是清嘉庆年间进士、曾任湖北省巴东县知县的安丘人曹锡田。清末安丘名士于麟阁所撰《安丘小八景》中亦有"巴东卧牛馈曹公"之句。

曹锡田字建福,生于乾隆末年,卒年不详,安丘城东关人。曹锡田自幼勤奋好学,工书善画,嘉庆九年乡试中举,嘉庆二十二年(1817)以第三甲一百二十八名中进士,后任巴东知县。

传说曹锡田任职巴东数年,体恤民情,断案公正,深得百姓爱戴。几年后他辞职回乡,士民送行时问:"曹公治巴东数年,所喜为何?"曹锡田略一沉思道:"惟喜当地草鞋和东山一块卧牛石耳。"不料,一年后卧牛石和草鞋竟然运抵安丘城东关曹锡田府上。巴东距安丘数千里之遥,运送这块卧牛石不知要耗费多少民力!曹锡田为那句玩笑话懊悔不已。来人说:"曹公为巴东百姓殚精竭虑,两袖清风而归,一块石头、几双草鞋价值几何?!"曹锡田感慨万千,令人将卧牛石安放在县城西南隅曹家花园内,镌"小巫峡"三字于其上,以示不忘巴东父老一番深情厚谊。此说流传颇广,但《续安丘新志》之"曹锡田"条目中无此记载。

张贞之《渠丘耳梦录》中有一篇《雹泉奇石》,记载其叔父张绪伦(明崇祯四年进士、官至监察御史)在雹泉村附近山中相中一块奇石,"其势夭矫坦瘰,因名卧龙",遂费"百牛牵挽之力"运进县城,置于张家西园,并将其居室命名为"卧龙石室"。许多文人雅士前来观赏,刘正宗、丁耀亢均撰文赞之。有人据此推论,今存博物馆之"卧牛石"即张绪伦所藏之"卧龙石"。

庵上石坊

庵上石坊位于石埠子镇庵上村。建于清道光九年（1829），是庵上村马若拙为其嫂王氏所建的节孝坊。

《马氏家谱》载：马若拙（1788—1849）字子朴，号慧斋，太学生，例授修职郎，候补县丞；其兄马若愚（1784—1804）字智斋，例赠登仕郎，候选州吏目，

庵上石坊

娶诸城大北杏翰林之女王氏为妻。因吉期逢雨，公婆以为晦气，遂不许若愚夫妇同房。三年后马若愚染病身亡，王氏秉承家教，"奉亲守节，节孝两全"，二十九岁抑郁而终。马家"奉旨建坊，旌表节孝"。

庵上石坊（局部）

相传石坊由扬州艺人李克勤、李克俭兄弟及其八名弟子设计雕刻而成，原料为品质极佳的昌乐孤山石。以设计造型精巧完美、雕刻技艺鬼斧神工闻名遐迩，素有"山东无二坊，除了兖州是庵上"之说。石坊上工艺最高超部分称作"封侯（蜂猴）拜相"，清末捻军犯庵上，被首领任柱（任化邦）砸下取走。有专家论，庵上石坊在中国一千四百多座石坊中工艺最为精湛，堪比北京故宫、曲阜孔庙中的石刻，甚而胜出一筹。

石坊原坐落村内东西向街道，常遭车马行人碰撞。1988年当地政府拆迁石坊周围六户居民，调整村内街道，建成庵上石坊公园。1992年，山东省人民政府批准石坊为省级重点文物保护单位。

松下古井

松下古井位于安丘市景芝镇景芝酒厂院内,旧称"神井""神水"。据记载,大旱之年景芝镇各处水井均干涸,唯独这松下古井依旧喷涌不绝,似乎不受干旱影响。此外,这口井的井壁时常长出灵芝。用此井水烧出的酒,不仅味道香醇,而且产量极高。1985 年,著名诗人、书法家柳倩曾为松下古井题诗:"名酿景芝六百年,神工醉世活天仙。灵芝屡现真宝地,松井古荫见酒泉。"

该井历经变迁,当年群众肩挑人抬来此取水的场面已经成为历史,而井的传说却一代代流传不停。传说,明初有一外地酒贩到景芝贩酒,返回时遇到一个酒仙,把他的酒全部喝光,然后引领他来到一棵

松下古井

大松树下,拨开松枝、野草,露出一眼水井。酒贩正口渴,于是从井中取了一瓢水一饮而尽,顿觉满口酒香,如饮甘醇。于是酒贩每日挑酒售卖,发了大财。这个秘密后来被人发觉,远近百姓蜂拥而至,这口井随即失去灵气,井水不再是酒,生饮依旧甘洌爽口。用此井水酿酒,则味正醇香,为景芝酒名扬天下立下汗马功劳。

据专家分析,松下古井之水之所以适合酿酒,是因为该水与流经景芝的潍河、渠河、浯河系同一水脉,是天设地造的美酒源头。

民初安丘故城

　　今安丘城区修筑城池，起码始于北魏，当时称昌安城。唐乾元二年（759），安丘县治移于昌安城（今址），改称辅唐县。五代时期，安丘县无论名称如何变化，县治一直在今址。北宋开宝四年（971）复称安丘县，县治（安丘城）不变。北宋灭亡，安丘归属金朝。1234年蒙古灭金，安丘改属蒙古。1271

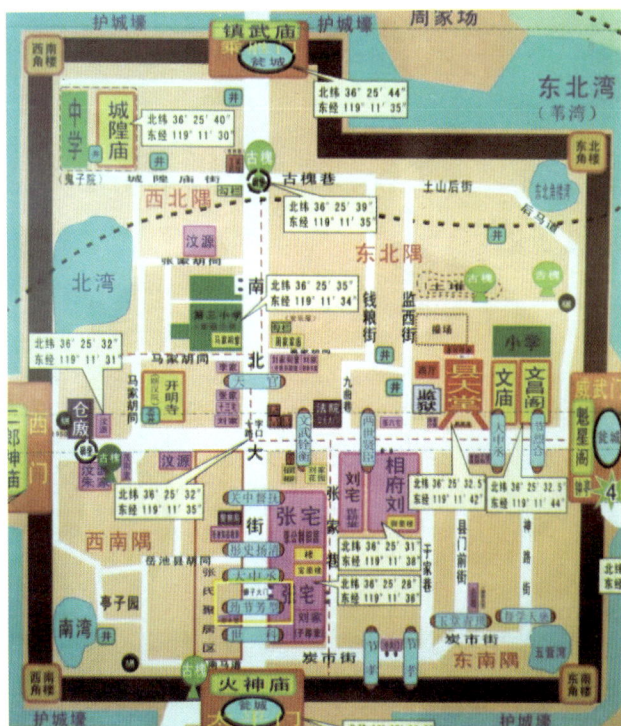

安丘故城图（朱瑞祥绘）

年忽必烈改国号为元,1279年灭南宋统一全国。这一时期,由于战乱频仍,安丘城迭遭兵燹,旧有城池破坏殆尽。元至正二十一年(1361),大将王野驴驻防安丘故城一带,乃重修城池。明清两朝,随着社会稳定,经济发展,多次修缮城垣、增修城内建筑。民国初年,安丘故城朴素风雅,颇具特色。

故城西、北两面濒临汶河,城东青云山迤逦一线,西南十余里牟山巍峨,南边高埠耸立,故城坐落其间,可谓山环水抱。

故城有内城、外郭之分。内城始建于元至正二十一年(1361年)。明清多次重修。清末又在东关、南关、西关南段外筑起一道土圩墙,所包括的区域就是外郭。

内城略呈方形,城墙大部土筑,部分砖砌,高十二米,下宽八米,顶宽三米,上有城垛,东、南、北三面有门,东门、南门外都筑有半圆形"瓮城",北门

安丘城南门城楼

的瓮城门和城门正对。两层城门均为木制，二十公分厚，上面密密麻麻排满碗口大的铁钉。城墙四角外筑有角楼，可控两面城墙。

大十字路口是内城中心。从此处向东、向西就是东西大街又称县前街，长约一华里，一座座牌坊骑列街上。大十字路口东南方位是张家祠堂，门前有十根旗杆。向东不远路北是县大堂，一溜五间，起脊瓦瓴，挟山转

安丘城中的御墨楼

角，四梁八柱，朱栋碧瓦。相府（刘正宗故宅）在大堂对过，坐南向北，分东西两院，东院建有御墨楼。从大堂向东是文庙，大殿上镶嵌绿琉璃瓦，里面柏树森森。文庙后面是学宫，东面是文昌阁和东门里小学，学宫北侧靠近后马道是明伦堂。

东西大街东端是威武门（东门），内外门斜对，瓮城开门于东南方，向东南走北转弯才能进入东关大街，曹、马二族世居于此。再往东是青阳阁（建于圩墙上），俗称"东阁子"。出东阁子后道路仄仄不平，北有八蜡庙，对面是东大湾，余者都是庄稼地。

威武门楼人称魁星阁,内塑魁星神像,神像右手握朱笔,做点状元之姿态。南侧另设钟亭,吊大铁钟一口。薄暮时分,钟声响起,浑厚低沉,余音悠远。

东西大街西端是西门。为防汶河水患,西门只有雏形,实未开门,所以无名。门楼是二郎神庙,里面供奉的却是西蜀太守李冰父子像。

从"大十字路口"向南、向北就是南北大街又称城里街。北头是乘胜门(北门),南端是太平门(南门)。乘胜门楼为"真武庙",颜色青灰,惟立柱是红色,里面供奉真武大帝。瓮城跟城门对应设置,可直出直入。乘胜门北一华里有座玉皇阁,俗名"北阁子",里面塑有玉皇大帝。玉皇阁本系外郭一部

安丘学宫

分,却一直没有连为一体。向北不远是北较场、宋家林,再往北就是汶河滩。

从乘胜门南去百十米,向东有一条古槐巷,巷口南沿有一棵国槐,根部围在一米高的石砌树坛里,距地两米处伸出三根粗壮的侧枝,几乎罩住整条街,人称趴趴大槐树。再向南一华里多就是太平门,门楼是火神庙,西边城墙上有一棵大槐树,枝繁叶茂,巍峨壮观。

太平门跟乘胜门不同,其内门与南北大街同向,瓮城却开门于西南,出外门向西南方走一段,转弯东南才能进入南关大街。这个转弯处俗称"南门口",是安丘城的早市。每天曙光初露,卖菜的、卖柴火的纷至沓来。安丘本地小吃此处最多,天亮即收摊。南关大街比城里街略窄,一直向南,到南关头出了荣勋门,就算到了郊外了。

外郭土圩墙高八米,下宽六米,顶宽两米半,西首接内城转南向东、向北接内城东垣,围成一个近似三角形的区域。上面辟有八门,从西南至东北依次为:河清、永靖、迎熏、景安、启文、海晏、青阳、拱极。因年久失修,土圩墙残破不堪,多处只剩下不高的墙茬子,小孩子都可跑上跑下。1916年曾加以修补。

外郭分为西关、南关、东关、东小关、西小关、韩家后、杉树底等居民区。有两条主街道:一条是南关大街,北起太平门,南讫荣勋门;一条是西关—西小关—东小关,西始河清门,东至海晏门。南关大街是安丘城的商业区,两边店铺鳞次栉比,白天叫卖声此伏彼起,热闹非常,入夜则昏黑一片,渺无人迹。

护城壕自南向北、向东沿城墙流淌。至北门外以东,因地势低洼开阔,大水漫延,形成了一个苇湾。北靠周家场,形状似亚腰葫芦。早春苇芽出水,一片翠绿;晚秋割了苇子,留下齐刷刷的苇子茬;深冬又变作大坨水晶,常有孩童沿城墙溜冰。

故城南里许一墩突兀,俗名大墩,古称印台,高十余丈,周约五百步。其西有一土丘名小墩。万历《安丘县志》云:"印台上有渠丘亭,亭下有池。"至清末民初,亭废圮已久,池亦不可复辨,唯独印台巍然独存。

印台西北方下有南塘湾,东西各一。东边大,西边小,中隔小径一条。湾北有银杏两株,春夏蓊蓊郁郁,晚秋满树金黄。湾水多系雨水潴积,夏秋水满,冬春干涸。春暖解冻,常有人挖湾泥。南塘湾周边地段被称为南塘湾崖,是安丘城的游艺场。每逢集市,艺人纷至,一摊一摊,观众席地而坐,乐不思归。

安丘故城的牌坊也是一大特色。不足一平方公里的地面上竟建有二十三座石牌坊,气象恢宏,工艺精湛,令人赞叹。

第三章　圣贤杰士档案

孔子高徒居安丘

　　《史记》载："孔子弟子三千，贤者七十二。"三千弟子的姓氏无从考证，但"七十二贤"的名字却有案可稽。其中有两位跟安丘渊源很深，甚至被安丘人视为乡贤。后世安丘人文厚重，教育兴盛，跟这两位贤者的教化不无关系。

　　这两位贤者一为公冶长，一为有子，分别名列"七十二贤"之十六位和二十七位。

公冶祠前银杏树

公冶长（前519—前470），公冶氏，名长，字子长、子芝。春秋时齐国人，一说鲁国人。孔子曰："长，可妻也，虽在缧绁之中，非其罪也。以其子妻之。"可见公冶长曾蒙冤入狱，孔子为他辩解，并招为女婿。《孔子家语》称公冶长"为人能忍耻"。民间传言公冶长通鸟语，真实性无从考证。

安丘西南城顶山南坡有公冶长书院，相传为公冶长隐居读书处。此处山高谷幽，树木葱郁。明清两代曾三度重建和维修，最后毁于1943年，今日堂宇为1989年重建。院中有银杏树两株，翁翁郁郁，遮天蔽日，传系公冶长亲手所植。

有子（前518—？），有氏，名若，春秋末鲁国人。好学不厌，尝以火烙手，日夜攻读。《孔子家语》称之"为人强识，好古道也"，是孔子的得意门生。司马迁说："孔子既没，弟子思慕，有若状似孔子，弟子相与共立为师，师之如夫子时也。"有若卒，鲁悼公亲临吊唁。清乾隆帝三年（1738）入列十二哲，后世尊称有子。

有子参与了《论语》的编纂，既善言孔子之意，又有独到见解。他主张孝悌为仁之本，"君子务本，本立而道生。孝悌也者，其为人之本欤？"有子强调礼之用、和为贵，提出"小大由之，有所不行；知和而和，不以礼节之，亦不可行也"的中庸原则。有子倡导"民富国足、民穷国亏"的贵民观，减轻剥削，寓富于民，为历代帝王所重视。

安丘西南海拔三百九十六米的有子山，山势陡峭，顶部平坦。相传系有子隐居、读书之地。

有子祠残碑

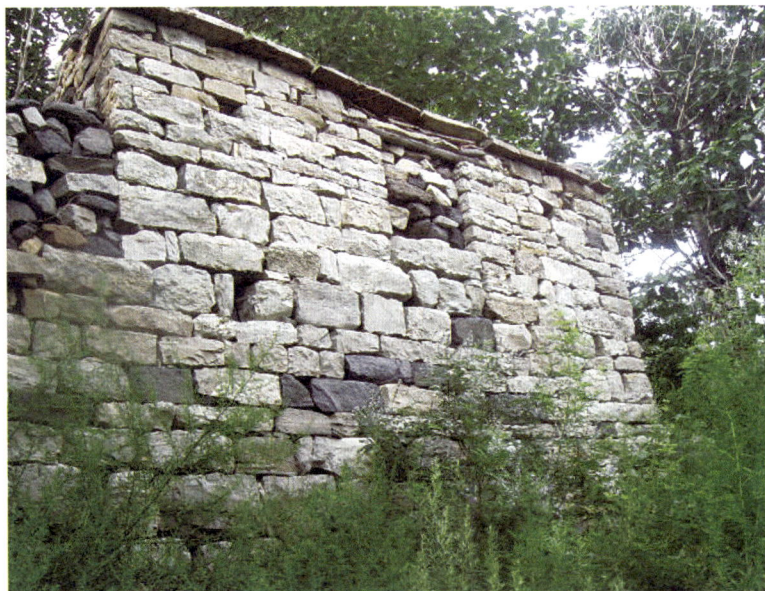

有子祠残迹

旧时山顶平坦处有有子祠,坐落于山顶平坦处,坐北朝南,东南方、西南方分别是老母庙和菩萨庙,都是坐北朝南,南边有三间账屋,均系石头建筑。庭中偏南处有一棵银杏树,相传系有子亲手所植,成人七搂半粗,树冠形如巨伞,几乎将整个有子祠全部遮住。寺庙外围遍植古柏,树干挺直,苍苍郁郁。

清末民初,南辉渠村富户李百丰曾捐出良田百余亩作为祭田,有道士住持并岁时祭祀。其时,乡人争相拜谒,香火袅袅,数百年绵延不绝。现祠已毁,仅存残垣断壁和石碑两通,其中一通是《重修庙记碑》,上面记载:"有子山,古时传为因有子读书其地而得名。"山下有"有子官庄"村,也是为纪念有子而取名。

孙嵩侠义救赵岐

孙嵩（约 135—195），字宾硕，一字宾石。东汉北海安丘人。孙嵩博学多识，重节尚义，《后汉书》中有"及'党事'起,(玄)乃与同郡孙嵩等四十余人俱被禁锢"之记载，可知孙嵩亦曾陷入"党锢之祸"，且与郑玄同时被捕。

赵岐（108—201），字邠卿，原名嘉字台卿。京兆长陵（今陕西咸阳）人。少明经，有才艺。担任京兆尹功曹时，不满时政，屡屡讥讽中常侍唐衡之兄唐玹，两人积怨甚重。延熹元年（158），唐玹担任京兆尹。赵岐察觉唐玹欲加害于己，便"逃避之"，唐玹遂将赵岐家属宗亲"陷以重法，尽杀之"。

赵岐隐姓埋名，游历江淮海岱间，后在北海郡一带集市上卖饼。某一日，孙嵩乘马车去集市，发现一位卖饼者气度非凡，估计不是寻常人物，便停车招呼他登车说话。那人恰是赵岐，他大惊失色，战战兢兢上了马车。孙嵩放下帷帐，遮掩门窗，令侍从将车子停在避人处，低声道："我看先生并非是卖饼的商贩。刚才问了一句，先生顿然色变，莫非为躲避祸害而亡命于此吧？请不要怕，我乃北海孙嵩，家有百口，以族户之势定能救助你！"赵岐素闻孙嵩之名，知道可以信赖，便以实相告。孙嵩将赵岐带到家里，禀告母亲说："今日出行，邂逅了一位可以生死相托的朋友！"征得母亲同意后，方将赵岐"迎入上堂，飨之极欢"。然后，将赵岐藏匿家中"复壁"中。这期间，赵岐作《厄屯歌》

二十三章,记述他"厄屯"复壁中的这段经历。

"诸唐(包括唐玹及其弟唐衡)死灭",赵岐蒙赦复出,先后出任并州刺史、议郎、敦煌太守、太仆等职,又曾充当朝廷使臣。因说服袁绍、曹操、公孙瓒等"罢兵安人"而名扬四海。此时孙嵩为躲避北方战乱也离开家乡,去荆州依附刘表,但"表不为礼",就是说刘表对他不尊重。后来,赵岐以"钦差"身份出使荆州,在刘表面前"称嵩素行笃烈",从此刘表改变了对孙嵩的态度,并与赵岐联名上奏朝廷,表孙嵩为青州刺史。遗憾的是,孙嵩此时已年近花甲,又体弱多病,不久便在荆州辞世。听到噩耗,赵岐老泪纵横,以病弱之躯主持了孙嵩葬礼,并派人将其灵柩送回故里安葬。

诸多文献记载了孙嵩墓的基本位置。《水经注》载:"(牟)山之西南有孙宾硕兄弟墓,碑志并在也。"明万历《安丘县志》称:"豫州刺史孙宾硕墓在

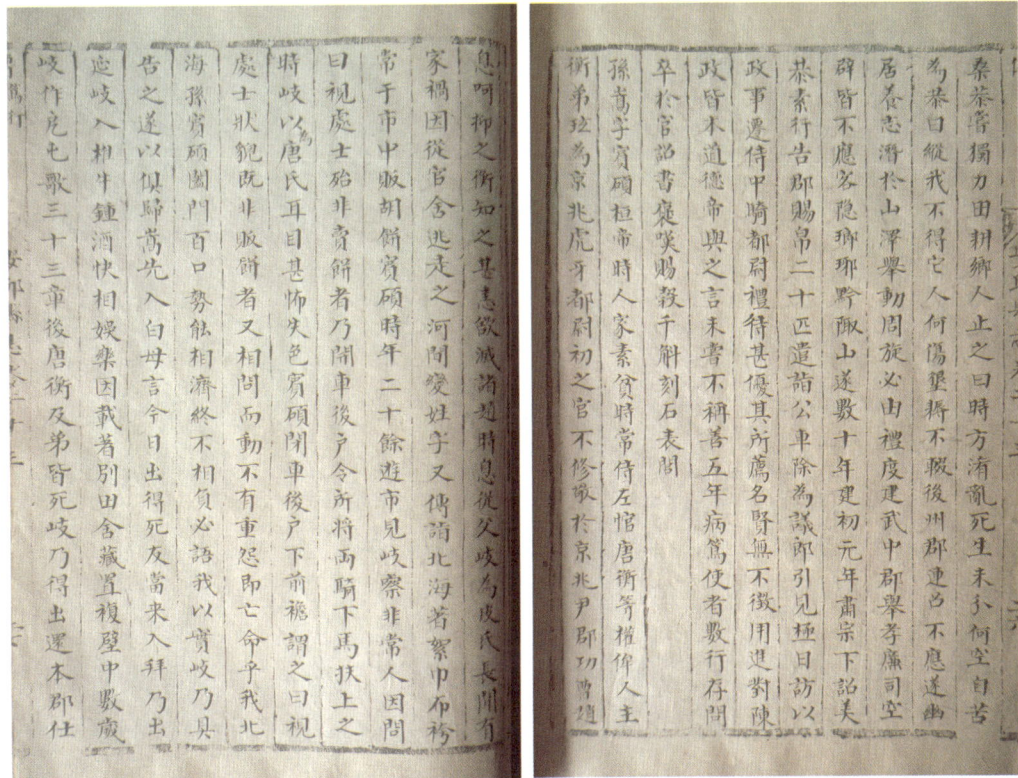

明万历《安丘县志》中关于孙嵩救赵岐的记载

牟山金沟河西南。"《青州府志》称:"孙宾硕兄弟墓,在县西南牟山下。"《续安丘县志》载,元代于钦著述《齐乘》一书时,寓宿太虚宫,夜梦赵岐说:"仆有良友葬安丘,其人节义高天下,今世所无也。请载之,以励衰俗。"读《赵岐传》后,于钦始悟,赵岐所言"良友"即是孙嵩。孙嵩救赵岐的故事在当地民间广为流传,20世纪上半叶,在牟山西北的牟山观中,仍有孙嵩、赵岐塑像,观南小路一侧,立有孙嵩墓道碑。

平昌四孟铭青史

东晋、南朝史书谓孟昶、孟顗、孟怀玉、孟龙符为"平昌四孟"。

孟昶（？—410）字彦达，东晋南平昌郡安丘县人，东晋大臣。孟昶自少矜严有志。元兴二年（403）桓玄篡位，其弟桓弘为（侨）青州（治广陵，今扬州）刺史，孟昶为其主簿，平时以预言闻于朝野。桓玄开始打算重用他，因听信谗言而作罢，孟昶由是耿耿于怀。未几，刘裕谋划倒桓复晋，孟昶积极响应，并献出家产以资军用。元兴三年，刘裕与孟昶、孟怀玉等二十七人密议，决定在广陵、历阳、京口、建康同时举事。事成，孟昶为丹阳尹，不久升尚书左仆射。义熙六年（410）孟昶因与刘裕战略相悖、政见不合，上书请罪，称对京城陷入危机负责，遂饮毒酒自尽。孟昶品行高尚、守节尽忠，社会声望很高。

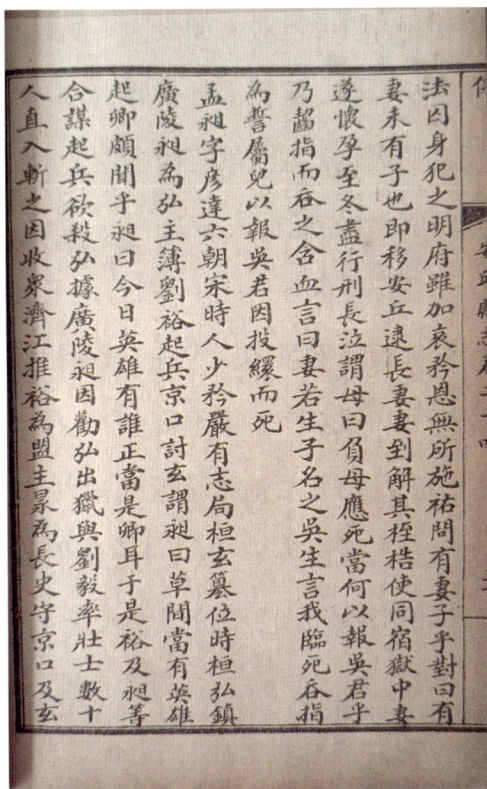

明万历《安丘县志》中关于孟昶的记载

孟顗 字彦重，东晋、刘宋大臣，孟昶之弟。兄弟二人风姿美妙，时人誉为"双珠"。孟顗生性倜傥，依仗其兄至尊，长期不接受皇上指名提拔。孟昶去世他方出山，历任侍中、太子詹事、散骑常侍。孟顗笃信佛教，精通佛理，却跟大诗人谢灵运关系不睦。盖因孟顗任会稽郡太守期间，谢灵运上疏宋文帝，要求得到会稽东面回踵湖。宋文帝下诏"令州郡履行"，孟顗以百姓反对为由，予以拒绝。谢灵运对孟顗极为不满，屡以言论诋毁。孟顗不甘受辱，竟上奏反诬谢灵运。孟顗累官尚书左仆射，卒于官，赠左光禄大夫。

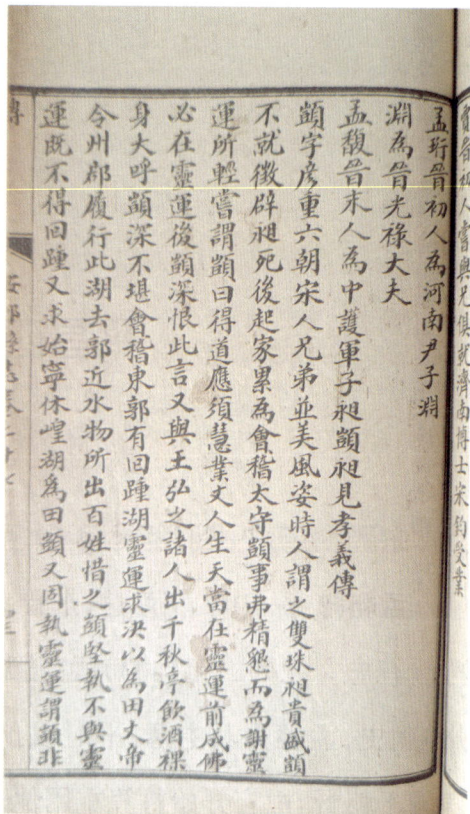

明万历《安丘县志》中关于孟顗的记载

孟怀玉(385—415) 东晋南平昌郡安丘人，东晋名将。据考证，其祖居地是今安丘市石堆镇孟戈庄，其高祖孟珩是西晋怀帝为太子时的伴友，后担任河南尹，其祖父孟渊担任过右光禄大夫，其父孟绰随刘裕起兵后担任过给事中、光禄勋，死后追赠金紫光禄大夫。孟氏家族世代居住京口。

晋安帝隆安三年(399)，五斗米教首领孙恩聚众起事，孟怀玉为建武司马，随刘裕前往会稽镇压。元兴元年，孙恩兵败投海自尽，余部由其妹夫卢循率领，浮海南下攻占广州，自领广州刺史，以徐道覆为始兴相。元兴二年，东晋发生"桓玄之乱"，孟怀玉及族兄孟昶等二十七人共推刘裕为盟主平叛。事定，孟怀玉因功封鄱阳县侯，食邑千户，随刘裕镇守京口，为镇军参军、下邳太守。义熙三年，出为宁朔将军、西阳太守、新蔡内史，授中书侍郎，转辅国将军，统丹阳府兵，镇守石头城。义熙五年，刘裕征伐南燕，卢循趁机率大军北上，迫近建康。孟怀玉固守不退，连战连捷，击败卢循帐下大将徐道覆，升为中军咨议参军。卢循率部仓皇南撤，孟怀玉率部穷追不舍，在始兴包围徐道覆。孟怀玉纵兵围攻，旬月破城，杀徐道覆，继续向南追击卢循。平定卢循后，孟怀玉因功封阳丰县男，食邑二百五十户，再任太尉谘议参军、征虏将军。义熙八年，升任江州刺史，督西阳、新蔡、汝南、颍川、恒农、松滋六郡诸军事。义熙十一年，孟怀玉加持节。多年征战，孟怀玉身染沉疴，义熙十三年，其父过世，他上表请辞奔丧，同年卒于官任，年仅三十一岁，追赠平南将军。

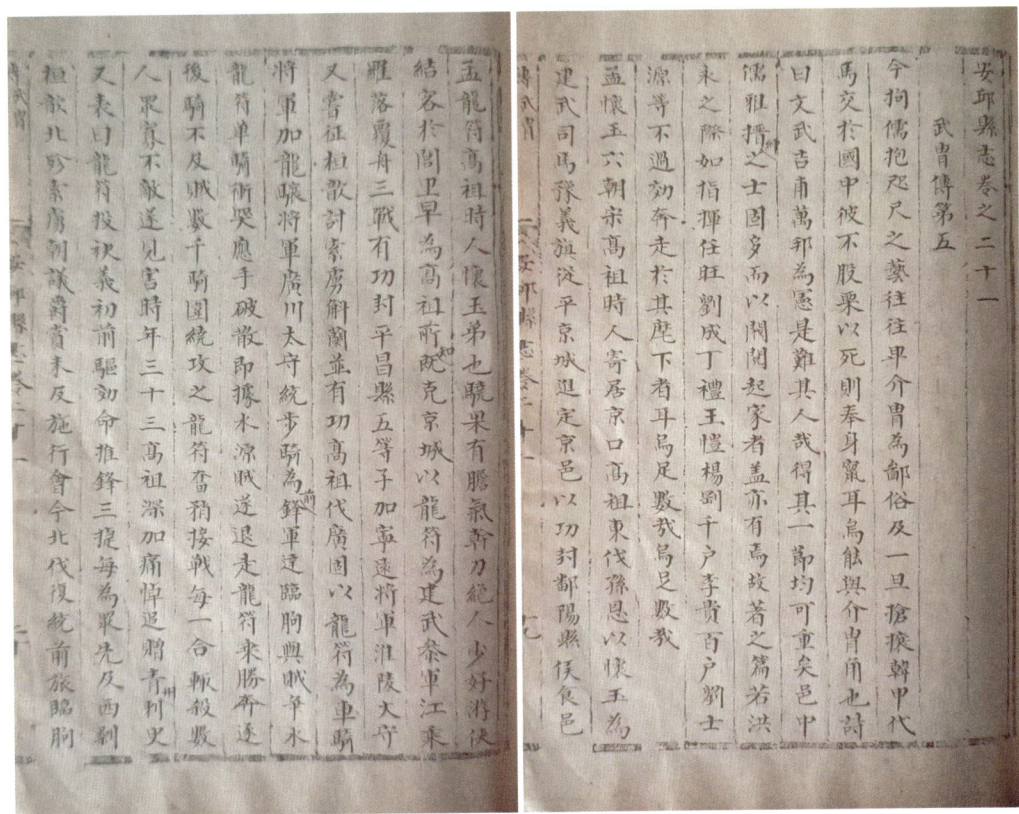

明万历《安丘县志》中关于孟怀玉和孟龙符的记载

《民国山东通志·家族志》称:孟怀玉十一世孙是唐朝大诗人孟浩然,孟浩然之孙是名诗人孟郊。不过他们早已不在平昌京口居住,祖上数代即已播迁外地。

孟龙符 (387—409) 东晋名将,孟怀玉之弟。少好游侠,结客于闾里,骁勇果敢,胆略过人。元兴二年,东晋发生"桓玄之乱",刘裕克复建康时,孟龙符集结少年豪侠相助,深得刘裕赏识,授建武参军。又参与江乘、罗落、覆舟剿灭桓玄之战事,因功封平昌县五等子加宁远将军、淮陵太守。又随刘藩、向弥征讨桓歆、桓石康,破斩之。授建威将军、东海太守。

义熙五年二月,南燕犯淮北,孟龙符领兵征讨,击伤南燕将领斛兰。四月,刘裕起兵伐南燕,以孟龙符为车骑将军加龙骧将军、广川太守,统步骑为前锋,直趋南燕都城广固城(今青州城)。六月,东晋军队翻越大岘山逼近临朐。南燕皇帝慕容超令大将公孙五楼率精锐骑兵控制临朐东南巨蔑水(今弥河),与孟龙符部发生激战。孟龙符勇猛果断,单骑突入敌阵,控制了巨蔑水。南燕军败走,孟龙符乘胜追击,因后续军队没跟上,身陷重围,遭南燕数千骑环绕攻击。孟龙符毫不畏惧,奋槊接战,每一合辄杀数人,终因寡不敌众,喋血沙场,为收复故土而捐躯,时年二十三岁。义熙六年二月,东晋军队破广固城,俘慕容超,灭南燕。追赠孟龙符为青州刺史、临沂县男。

田兴为民除虎害

　　田兴生平见于田北湖（田兴二十一世孙）的《笔记》、方觉慧的《明太祖武功纪》《董永年名人历史大观》等史料，谓其里籍是安丘"大石庄"，经考证即今兴安街道大石戈庄。田兴生于元至治元年（1321），幼年因好武而辍学，十六岁又回过头来力攻史书。他身材魁伟，武功精湛，勇而好义，济急扶危，有侠士之风。

　　元末北方大乱，他前往苏、皖之界，在长江以北的来安、六合诸县贩卖土产，其间结识了郭子兴、常遇春、胡大海等人。《明史》载：朱元璋还未得时之际，孤贫无依，为僧皇觉寺。至正六年（1346）一日，他游食颍州老子集地界，病饿道旁，奄奄待毙，被紫衣神人救治得以活命。紫衣神人就是田兴。他把朱元璋送至旅店，请医煎药，备食置衣，精心调养。朱元璋感激不尽，千恩万谢，提议结拜为异姓兄弟。田兴见朱元璋品相清奇，谈吐不凡，就满口答应。田大朱七岁，为长兄。这便是史籍中记载的"元璋病倒荒郊，田兴仗义相救"。

　　既结金兰，此后田兴在生活上对朱元璋常予接济。时势造英雄，至正十二年(1352)，朱元璋到濠州参加了郭子兴部红巾军，田兴与郭友善，极力保举，使朱元璋大获重用。1356 年，朱元璋攻克金陵，田兴对常遇春说："大业已定,天下有主,我愿已足,从此将浪游四方,安享太平之福,不再留此多事了。"不久果真悄然离去,似闲云野鹤,无人知其所往。

洪武三年(1370),六合、来安两县接壤山区常有猛虎伤人,百姓深以为患。一些勇士前去打虎,竟为虎所伤。田兴贩运土货至此,闻讯愤慨地说:"我所经行之地,竟有虎挡道乎?"遂单身入山谷,十天捕杀了七只虎。

田兴勇除虎害,当地官吏问其姓名,他笑而不答;给予赏赐,他摆手不受。地方申报朝廷,言其形,摹其状,讲其勇,请求表彰。朱元璋见到六合知县报告,大笑道:"此必吾友田兴也。"即让熟识他的人去看了看,果然不错。于是颁诏,把田兴打虎的山洼命名为"打虎洼",并立石坊,由文学家宋濂题字:大明洪武三年九月田兴打虎处。田兴也爱上了六合曲涧之幽僻处,遂定居于此。

不久,朱元璋亲自修书,由常遇春送与田兴。信中说:"我二人者,不同父母,甚于手足。昔之忧患,今日之安乐,各当其时,而平生交谊,不为时势变也……并非一做皇帝,便改头换面,不是朱元璋也。"朱元璋知道田兴不愿参政当官,谋求功禄。所以在诏书中说:"至于明朝事业,兄长能助则助之,否则听其自便。只叙弟兄之情,不谈国家之事。美不美,江中水,清者自清,浊者自浊。"末尾两句严肃摊牌,表明你"再不过江,不是脚色"。田兴这才"野服诣阙"。朱元璋果然以兄相敬,亲自出城,迎之于龙江。此后盛宴不断,席间绝口不谈政事。田兴数次辞行,均未获批准。

翌年,田兴打算带两个儿子不辞而别,不料得急病辞世。朱元璋亲自治丧,葬之于鼓楼坡。他悲凄地说:"与我共患难而不共安乐者,斯人而已。"接着降旨要田兴两个儿子留在京师,授锦衣卫指挥之职。二人遵父遗命拒不出任,未几,返回六合县继续种田。今六合山区之田氏,始迁祖即是田兴。

王淮拯救全城

万历四十三年（1615），山东一带旱蝗肆虐，发生了骇人听闻的大饥荒，人心惶恐，流民遍野。昌乐人张国柱趁机占踞崇山（在昌乐县营丘镇驻地以东大约十公里，又名丛山，《太平寰宇记》《隋书》都有记载，注称之为"丛角山"），招兵买马，打家劫舍。

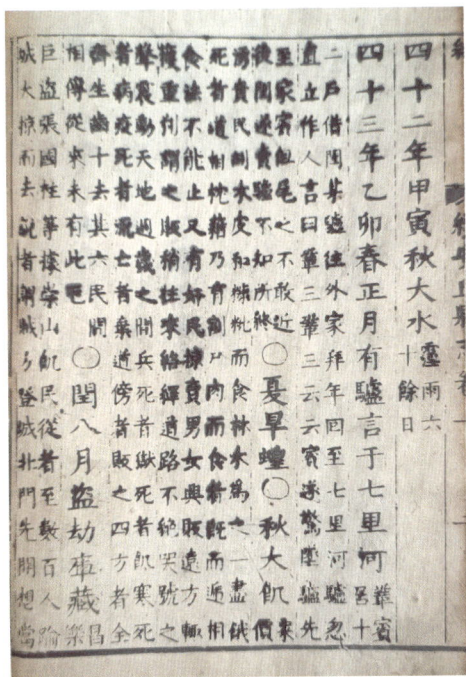

《续安丘县志》中关于张国柱率部偷袭安丘的记载

闰八月中某夜，张国柱率部偷袭安丘城，内应打开北门，张国柱部众顺利进入城中。百姓纷纷阖门闭户，知县梁聘孟也不知所踪。张国柱率众抢劫库藏，开狱释囚。囚犯中有名王淮者，张国柱见他身材魁梧，给他武器，邀他入伙。王淮假意答应，跟随去县衙。行至仪门（大门以内的门），王淮挥刀杀死张国柱。其手下大惊，围上来跟王淮格斗。王淮毫不畏惧，连杀数人，余者见王淮武艺高强，惶恐四散。王淮疲惫不堪，走到一家饭铺门口，用刀敲门。

店主开门,见王潍气喘吁吁,浑身是血,吓得说不出话。王潍说:"贼寇跑了,我饿坏了,给我弄点饭吃。"店主扶王潍进店,端出蒸饼。王潍饿急了,狼吞虎咽,一连吃了好几盘。

知县梁聘孟从藏身处出来后,得悉王潍杀了张国柱、逐散其部众,遂召集百姓去迎接。见到梁知县,王潍请求再回监狱,说:"如果放我出狱,不是违反朝廷法度吗?"梁聘孟说:"你不顾个人安危,消灭贼酋,使全城百姓得以保全,还为朝廷节省了数十万金钱费用,这功劳多么大啊!如果再把你拘押起来,还成什么法度呢?"于是,吩咐衙役们为王潍做饭吃,换衣服,敲锣打鼓,送他回家。

其实,王潍原本没有犯法,入狱是替二哥王泮代罪。二哥王泮考取举人后,因醉酒失手杀人,为官府羁押,等候判决。其母闻知,又惊又怕,整日哭泣。王潍当时十八岁,见母亲这样悲痛,就跪在母亲面前,说:"哥哥误伤人命,定判重罪。我兄弟六人,可以显功名、扬父母、兴家立业的只有二哥。我少年失学,无所成就,请父亲母亲让我代替二哥去抵命吧!"母亲哭着不让王潍这么做,王潍一个人跑到县衙,顶替二哥投案自首。遂被判重刑,入狱已达十八年。

事后,梁聘孟将王潍事迹向上司汇报。上司视王潍为奇人,随即擢升他为登州营镇抚司,不久又升为胶州卫守备(明代总兵下设驻守城哨的武官,地位次于游击将军)。崇祯十一年(1638)十二月二十四日,王潍病故,享年五十六岁。葬于宋官疃西南原。

梁頠才高薄命

　　梁頠字秀仲，号袖石道人，是明末安丘文士韩齐邻之妻。韩齐邻字朋桓，系右佥都御史、陕西巡抚韩必显从孙。张贞《渠丘耳梦录》载："夫妇皆能诗，而秀仲尤以才胜。"两人长期隐居石堆镇梯门村，陶醉于圣水山附近胜景，整日流连其间，觞咏自娱，飘然若仙。圣水山上有石池冬夏不干，山左有奇石状如伏鸡。友人《再过梁氏》诗描写其境："啭树莺呼友，寻泉鹿引群。"

　　梁、韩合著诗集《难游草》《归来吟》各一卷，内容丰富，脍炙人口。伉俪所联名句"梨花皓月原同色，风竹流泉不辨声"脍炙人口，谁作的上联、谁撰的下联后世读者难以分辨。

　　可惜天妒英才，梁頠年纪轻轻就身染肺痨。名医窦仁宇去给她诊

《渠丘耳梦录》书影

治,刚走进天井,听到她在房中咳嗽,扭头就走,说"肺气已尽"。不久,梁颀就黯然辞世。韩齐邻不胜悲痛,作《雪中哭内子梁秀仲》一诗祭奠亡妻:

雪压梅花冻不支,莫嗟零落少相知。

泉台自有谢家女,可和因风柳絮诗。

郭牟狂放不羁

郭牟字浯滨,自号云林醉客,家住安丘市岐山(今石埠子镇)一带,生活在明末清初。他个性高傲、狂放,酒、诗、画相得益彰。酒后灵感喷涌,将大碗墨汁浇洒纸上,纵笔涂抹,瞬间立就,观者无不称绝。

明万历年间,郭牟涉浯(渠河旧称)、潍二水,客居诸城,与文人墨客、丹青妙手切磋技艺,备受推崇。此公为人慷慨,不吝笔墨,对普通求画者所赠多多,但诸城知县派人索画,却被他断然拒绝。知县派衙役将他拽到大堂上质问,他淡面冷颜,不屑一顾,知县为其气节所折服,忙上前致歉,并施以大礼。这一来更使郭牟声名大噪。

明亡清立,郭牟寄居诸城普庆村放鹤园,去世后归葬安丘。诸城文士隋平作有《吊郭浯滨先生墓》一诗,诗云:

狂岸难言狂士心,鹤亭一去感人琴。

空堂剑在还堪倚,破壁龙飞不可寻。

故里凭谁知醉客,他年有梦访云林。

情深欲作招魂赋,古木萧条白日阴。

郭牟的代表作有绢底中堂画《观瀑图》。该画作于清初,画中绘明代遗民张衍、张侗(从兄弟,普庆村人)两位名士在卧象山观看瀑布,周边不少跋语、跋诗,其中有名句"今日总为清民子,随时莫忘汉衣冠"。

傅太全汶河筑桥

　　傅太全生活在明末清初,家住安丘城北郭。少年时即喜欢独处,性格沉静。四十岁时出家当道士,先在崂山拜师修道,后入琅琊道观闭门静坐。

　　过了数年,傅太平返回家乡,暂住汶河北岸一座破败道观中。他多方化缘,将道观修缮一新。北去三十里有座塔山(今灵山),山上怪石铺陈,荒僻幽静,傅太平认为此处适合修道,遂四处奔走,结交善男信女,利用五年时间在山上建起一座道观,包括三殿一堂,其他厢房、斋室、厨房、大门一应俱全。嗣后,他又利用三年时间,在塔山东南不远处又修建一座道观,规模、布局与塔山道观大致相同。此后,傅太平在这两座道观中潜心修道,晚年才返回汶河北岸那座道观。

　　汶河上自古桥梁不多,有史记载的一为"北关渡",一为"西关渡",因年久失修,加上经年河水冲刷,上述两桥当时已不复存在。傅太全便在汶河上修筑了一座长三百尺的木桥,方便两岸民众往来。深秋初冬,傅太平眉毛、胡子上挂满霜雪,率领众人在河床上拖拽木板,堆筑沙丘,像个熟练的工匠。南来北往履桥而过的商客不知道此时傅太平已年逾八旬。

王图妙绘"牟山雁"

王图字汉文,清乾隆帝年间绘雁名家,家住凌河镇山后村(修建牟山水库后,该村已不复存在),中过秀才,任过塾师。其父王敬忞(字用涵,号雪澄,别号青渠子)、其子王济远(字汝舟)均善画芦雁。王家祖孙三代所画芦雁别具特色,人称"牟山雁",时人视为珍宝,争相求购。

山后村位于牟山北汶水南,水草丰美,秋冬大雁南飞,常在此地栖息觅食。王图得父真传,深谙画雁之诀窍,特别注重观察、写生。清早,看大雁起飞;中午,看大雁饮水觅食;傍晚,看大雁落地栖息;夜里,看大雁露宿。为近距离接近大雁,王图常披蓑戴笠,伏在芦草中,不管大雪纷飞,还是北风呼啸,一待就是一昼夜。

王敬忞所绘芦雁图

王图作画一气呵成，一旦不满意就搁笔去河边看雁。作品完成，挂在村西一间望林（看坟墓）的屋子里用烟熏，使形象更加逼真。传说有一次他将大雁画好，晾在屋子里，猫看见了，跳进去就扑。又一次，外地一位画雁者慕名前来比画，一见王图画

王图所绘芦雁图

的牟山雁，自惭不如，急忙请教。王图指着那人的画说："这是你捕了一只打断腿的雁，放在院子里照着画的。由于大雁不欢心，所以画出的雁就不舒展。"那人豁然省悟，长揖道谢而去。

最初画雁送人时，王图都落款题字。后因生活窘迫卖画为生，作品就概不署名了。所以现今世上幸存的王图"牟山雁"，绝大多数都没有落款。

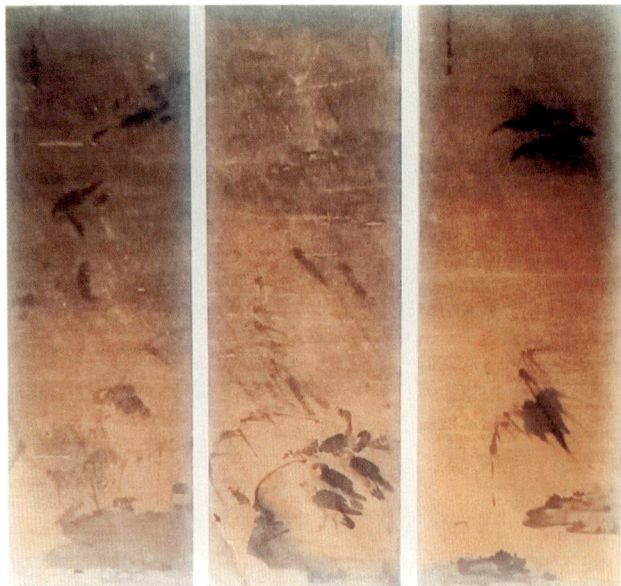

王济远所绘芦雁图条屏

张贞世家耀齐鲁

安丘的张贞世家,是一个以学术、书画特别是篆刻闻名于世的文化家族。从清初至民国,绵延数代,印人众多,形成了有一定影响力的家族式篆刻流派,对中国印学尤其是齐鲁印学的产生与发展影响深远,贡献巨大,成为中国印学史上一个比较独特的文化现象。

张贞世家与篆刻结缘并最终成为一个在中国印学史上占有一席之地的印学流派,应从张贞父辈张绪伦等人与印人频繁

张贞画像

交往并收藏印章开始,以周亮工左迁青州、张贞从其研习篆刻为转折。此后,张贞借助周亮工、王士祯的文化交游圈,使其篆刻水平获得极大提高,声名逾山东远播南北。

张贞（1637—1712），字起元，号杞园，别号渠亭山人，继伦子。祖居安丘高戈庄（今属峡山区），后迁居安丘县城。张贞少孤，事母至孝。康熙十一年（1672）拔贡，康熙十八年举博学鸿词科，因母病不应。康熙二十四年殿试第三名，授翰林院孔目，寻改待诏。张贞无意功名利禄，辞官不就。此后，隐居安丘县杞城村，开始了他的漫游与著述生涯。

张贞世家由单个的印人

张在辛画像

发展成具有极高创作水准的家族式篆刻流派，中间经历了一个漫长过程。其正式形成应以康熙五十九年张氏印人辑编八册《张氏一家印存》为标志。在这本印谱中，收有张氏五代十余位印人的九百多方印。早在此前的康熙四十三年，张在辛、张在戊、张在乙兄弟三人就编辑过自刻印谱《相印轩印谱》三册，标志着这一家族篆刻流派的初步形成。

张贞之印　　河东张氏名在乙者　　张重舆印　　张绪伦印

张贞世家之印人除张贞外，其三个儿子张在辛、张在戊、张在乙也是清初颇具代表性的印人，尤以张在辛成就最高。张在辛（1651—1738），字卯君，号柏庭，张贞长子。康熙二十五年拔贡，选观城教谕未就。初承家学，又受业于刘源渌，颇得理学"身性"之法。张在辛曾跟随父亲出游，结识许多硕学名士。先拜郑簠学习隶书，又从周亮工钻研印法，后与高凤翰等人研究篆刻绘画。其篆隶取法秦汉，古朴苍劲，刀工刚纯，小印尤为犀健。张在辛晚年身健神敏，艺术创造力更加旺盛，独创鹅翎画，识者称奇，誉为神品。张在辛一生勤奋，有《青州府志》《隐厚堂诗集》《隶法琐言》《相印轩印谱》《篆印心法》《汉隶奇字》《画石琐言》等著作传世。他于乾隆帝三年（1738）所

张在辛书法

著的《篆印心法》是一篇具有极高价值的印学论文。在这篇印论中，张在辛第一次对明末以来篆刻中的刀法进行了最为简明和最有价值的界定和概括，从刀法的角度提出了他的流派理论，对后世篆刻发展产生了很大影响，成为印学发展史上的重要一环。张在戊（1668—1738），字申仲，号则庵，张贞仲子，例贡生。书法篆刻皆工，曾集汉唐以来官私印玺体式各为传注，编成

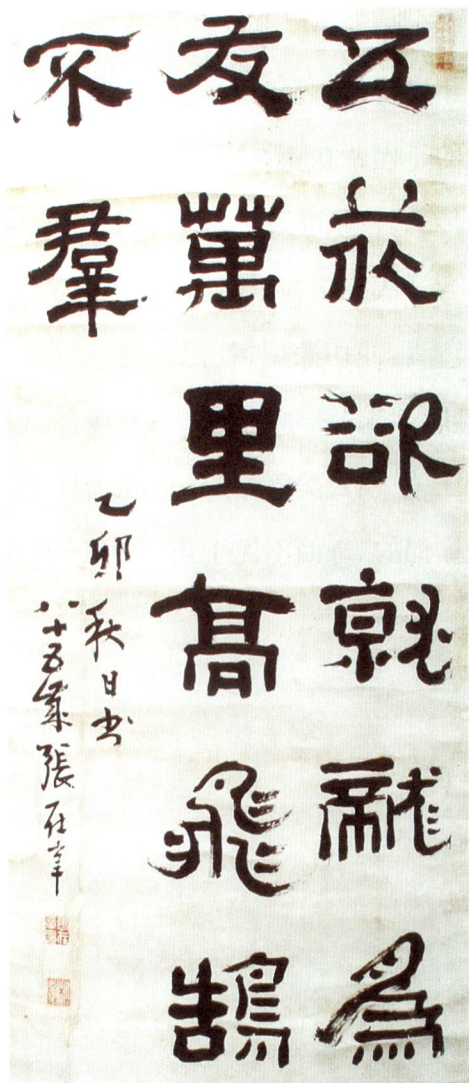

《宝典》一书。张在乙（1675—1733），字亶安，号绥庵，张贞季子，康熙四十七年岁贡。年轻时常随父兄遨游南北，著有《苍云书坞诗文集》。此外，张在辛的子侄辈扶舆、重舆、壮舆也喜好篆刻并留下了大量印章或印谱，可谓家学传承，枝繁叶茂。直至清末民国，张氏家族治印名家层出不穷。

从技法和风格上说，张氏家族印人兼收南北流派之所长，融离奇于平实清真，冲切兼用，苍深雅健。以张贞父子印章为例，以金文大篆古玺文字入印，追求"离奇"效果，系程邃徽派风格。但张氏篆刻还有平实一路，明显受汪关、顾云美等苏州印人影响。这种在离奇中求平实的创作思想，即张贞所提倡的"奇而不诡于正，放而不离乎法"。

高凤翰寓居安丘

高凤翰（1683—1749），字西园，号南村，山东胶州人。曾任安徽歙县县丞，去官后流寓扬州。

高凤翰早岁知名，尝奉王士禛遗命，为私塾门人。后又受尹元孚、卢雅雨知遇。工书画，草书圆劲，善山水，纵逸不拘于法，纯以气胜，兼北宋之雄浑、元人之静逸。花卉亦奇逸得天趣。嗜砚，收藏至千余，皆自铭，大半手琢。究心缪篆，印宗秦汉，苍古朴茂，郑燮印章，皆出沉凡民及其手。晚病痹，高凤翰用左手挥洒，笔愈苍辣。

康熙五十年(1711)，高凤翰考取秀才。由济南东归，住在安丘张在辛家并结为忘年之交。张在辛工书画、篆刻，收藏丰富，高凤翰在张府得见许多金

高凤翰山水画册页（局部）

石书画珍品,受益匪浅。

去官后,高凤翰"频游安丘,多寓东郭曹氏之碎墨斋,与诸名流结诗社,提倡风雅。尝卧病斋内兼旬始起。有诗云'桐华帘底行歌影,碎墨窗中煮药声'一时传颂。南阜草堂者,曹氏别业也,凤翰爱其闲旷,因仿黄州东坡例自号'南阜老人'云"。

马世珍才高八斗

马世珍字席公，清嘉庆初恩贡，马云龙五世孙，幼承家学，教书之外，"日肆力于诗古文词"，青年以后精制艺，兼工诗文，提笔立就，尤以古文蜚声山东文坛，"四方求碑表者踵至"。

赵方山任安丘训导时，一见马世珍即与他订文字交，选编其诗词、古文及制艺，叹为"三绝"。后人评马世珍古文"文笔奥衍有法度"，其诗"穷想渺虑，格力老而愈坚"。当时安丘有七位诗人相互唱和，他们文同宗，诗同格，名满海岱，被誉为"安丘七子"，代表当时安丘文坛的风格和水平。这七位诗人是马世珍、马世醇、刘芳曙、孙景曾、李振西、周锡管、辛履桂，尤以马世珍文名最著，被称为"安丘七子"之首。

马世珍平素留意乡邦文献。乾

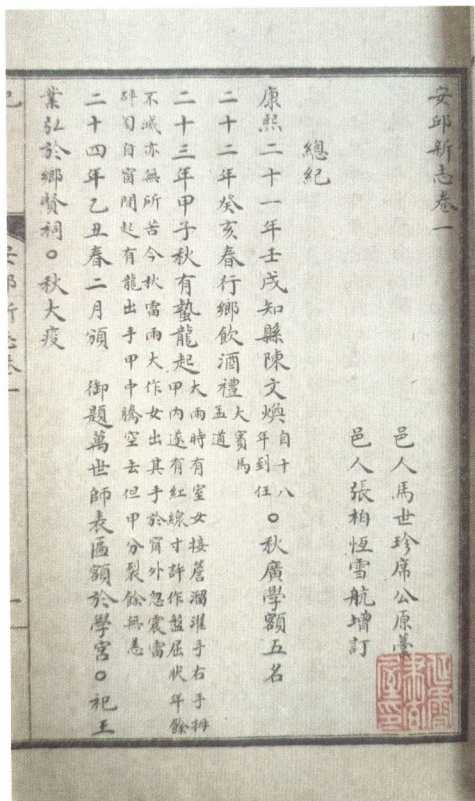

《安丘新志》书影

隆五十四年(1789),安丘知县谢葆澍倡修县志,邀他担任总纂。他慨然应允,独自完成志稿,定名《安丘新志乘韦》。后经县人张柏恒增补、马步元修订,于1914年农历七月付诸石印,定名《安丘新志》。马世珍学识渊博,勤于著述,除《安丘新志》外,还有《需斋诗集》《诗说》《学古编》《严训记》《衍香草堂制义》等著作传世。

王筠精研"说文"

王筠(1784—1854),字贯山,又字伯坚,号箓友。安丘市景芝镇宋官疃村人。清代著名文字学家。王筠于道光元年(1821)中举,道光二十四年以国史馆誊录议叙选山西乡宁知县,并曾代理曲沃、徐沟二县知县。任职期间,勤勉清廉,政绩卓著。

王筠少喜篆籀,年纪稍长,即博览群书,与许翰、何绍基、陈庆镛、陈奂等切磋学问,系清代"说文四大家"之一。王筠所著《说文句读》,折衷段玉裁、桂馥之说,"垂三十年,其独辟门径,折衷一是,不依傍人,论者以为许氏之功臣,段、桂之劲敌",另有《说文释例》《文字蒙求》《箓友蜕术编》《说文系传校录》《说文补正》《句读补正》《说文韵谱校》《说文广训》《四书说略》《正字略》《禹贡正字》《毛诗重言》《弟子职正音》《读仪礼郑注句读刊误》《清诒堂文集》《徐沟笔记》等五十余种著

王筠画像

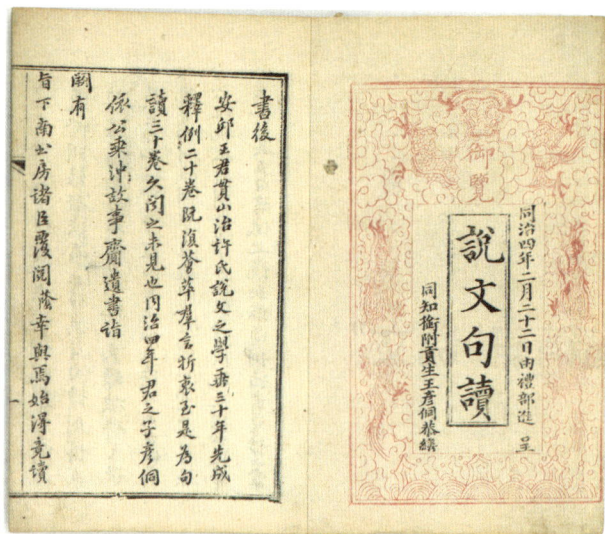

《说文句读》书影

作传世。

同治四年（1865），王筠之子王彦侗表上《说文释例》《说文句读》二书。太子太傅潘祖荫阅毕，跋其书后，推崇备极。史学家柯劭忞将《说文释例》《说文句读》等收入《续四库全书》中。《文字蒙求》一书，解放前曾作为高等小学教材，建国后于1962年、1983年再版。《说文释例》《说文句读》亦分别于1983年7月和11月由中国书店重新印行。清代的"说文学"在乾嘉时代形成了一个高潮。当时，严可均撰《说文校议》、段玉裁撰《说文解字注》、桂馥撰《说文解字义证》，妙义纷披，各有成就。段玉裁在《说文解字注》中多涉及"通例"，但非专书。王筠的《说文释例》就是一部发展了段玉裁"通例"说，专门探讨《说文》体例和文字学规律的著作。全书共二十卷，分四十多种条例来探索《说文》的体例和文字学规律。

《说文句读》一书，王筠采撷诸说文学大家的著作，辨其正误，删繁举要，参以己意，集语言文字之大成，浅易简明，是初学《说文》者较为便利的本子，共二

《说文释例》书影

十卷。作者在自序中肯定了段玉裁力辟榛芜,光大《说文》,同时也指出段书《说文解字注》"体裁所拘,未能详备,余鼓辑为专书,与之分道扬镳,冀少明许君之奥旨……取茂堂及严铁桥、桂未谷三君子所辑,加之手集者,或增,或删,或改,以便初学诵习,故名之曰《句读》"。此书体现出删篆、一贯、反经、正雅、特识五个方面不同于段书的要点,异于段、桂两家之说一千二百多处。专家评价《句读》"博采慎择,持平心,求实义,绝去支离破碎之说"。

鞠殿华勇猛善战

鞠殿华,字秋亭,安丘市石埠子镇晏峪村人。道光十五年(1835)一甲第三名武进士(武探花)。授二等侍卫。期满,以游击用。道光二十三年,补直隶提标前营游击。咸丰二年五月,升陕西延安营参将。七月,调补直隶营参将。

咸丰三年四月,太平军进攻江南,钦差大臣琦善前往剿办,鞠殿华奉调随营。时扬州城陷,琦善派鞠殿华等分路进攻,毁城外贼垒。七月至八月,两次败贼于西门,又败贼于塚垢山。十一月,贼从仪征来援,鞠殿华偕副都统萨炳阿击走之。十二月,官军围攻仪征县城,鞠殿华等带兵驰至,由东、北二门攻入,遂将仪征收复。咸丰四年二月,鞠殿华

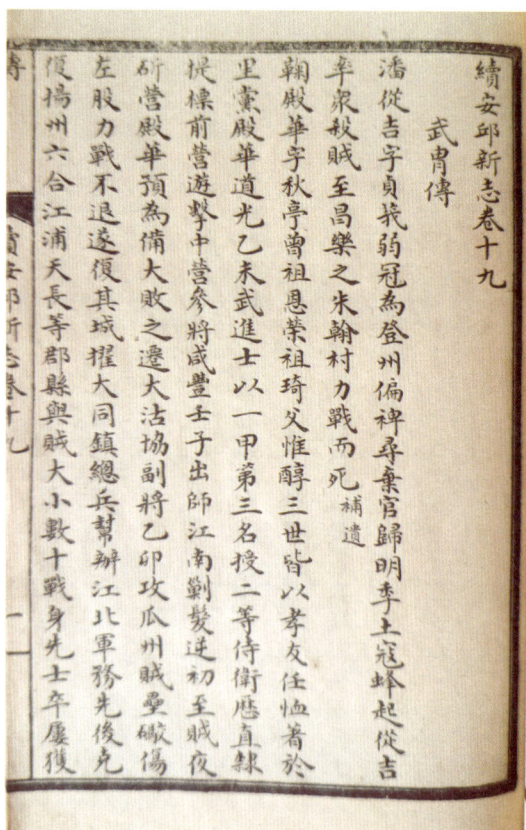

《安丘续新志》中关于鞠殿华的记载

升直隶大沽协副将。进攻瓜州。时瓜州踞匪与镇江贼往来勾结,鞠殿华等叠击败之。叙功,赏带花翎,并赏给强都巴图鲁名号。九月,官兵于运河口以船搭桥,直逼瓜州城壕。贼以铁索贯巨木为抗拒计,鞠殿华令水勇砍断之。咸丰五年,鞠殿华擢山西大同镇总兵。

咸丰六年三月,鞠殿华随钦差大臣德兴阿收复扬州。四月,仪征贼由砚台山至庙山,欲绕袭六合,德兴阿檄协领富明阿钞前截击,鞠殿华在后兜剿,败之。十一月,贼叠陷江浦、天长、高望等处,并有股匪闯入三仪河,被鞠殿华击退。咸丰七年四月,德兴阿等会剿瓜州,鞠殿华败贼于四里铺。寻带马步队进攻,抢渡重壕,直逼贼垒。十一月,命在德兴阿军营帮办军务。是月,复围瓜州,鞠殿华受伤,仍裹创力战,克之,赏提督衔,遇有提督缺出,由军机处题奏。寻大军移江浦,德兴阿由东路进,鞠殿华由西路进。咸丰八年正月,攻西门及求雨山贼围,均破之,收复江浦县城。时皖匪麇集滁州。三月,鞠殿华督兵进剿,行至八里铺遇贼,跃马直前,擒杀多名。六月,命开缺,以提督候补。八月,浦口陷,鞠殿华以督率无方,革职留任。九月,扬州复陷,褫花翎。

咸丰九年五月,以游击冷震东削矛杆不如式,鞠殿华呵斥之,跪罚泥淖中,复手批其颊。冷震东负气回营,自缢,鞠殿华亦因之自尽。

鞠殿华统军数年,纪律严明,所至秋毫无犯。扬州遭兵燹后发生饥荒,他以军中余米赈之,又派人回原籍出卖田产以帮助扬州人民,当地民众深受其惠,为他建祠纪念。

栾鸿基护驾慈禧

栾鸿基(1867—1916),字仪亭,祖居栾家慈埠村。少时家贫,以给人打工为生,酷爱武术,曾经拜安丘西关人为师习武。他身材魁伟,相貌堂堂,英武高大,膂力过人,武艺高强。清朝光绪十九年赴青州考中武举,光绪二十一年乙未(1895)考取武进士,授御前蓝翎侍卫。

中武进士后,栾鸿基初授紫禁城北门镇守,后被朝廷任命为古北口将军,升任正三品武官。未几,八国联军进犯北京,他奉命护送慈禧太后、光绪皇帝西逃。经过千辛万苦到达西安后,栾鸿基身体极度瘦弱,所穿战袍亦破烂不堪。眼见山河破碎、民生凋敝,栾鸿基对朝廷大失所望,遂决定以养病之名回乡隐居。慈禧念其护驾有功,赐以小匣,让其变卖治病,并嘱其病好速回。

栾鸿基回乡后,决定隐居故里,永不出仕。后朝廷数次下诏查询,乡人均

栾鸿基墓碑

假称栾已亡故。嗣后,栾鸿基从栾家慈埠村搬到安丘东小关居住,开办武馆传授武术,安丘及周边地区习武之人纷纷拜其为师,民国时期安丘西关武术的兴起他功不可没。

清末某日,安丘城东小关有一鄢姓儿童被一辆三马齐驱的马车轧伤,车夫企图逃脱,驾车飞奔而去。恰好栾鸿基从此路过,见状奋起直追,生生将马车拽住。此壮举被传为佳话,流风遗韵至今不绝。

赵录绩填词明志

赵录绩(1875—1939),字孝陆。安丘市景芝镇东庄子村人。著名词人、收藏家、鉴赏家。

赵录绩是我国科举史上最末一榜进士。发榜时人们认为他进翰林院不成问题,结果因卷面楷法秀丽不合"台阁体"而未能如愿。进入民国后赵录绩寄寓济南,曾当选为首届省议员。他博通经史,尤精"三传"。康有为对同时代学者一向很少看上眼,对《公羊学》更是自负尤高。他听说赵录绩在这方面造诣颇深,某年路过济南,曾特地拜访。二人论道终日,康氏大为惊异,承认积学不及。

卢沟桥事变后,赵录绩困居青岛,伤时感事,仿王半塘等人《庚子秋词》写《丁丑秋词》八十三首。尽管因身陷敌区,语意不得不稍涉隐晦,但"满目山河泪沾衣""雪花如血夺黄河""海上惊涛飞鼍,正修罗

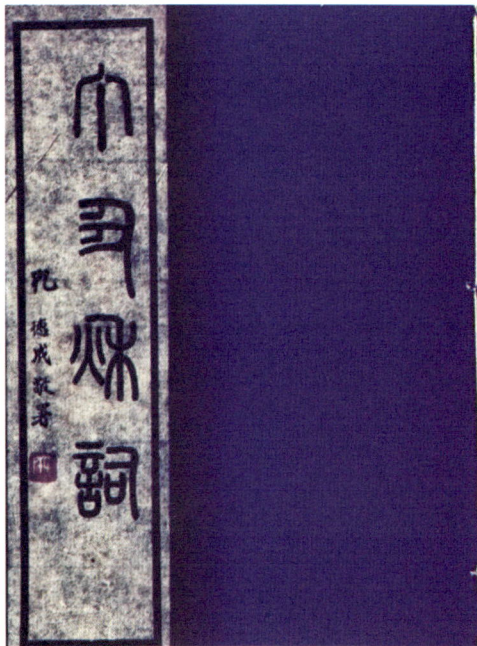

《丁丑秋词》书影

伸足""痛东南倾覆""低扇引僬侥,谁家郎主娇"等句,痛心疾首之情见乎词中。

赵子荗序云:《丁丑秋词》以时事入词,词辅翼史事,以供后来者探索,故此集也可以说是史词。县人评论赵词时说,在安丘词人中,早二百年的曹珂雪(贞吉)已不得专美于前,起码是近百年来无人可出其右。以词这种形式反映抗日内容,抒忧国忧民之怀的作品,实不多见。所以《丁丑秋词》在当时极为名家所推崇,谓之"抗战词史"。

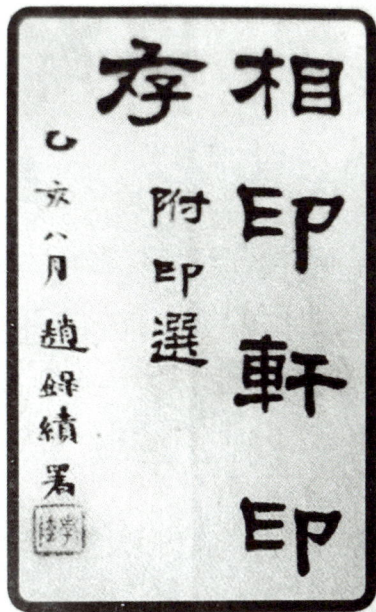

赵录绩为《相印轩印存》题署

王讷泰山题字

王讷

王讷（1880—1957），字默轩，后因痴迷书法改为墨仙，别号七十二名泉烟雨楼主、西湖渔父等。安丘市官庄镇后十字路村人。著名书法家、教育家。

王讷于清光绪二十九年（1903）中举，宣统二年（1910）会试列第五名，复试列二等第二十九名，被任命为民政部主事。同年回山东，任省教育会会长兼省优级师范监督。期间创办山左公学及《齐鲁公报》，影响很大。他当时虽然不是同盟会员，却为革命党人所器重，成为推动山东独立的核心人物。因《齐鲁公报》宣传独立，言论激烈，山东巡抚巡警道派人查封报纸并抓捕王讷，他藏于商埠一住宅中得以幸免。不久他即加入同盟会。1922年至1928年历任山东省教育厅厅长、储材馆长、实业厅长等职。张宗昌督鲁，政局混乱，他去职隐居济南,靠卖字为生。日军占领济南前夕,王讷举家迁往北平;抗战胜利后,王讷孤身一人返回济南,在一破庙中栖身。中华人民共和国成立后被山东省政府聘为齐鲁大学书法教师,并担任山东文史馆馆员。

王讷擅书法,以行书见长,泰山名联"地到无边天作界,山登绝顶我为峰"即他所书。王讷亦精绘事,作品以兰、梅为主,清劲冲和。主要著作有《宜园笔记》《书法指南》《宜园诗稿》等。

王讷泰山题联拓片

田蔚堂散金兴学

　　田蔚堂(1878—1938),字步云。安丘市田家汶畔村(今属坊子区)人,幼读私塾,聪慧好学,光绪二十年(1894)中秀才,后进潍县广文中学就读。毕业后于1912年偕同刘光照等人首办安丘中学。后任教于潍县中学,期间改编一套中学历史课本并获出版。1930年,田蔚堂因健康原因辞职归里。当时,民国政府明令取缔私塾,但整个安丘东北乡仅逄王有一处完全小学,私塾仍

田蔚堂兴学碑

充斥乡间。田蔚堂深感焦虑,决心为家乡教育尽自己一份力量。遂聚集族人商议:共同捐款建校,以泽被后世,造福子孙。族人一致拥护,并把募捐建校之重任托付于他。

田蔚堂不顾疾病缠身,奔走呼吁。各界积极响应,共收到捐款一千七百块大洋;乐善好施的周崇真女士把继承伯父的六分良田(老亩六分,合二市亩)捐出当校址。资金有了,校址定了,田蔚堂便请时任步新粉笔厂经理田子平负责施工。田子平精通建筑学,受命后不辞劳苦,伐木买石,量材下料,处处精打细算,毫无浪费。动工后,全村老少争相和泥搬砖,出工出力,使工程进展很快。翌年春,学校竣工,校内桌椅等也大致齐备。落成那天,全村一片欢腾,父老乡亲莫不欢欣鼓舞,奔走相告,孩子们争先恐后报名入学,成为安丘东北乡一大盛事。

学校建成后,田蔚堂托山东省教育厅秘书刘次萧求何思源撰文,记述兴学之事,作为刻碑之用。何思源闻之,深受感动,欣然命笔,撰写《田氏新建小学校舍记》,以嘉田氏倡导兴学之功,并由前任山东省视学、书法家吴斐先誊书。收到吴斐先誊书后,田蔚堂请石匠刻石,并列捐款者姓名于后,借以纪念。

该石碑树立后,备受师生及村民爱护,历经战乱仍完好无损。1983年修编《安丘县教育志》时,方将该碑从墙壁中抠出。2003年夏,田家汶畔等五村群众共同捐款重建田家小学,在校园一角特地修建了一面碑墙,将该碑砌在正中,顶部覆以挑檐,以方便来人瞻其风采。

吴金鼎原野拓荒

吴金鼎(1901—1948),字禹铭。安丘市景芝镇万戈庄人。著名考古学家。

幼年家贫,由外祖母供应求学。先后就读于安丘德育中学、潍县广文中学和齐鲁大学。1926年考入清华学校国学研究院,在著名考古学家李济先生指导下攻读人类学专业。1930年又到李济主持的中央研究院历史语言研究所考古组工作,改习考古学。在此期间,他参加了河南安阳殷墟、山东章丘城子崖、河南安阳后岗等

吴金鼎

著名历史遗址的发掘。他与李济、董作宾、梁思永、郭宝钧等人撰写并发表了田野考古报告集《城子崖》,揭开了中国远古文化根源之谜。该书以大量的资料证明中国远古文化源于本土,有力地粉碎了中国文化"西来说"的谬论,引起了全世界的注目,并得到了公认,为确立史书无载的中国史前文化的面貌奠定了坚实的基础,成为中国考古学史上一座丰碑。

1933年赴英国留学,其间他博览群书,刻苦钻研,以英文出版了《中国

史前的陶器》一书。此书成为当时关于中国史前陶器的最为详尽的著作，是世界各国学者研究中国考古学的必读书目。1937 年获博士学位后回国。时值日本侵略军大举入侵，中国考古学面临极为艰难的局面。他先在中央博物馆筹备处，后到历史语言研究所工作。1938 年至 1940年，他与曾昭燏、王介忱(吴的夫人，今坊子区坊安街道大尚庄村人)到云南大理附近的苍洱考察发掘，发现遗址三十二处，并主持挖掘了数

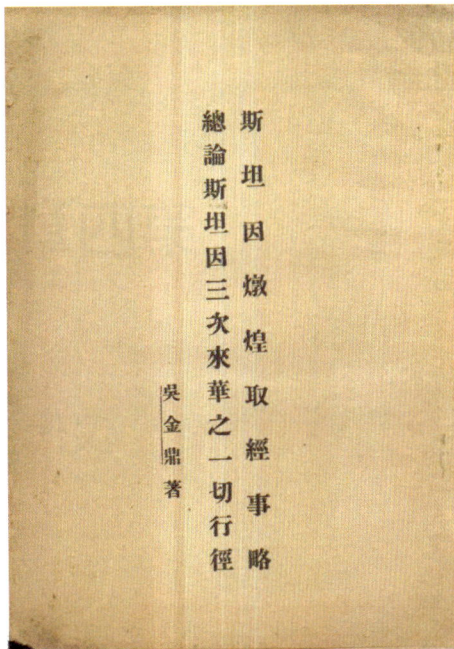

吴金鼎著作书影

处，撰写了《云南苍洱境考古》一书，奠定了西南地区史前考古学的基础。1941 至 1943 年，他在科研经费极为拮据的情况下，坚持对四川彭山汉代崖墓和成都前蜀王建墓进行了清理发掘，对于汉代和五代十国时期的艺术研究做出了卓越的贡献。

抗战胜利后，他任齐鲁大学训导长、文学院院长、国学研究所主任和图书馆主任等职。他在齐鲁大学任职期间，仍不忘田野考古，亲自讲授《田野考古学》，并编写了考古学讲义。正当他不遗余力地培养考古人才的时候，1948 年 9 月 18 日，癌症夺去了他的生命。《中国大百科全书·考古卷》有他的事迹介绍，称他是最有成就的现代考古学家之一。

第四章　经学档案

汉代安丘经师链

春秋之世,开创中国文化新纪元的儒学激流融汇八方。公冶长、有若两位圣徒曾东游传经行道,发掘了山东中东部山山水水灵秀的蕴蓄,薪火相传,流韵不绝。汉初盖公在安丘东境潍河之滨高擎"黄老道德之术"大旗,将"无为而治"的政治主张发扬光大。安丘国族后裔(也可谓之安丘籍人)安丘望之,于外地治老子之道德经,培植学人,名动当时。汉武帝"罢黜百家独尊儒术",儒学变成官学,《诗》《书》《礼》《易》《春秋》被奉为"五经",与其他历来被尊崇为典范的著作及宗教经籍,荟萃为堪称国粹的中华元典。在儒学发祥地——海岱之区,研究、传播经书的经学家成百上千,而安丘在汉代特别是东汉又尤为突出。他们把乡邦文明推向一个前所未有的高峰,创造了我国文化史上的一个奇迹。

牟融(？—79)字子优,东汉初大臣、经学家。青年时即精通经籍。因《尚书》失传,他以《大夏侯尚书》传授生徒,缵绪绝学,州里称颂。起初以司徒茂才任丰县令,任职三年,政化流行,县无狱讼,治迹为州郡之最,众吏畏而爱之。汉明帝永平五年(62),拜司隶校尉,"典司京师,执宪持平,多所举正";迁大鸿胪、大司农,居职修治;永平十二年(69)代伏恭为司空,掌管议论和纠察；章帝时接替赵熹为太尉，参录尚书事，位列三公。牟融经明才高，善议论，甚有大臣风节，百僚敬畏，时公卿无可匹敌者。汉明帝也赞叹再三，认为其才能堪任宰相。不幸于建初四年（79）卒，皇帝亲临其丧，并赐冢茔于显节陵下。

《隋书·经籍志》书目录有《牟子》二卷，上题"汉太尉牟融撰"。刘孝标《世说新语》注、李善《文选》注以及《太平御览》等著述，都曾引据《牟子》数条资料。另有史籍亦云"梁僧佑《宏明集》有汉牟融《理惑论》三十七篇"。

《大明一统志》中关于牟融、伏恭、承宫的记载

今本《牟子》卷一即《理惑论》。此书虽有崇信佛道之内容，但并不悖于圣贤之旨，所以《隋书》将其列于儒家之学。

伏恭（前6—84）字叔齐，出身经学世家。一世祖即著名经学大师济南伏生。五世伏孺长期讲学东武县，其后裔散居今诸城、安丘。八世伏理曾跟汉元帝时丞相匡衡学《诗经》，并教授汉成帝，官至高密王太傅。九世伏湛"经明行修，通达国政"，担任过司徒，其先世曾寄居今景芝镇伏留村一带。伏恭系伏湛之侄、经师伏黯之嗣子。伏恭天资聪颖，建武四年（28）任剧县（今寿光东南）令，期间治绩优异，以公正廉洁闻名。应太常试以经学，名登第一，遂拜为博士，继而迁常山太守。任上敦修学舍，常亲临授经。伏恭注《齐诗》，声名鹊起，北州之人多习"伏氏之学"。永平二年（59）任太仆，后为司空，同儒以为荣。在位九年，永平十三年（70）因病辞相归里。汉章帝以伏恭

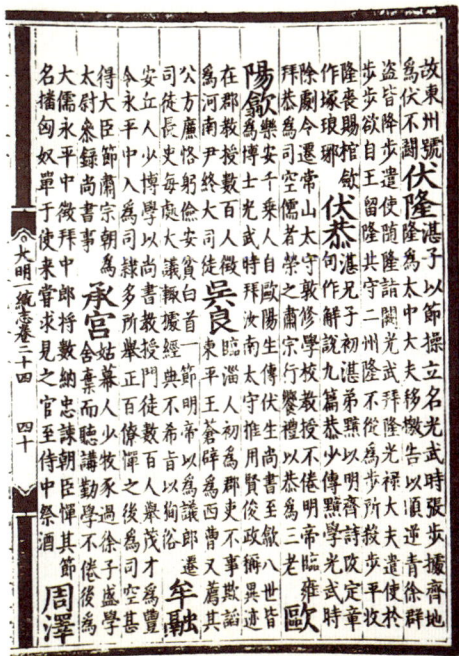

为三老,尊为父兄。建初元年(76)卒,终年九十岁。

甄宇 字长文,为人清静少欲,曾以《严氏春秋》授徒有年,建武年间征拜博士,不久升迁太子少傅,专门辅导太子。甄宇著有《严氏春秋》十二卷。子甄普、孙甄承皆治经艺,诸儒以甄氏三世传业,莫不服之。

郎宗 字仲绥。擅"京氏易",造诣渊深,善风角、星算、六日七分,能望气占吉凶,以占卜和课徒为生。因名气大,受汉安帝征召,对策名列前茅,不久出任吴县(今江苏苏州)令。一次,吴县忽起暴风,郎宗占

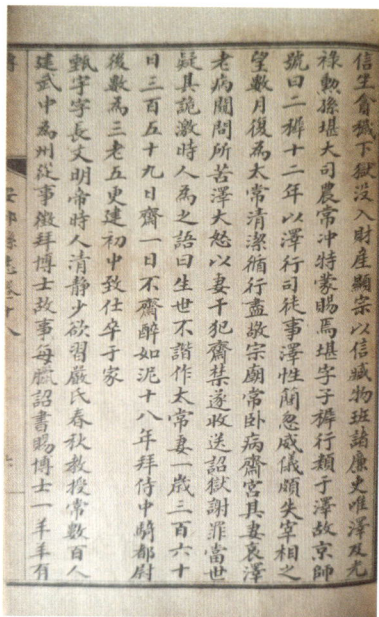

明万历《安丘县志》中关于甄宇的记载

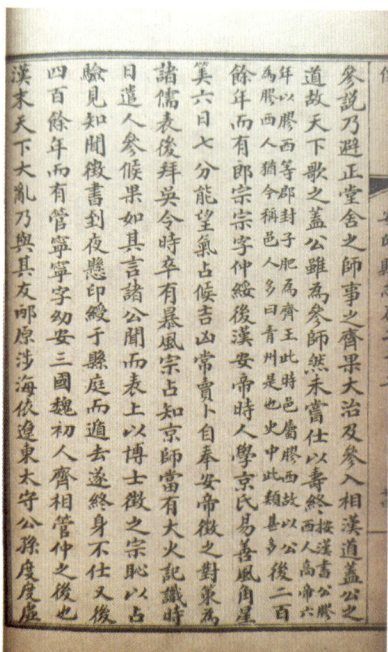

知京师当有大火,于是记下日期时辰,派人前往京师洛阳参验,果如其言。大臣闻听此事,上奏朝廷,安帝以博士再次征之。郎宗耻于以占验见知,挂印悬绶,连夜遁去,终身不仕。陶弘景所著《真诰》里说他,"既遁去,居华山下,服胡麻,得道,今在鹿迹山洞"。着有《象数占》一卷。

明万历《安丘县志》中关于郎宗的记载

郎颛 字雅光,郎宗之子,东汉易学家、占候家。少承父业,兼明经典,昼研精义,夜占象度,勤心锐思,朝夕无倦,将《易》学研究得炉火纯青,对天文乃至社会现象多有预见,名噪一时。他绝意仕途,隐

居海滨授徒。州郡先后辟召，举有道、方正，他都不予理睬。顺帝时，天多灾荒，百姓饥馑。阳嘉二年（133）正月，顺帝派公车来安丘征召郎顗。他进京面圣，奏疏引《易经·内传》"凡灾异所生，各以其政，变之则除"，劝皇上"思过念咎"，施仁政，兴王道。他根据"易天人应"的观点和京房所著《易飞候》等"天人感应"论说，劝皇上行节俭、用忠臣、罢奸佞、轻徭役、裁减宫女、练兵御敌，洋洋四五千言。他在参奏中所预言的因弊政而发生的京师地震、夏季大旱、外族入侵，"皆如所言"，世人呼之"真君"。汉顺帝尽管没

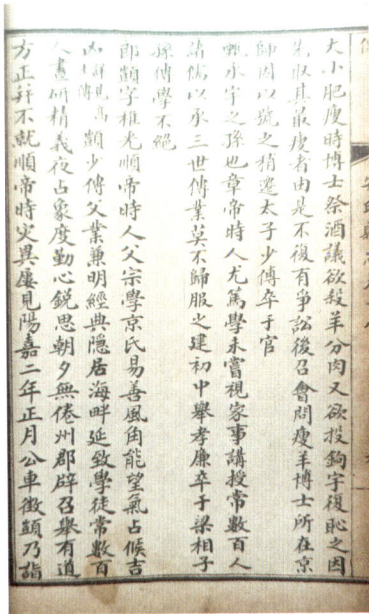

明万历《安丘县志》
中关于郎顗的记载

有采纳郎顗政见，但也没怪罪他，还诏拜他为郎中。郎顗托病不就，返回故里。同县恶霸孙礼好游侠，性凶残，慕郎顗名德想与之结交。郎顗以之为耻，因此结怨，后被孙礼杀害。毕沅所著《传经表》载，郎宗、郎顗之后隔了张博才是郑玄。这父子擅长的"六日七分"之法，后来郑玄曾为之作注。此道术（谶纬学说）当时盖有益于世，为后人所尚。

承宫（？—76）　字少子，琅邪姑幕（今安丘南部）人。少孤贫，替人牧猪。时学者于乡里以《春秋经》设馆授徒，承宫过学舍窗下，倾心听经忘归。后徐子盛答应收于门下，条件是必须为诸生拾柴，只在闲暇时间听课。承宫勤学苦读数年，经典既明，学成回家。时值兵乱，遂埋名不仕，西行隐于蒙山耕读为生。后来也设馆授徒，成为经师。永平中，帝召承宫，后拜为经博士，继迁左中郎将、侍中。每朝会，其论政无不切中要害，帝数纳其言，朝臣咸服。其学识、声望远播域外，匈奴北单于多次派使臣求见。

淳于恭（？—80）　字孟孙，北海淳于人，经学家。建武年间，为躲避郡举孝廉、司空征辟，隐居琅邪黔陬山，专治经学。早年醉心道家，善说《老子》，并能用《道德经》中的辩证法认识政治和生产、生活，颇受时人称道。后研读儒家经典，进而对照各家批注，潜心研究，以造诣深厚而大名远扬。章帝即位，于建初元年（76）下诏征召，诏书中说他德行高妙、志节洁白、学通能修、经中博外、明达法令、刚毅多略，诚恳地遣公车征召，授为议郎。淳于恭到达洛阳，皇上接见，叙谈终日，问其政事，颇多善言，皆本道德。遂迁侍中都尉，即御前顾问大臣。在朝为群臣表率，闻于四方。嗣后四五年间，他在经学研究方面颇多建树。积极推行老子"无为而治"方略，为章帝所称许。历史上著名的《白虎议奏》《白虎通德论》，即以其奏议为基础形成。建初四年（79），章帝接受校书郎杨终建言，在洛阳北宫白虎观召开群儒大会，讨论主题为《五经》同异和"共正经义"，丁鸿、楼望、成封、桓郁、班固、贾逵等名儒悉数参加。淳于恭在会上唱主角，其任务是"奏明"，即对五经经义作权威性论定，及对有争议处作出界定勘正的主导意见，然后皇上当场拍板裁定，成为笃论以颁行天下。会后，钦命班固根据《白虎议奏》基调，整理会议记录，写成一部里程碑式的著作《白虎通义》。这是一部经学与谶纬学混合而成的儒家法典，共四卷，四十四篇，为古今研究经学者所必读。次年，淳于恭卒于官，诏书褒奖，刻石表志。

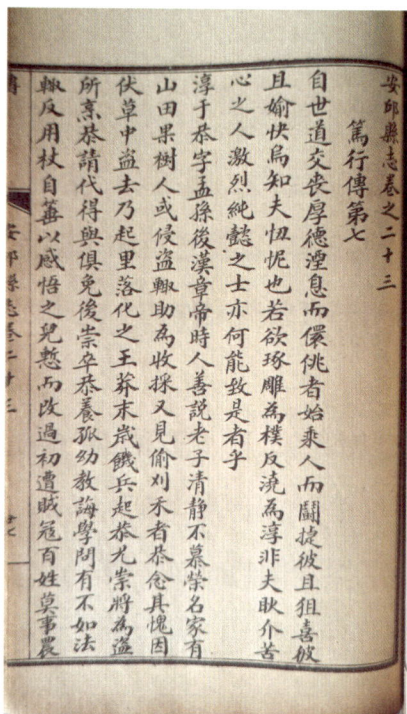

明万历《安丘县志》中关于淳于恭的记载

邴原 字根矩，东汉末年朱虚东境梧成(今属安丘)人。邴原家贫，塾师特许进学，他一冬天就学完《孝经》《论语》，大得其奥旨。长大欲远游，以"人各有志,所规不同"为由,谢绝孙嵩建议他师从郑玄的劝告。他单步负笈,苦身持力,先后师事韩子助、陈仲弓、范孟博,交友卢植,学成声振京华。

《伏滔集》载:"后汉时郑康成、魏时邴根矩,此皆青士有才德者。"邴原深通《孝经》《仪礼》,在三公八座开议辩论同时对君、对父的礼数问题上,以"子事父无贵贱"的观点,驳斥过郑玄的倾斜君主

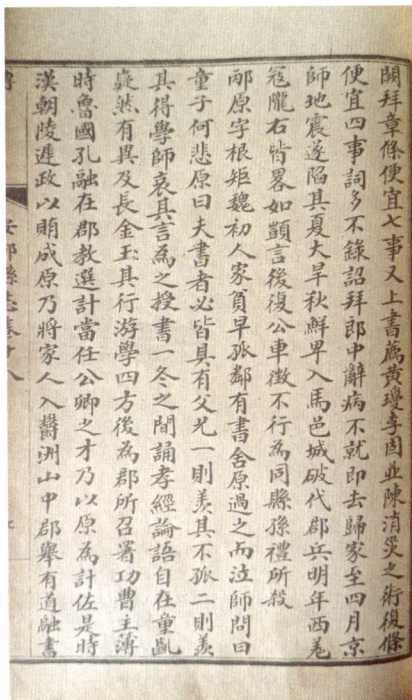

明万历《安丘县志》中关于邴原的记载

论;在若有药一丸用来救君还是救父问题上,直言"当救父",使得曹丕尴尬异常。《册府元龟》称,邴原讲授《礼》《乐》,吟咏《诗》《书》,门徒数百,一时英伟之士归心, 与经学大师郑玄相抗衡,"是时海内清议'青州有邴、郑之学'",史评其"名高德大,清规邈世,魁然而峙"。

概而言之,公元二世纪末三世纪初,地面不大的汉安丘及周边地带人才济济。他们为政则有清绩,为文则传之不朽,在他们身上,体现了公卿重臣与经学博士的统一,清楚地显示出了东汉时期政治与文化的密切关系。安丘经师的众多,正是当时儒学仍在全国保持着中心地位的缩影。

东晋、南朝安丘经学群星璀璨

　　东晋时期侨置各州中，南徐州所接受移民最多，其后南朝杰出人才，亦多产是区。南朝梁代史学家、文学家萧子显称南徐州曰："宋氏以来，桑梓帝宅，江左流寓，多出膏腴。"《文心雕龙》研究专家杨明照教授亦谓："京口为南朝重镇，且系人文荟萃之区。"称南朝时的京口为江左人才渊薮，并不过分。单说安丘县，众多文武才人从时间到空间，很集中地涌现于南朝，就是一个例证。特选伏氏、徐氏两大经学世家分述如下。

　　伏滔（约317—396）　东晋大臣、名士。《晋书》载："伏滔字玄度，平昌安丘人。"原籍今安丘景芝镇伏戈庄。其实他及其后代一直都在南方发展。伏滔有才学，少知名。州举秀才，辟别驾，皆不就。东晋大司马桓温聘其为参军，遂为知己。每宴集之所，必命滔同游。伏滔随桓温伐袁真，作《正淮》上下二篇，对平定

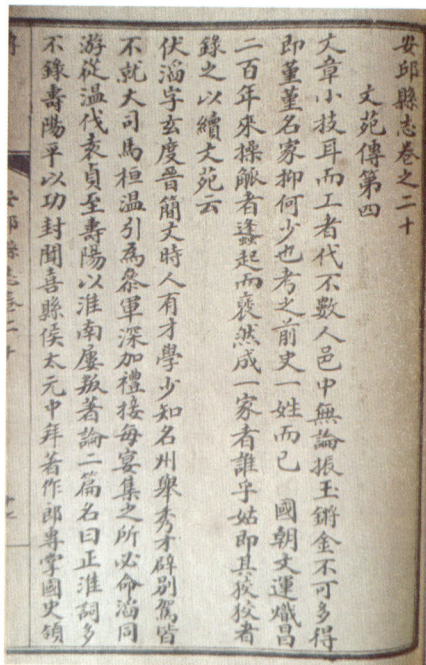

明万历《安丘县志》
中关于伏滔的记载

淮南之乱作用甚巨。以功封闻喜县侯,除永世令。太元中,拜著作郎,专掌国史,领本州大中正,后迁游击将军。有文集十一卷,今不存。著《大司马寮属名》一卷,近代乡贤陈蜚声(亦是景芝伏戈庄人)辑而存之。《伏滔集》亦尚存世。伏滔当时与袁宏齐名。伏氏与和氏,皆与曹魏有世仇。伏滔之子伏系之,官至光禄大夫,有《伏系之集》,陈蜚声亦有辑本。明万历《安丘县志》载伏滔为"文苑传"第一。

伏曼容(421—502) 字公仪,伏滔之曾孙,南朝学者,著名文士;历宋、齐、梁三朝为大臣,梁时官至司徒司马。博学而精于《老子》《易经》,倜傥好大言,每与尚书令袁粲谈玄理,时以为"一台二绝"。南朝宋明帝泰始年间,为骠骑行参军,迁司徒参军,历江宁令,入拜尚书外兵郎。顺帝升明末,为辅国长史、南海太守。宋明帝好周易,曾召集朝臣于清暑殿讲,诏伏曼容执经。伏曼容亦善文辞,为南海太守时,至石门作《贪泉铭》。南齐初,为通直散骑侍郎。先后官太子步兵校尉、率更令,迁中书侍郎、大司马谘议参军,

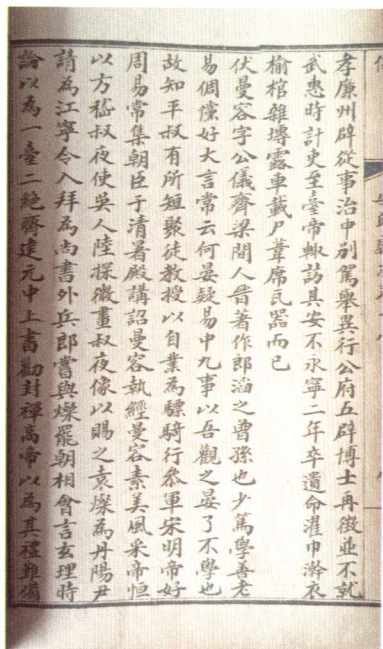

明万历《安丘县志》中关于伏曼容的记载

出为武昌太守。明帝建武中,拜中散大夫。梁台建,召拜司徒司马,出任临海太守。伏曼容仍聚徒讲学,生徒常数十百人。其子伏暅、孙伏挺亦以讲学为事。"三世同时聚徒教授,罕有其比"。经学著作有《周易集林》《毛诗集解》《丧服集解》《论语义》等多种。伏曼容是南朝伏氏中最博学的人,经学成就也为当时之佼佼者。《南史》本传称他"善音律,射驭、风角、医算"。《梁书》载为"儒林"第一。

伏暅 字玄耀,曼容子,南朝齐、梁大臣。幼传父业,能言玄理,知名于世。起家齐奉朝请,任齐太学五经博士,东阳郡丞,卫军记室参军,至尚书都官郎等。入梁,任中书侍郎,任永阳内史,新安太守,在郡清廉,恪尽职守,世称良吏,郡民为其立祠歌功。后征为给事黄门郎。卒于官,丞相徐勉为其撰墓志。

伏挺(约483—约548) 字士标,曼容孙,南朝梁学者。幼聪悟,七岁通《孝经》《论语》,及长好文学,善做五言诗。博学有才思,重名于世,时有人赞其天下无双。齐末,

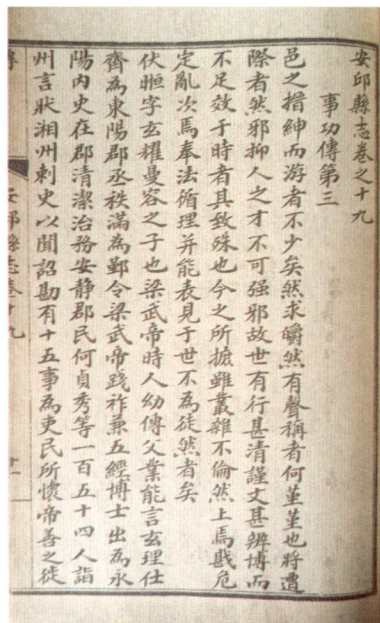

明万历《安丘县志》
中关于伏暅的记载

州长举秀才,对策第一。谒梁武帝于新林,帝谓之"颜渊再世"。历任尚书仪曹郎、晋陵令等,官至南台侍御史。着《迩说》二十卷、《文集》二十卷。曾于潮沟家中讲《论语》,听者倾朝。

伏知命(? —552) 伏挺子,南朝梁大臣。随父伏挺为邵陵王幕僚,掌书记。因其父宦途不达,深怨朝廷,侯景之乱时,投奔侯景,参加袭郢州,围巴陵,军中文书皆由他执手。侯景篡位,任其为中书舍人,专任权宠,势倾朝野。及败被俘,幽死江陵狱中。

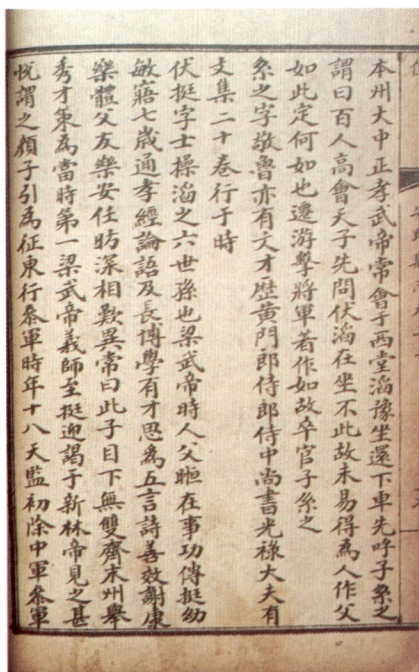

明万历《安丘县志》中
关于伏挺的记载

徐澄之 原籍东莞姑幕(《山东历史人物辞典》载"今安丘东南",晋元康末之前属东莞郡)人,出身大族,有名乡里,入仕为本州岛岛治中。永嘉之乱时,与乡人臧琨等率领亲族子弟和闾里士庶千余家南渡,寄籍侨置平昌郡安丘县,安家京口,研经治史,潜心家学,泽被子孙。

徐邈(344—397) 字仙民,东晋重臣,徐澄之之孙,是继徐苗之后安丘徐姓又一位大经学家和大语音学家。青少年时期即性情儒雅,勤行励学,博涉多闻,谨慎自守。孝武帝时始学经籍,能融会贯通,见地独到。朝廷招选儒士,太傅谢安荐其应选,果被选中。四十四岁补为中书舍人,备孝武帝顾问,事奉其读书,为之开释文意,标明旨趣;经常为这少年皇帝修改诗章,经他刊削润饰,皆使可观。并撰正《五经》音训,学者宗之,以为标准。所注《谷梁传》亦见重于时。后迁散骑常侍。在备顾问的十年间,参议兴革,劝善规过,对国家大政多有匡正,深受皇上崇待。孝武帝又选其为前卫率,领本郡大中正,授太子经书。虽在东宫,但朝夕入见皇帝,参与朝政,拾遗补阙。曾劝皇上尽量宽容,"消散纷议,外为国家之计,内慰太后之心"。武帝见其办事谨慎缜密,欲予重用。孝武帝暴崩,安帝即位后,拜为骁骑将军。史载"邈莅官简惠,达于从政,议论精密",同僚多愿向他请教商量事情。隆安元年(397年)因父丧悲痛过度卒,年五十四岁。他经学造诣甚高,尤以语音学见长,当时甚受崇重,对后世影响深远。着有《周易音》一卷、《礼记音》二卷、《古文尚书音》一卷、《毛诗音》二卷、《春秋左传音》一卷、《春秋谷梁传义》十一卷、《答春秋谷梁传义》三卷、《论语音》二卷、《庄子音》三卷。

徐广 徐邈弟,东晋重臣,著名学者。博览百家,学问精纯。谢玄为兖州刺史,辟为从事;谯王司马恬为镇北将军,补为参军。孝武帝时,为秘书郎,典校秘书省。后转员外散骑侍郎,仍领校书。尚书令王珣甚器重他,荐为祠部郎。又被司马元显荐引为中军参军,迁领军长史。桓玄辅政,用为大将军文学祭酒。义熙初，奉诏撰写《车服仪注》。任镇军谘议，领记室，封乐成侯。后转员外散骑常侍，领著作。奉朝廷之命撰写国史。又迁为骁骑将军，领徐州大中正，转正员常侍、大司农，仍领著作。不久，迁为秘书监。义熙十二年写成《晋纪》，共四十五卷。其著作还有《毛诗背隐义》《礼论答问》《史记音义》《孝子传》《弹碁谱》《徐广集》等行于世。元熙二年晋恭帝司马德文禅位于刘裕，东晋亡。他悲伤不已，以年老求归桑梓。年七十四岁卒于家。

宋代经学看安丘

安丘经学研究在东汉辉煌一时。此后薪火相传,硕儒辈出,至宋代又迎来一个高峰,涌现出几位学识渊博的经学大家。

宋初田述古是安丘研究"理学"最早的学者。理学是经学在宋朝以后的发展,又称道学,治经多以阐释义理、兼谈性命为主,是儒学原则的世俗化、生活化。

田述古字明之,宋代"理学三先生"之一的胡瑗弟子。四次被乡里所荐,屡试不中,遂隐居二十余年,穷经讲学。后跟司马光、二程交往密切,被推荐为郑州教授,官至通利军签判。晚年笃好《易》,自为注释。他反对学者拘泥章句, 不知达用。指出:"道,言之必可行,行之必可言"(《宋元学案安定学案》)。

田述古以多方面的学术成就,奠定了其后安丘探研理学的坚实基础。更为重要的是,这班易学义理派学者,在囿于一定局限性同时,也用多维的宏观视点、科学的象数理论、严密的哲理逻辑,穷究天下造化之机,探讨事物发展变化规律,从而丰富了理学易学宝库。《山东古代易学史概论》举出了二十个"北宋时期有影响的易学家",田述古名列其中,与孙复、石介、李之才等大家并肩称雄。

田述古之后，又有著名经学家杨光辅、杨安国父子，深得宋仁宗器重，经常召至宫廷讲经。

杨光辅字守真，北宋安丘人，学识渊博，通晓五经。成名后建书院聚徒讲学，书院遗址在今莒南县马亓山南山口，后人称此地为"杨光峡"，莒州八景之一的"马亓耸翠"就在此处。当时学者多往受教，声名远播。杨光辅因此也被密州知州王博文举荐为太学助教。乾兴元年（1022），大经学家孙奭任兖州知州，建学堂，聚生徒，请杨光辅讲授经学，继而荐为太常奉礼郎。

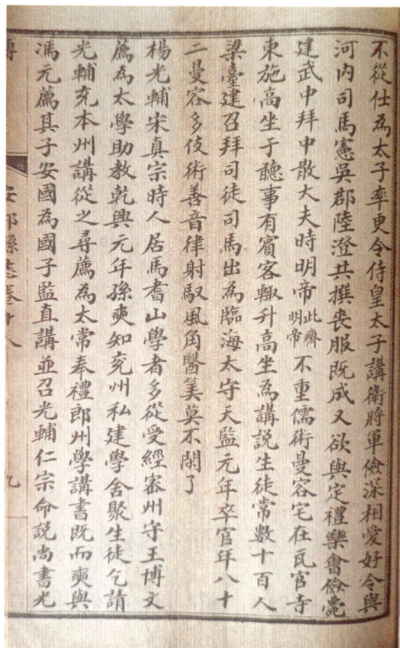

明万历《安丘县志》中关于杨光辅的记载

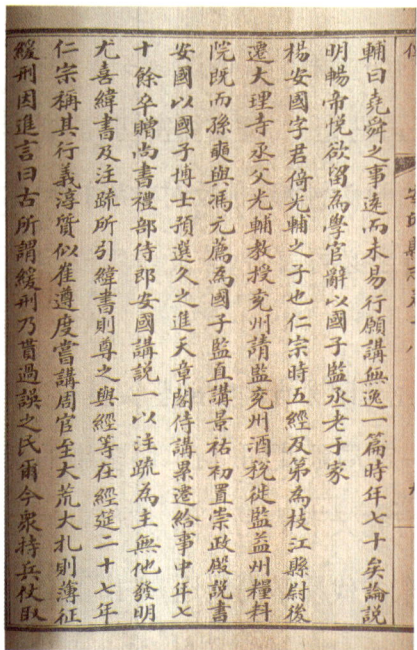

明万历《安丘县志》中关于杨安国的记载

杨光辅的儿子杨安国字君倚，少承家学，宋仁宗时中明经，授湖北枝江县尉，后迁大理寺丞。因在经学研究上成就卓著、声名远播，天圣四年（1026），被孙奭和同为经学家的冯元举荐为国子监直讲；景佑元年（1034），他以国子监博士成为崇政殿四大说书之一；景佑四年（1037）被选为天章阁直讲。上述职务其实就是给仁宗讲经。

仁宗得悉杨家家学渊源，又召杨光辅入见，令说《尚书》。杨光辅回答："尧舜之事远而未易行,臣愿讲《无逸》一篇。"《尚书》中这一篇主旨是劝人不要贪图安逸。当时杨光辅已年逾古稀,然而论说明畅,感染力强,甚得仁宗敬重,打算留下他担任学官。杨光辅以年老为由谢绝。当年农历十一月,仁宗任命杨光辅为国子监丞,送他还家。回到安丘他仍事讲学,直至辞世。

杨安国担任经筵讲说二十七年,讲说以注疏为主,缺乏自己独特见解。他方言重,又常用俚语、俗语,讲说过程中常闹笑话。仁宗却称赞他为人纯真质朴,行事无遮,类似太宗、真宗两朝的崔遵度,赐他三品服,授职翰林侍讲学士、太常寺、给事中。鉴于仁宗过于宽容,动辄大赦天下,杨安国在讲授《尚书·周官》中的"大荒大礼,则薄征缓刑"时说,岁歉时皇上悯穷苦少征粮固然必要,宽缓刑罚,是指赦免有过错的人,但今天有的人持兵杖抢劫人家粮仓而被赦免,恐怕以后将无法禁奸。仁宗回答道:"天下皆我赤子,迫于饥饿起而为盗,州县既不能赈恤,乃捕而杀之,不亦甚乎?"杨安国还利用给皇上讲经之机,对危害民众的基层官吏和徇私舞弊的司法官员予以揭露,仁宗立即下诏严肃处置。

嘉祐五年(1060),杨安国病逝,享年七十余。仁宗非常痛惜,特追封为礼部侍郎。

明末清初刘源渌著书立说

刘源渌（1619—1700）字崑右，大汶河旅游开发区刘家沙埠村人，清初著名理学家。少孤，事母至孝，卓荦不群，后为廪生，同时代学者称其"直斋先生"。

明末大乱，盗贼蜂起，源渌与仲兄率众筑土堡御匪。有一次，流匪来犯，攻势甚猛，守堡者多数战死。源渌跟仲兄挺身而出，与流匪格斗，仲兄身中九箭，源渌连发数十箭，压住了流匪势头。仲兄催他快走，源渌大呼道："离兄一步非死所！"乃奋勇向前，斩杀匪首两名，夺取战马六匹。流匪胆寒，仓皇遁去。

清朝建立，社会渐趋安定。源渌"以力耕致富，既而推膏腴与兄，以其馀为长兄立后，兼赡亡姊家"。仲兄得病，源渌"籲天祈以身代"。未几，仲兄病逝，源渌悲痛至极，"三日内水浆不入口""又为乡人置义仓，俭岁煮粥以食饥人。"后以教授生徒、读书著述为娱，专心攻读宋儒之书，"笃信朱子之学"。每天五更即起，拜谒朱子祠，然后与弟子谈论学问，孜孜矻矻，夜深不倦，直至终老。源渌治学以"敬义"为本，以"格物致知"为先，追求"不获其身，不见其人"之境地，阐发"心与理一，自然所发，皆无私曲"的哲学思维。

刘源渌勤于笔耕，著有《近思续录》《冷语》《读书日记》《周易解》《四书

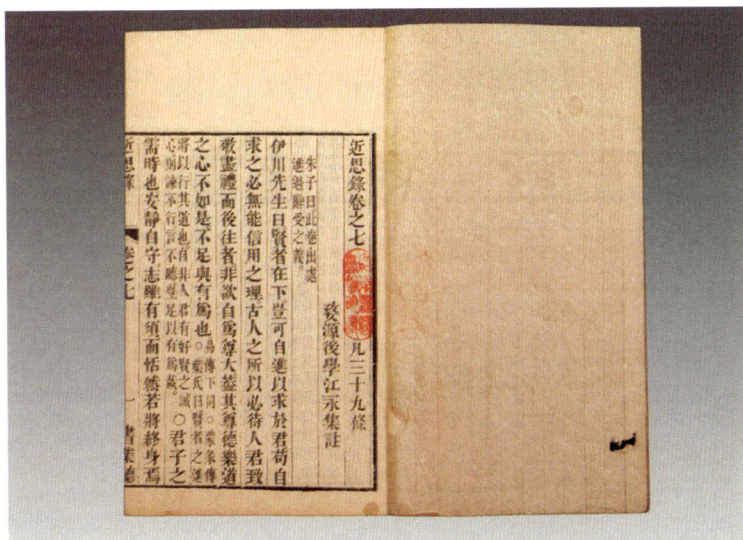

刘源渌著作书影

补注》《小学补注》《或问补注》《仪礼经传通解》等书籍。前三种被收入《四库全书》。《近思续录》是其代表作,仿朱熹《近思录》体例,义理精微亦本朱熹论说而衍之。嘉庆十六年(1811),体仁阁大学士阮元又以此书入国史馆。

乾(隆)嘉(庆)时期,安丘张贞,昌乐阎循观、周士宏,潍县姜国霖、刘以贵、韩梦周,德州孙子簠、梁鸿翥,胶州法坤宏等学者,俱崇尚刘源渌学说。后世公认刘源渌是明清之际山左理学派鼻祖,梁启超在《中国近三百年学术史》中也明确肯定了刘源渌的成就。

第五章 清官名宦档案

召忽殉难安丘

　　召忽系春秋时齐国人，任齐大夫，为公子纠师傅。齐襄公十二年（前686），齐国内乱，召忽、管仲侍奉公子纠奔鲁国躲藏，鲍叔牙跟随公子小白去莒国避难。齐襄公乱中被杀，公子小白闻讯，马上离开莒国返回齐国；鲁国听说后，也发兵送公子纠回国，并派管仲带兵拦公子小白于莒道（约在今安丘

召忽墓

与沂水交界处）。管仲发箭，射中小白衣带钩，小白佯死，昼夜兼程至齐都，于公元前685年即位（即齐桓公），随即逼迫鲁国杀了公子纠。召忽看到其主被杀，悲愤交加，触殿柱而死。召忽自杀后，管仲请囚，后经鲍叔牙推荐，齐桓公不计一箭之仇，任管仲为相成就一番霸业。召忽以死效忠，名垂青史。苏辙曾曰："入则周公召公，出则方叔召忽。"

后人为纪念召忽，将他殡葬之地命名为召忽。此地现有东召忽、西召忽两村，过去曾有召忽镇，今归属石埠子镇。召忽墓在东召忽村西一百米处，现墓冢犹存，封土高约三米、直径六米余。当地百姓掘地曾挖出一通石碑，上刻"齐召忽墓"四个大字，字极苍古，无年月及书者姓名。清雍正五年（1727），安丘人马长淑（雍正八年进士）在墓前立碑，正面刻诸城张雯所书"齐召忽墓"四个大字，背面刻有碑文。该墓究竟是衣冠冢还是墓葬，有待进一步考证。

刘鄩纵横捭阖

刘鄩（858—921），唐末五代初密州安丘人，著名军事家，有"一步百计"之誉。

刘鄩少有大志，好兵略。唐僖宗中和年间从军，为青州节度使王敬武部下小校。王敬武死后，部下推其子王师范为"留后"。朝廷命崔安潜镇守青州，棣州刺史张蟾密谋袭击王师范。王师范命都指挥使卢宏攻棣州，卢宏反与张蟾密谋回军袭击。王师范得到消息，命刘鄩设伏兵，于酒席上斩杀卢宏，尔后率军攻下棣州，擒杀张蟾，朝廷只好封王师范为平卢节度使。

天复元年（901），唐昭宗被宦官韩全诲挟持至军阀李茂贞统治下的凤翔。宣武节度使朱全忠率师来夺。天复三年初，韩全诲与李茂贞矫诏天下兵马入援。已担任平卢节度使（治所在青州）的王师范密令部下诸将袭击朱全忠后方，但派出的将领大都被朱全忠生擒，只有刘鄩以偏师攻陷兖州。

朱全忠令大将葛从周领兵攻打兖州。守军外援不继，军心动摇。节度副使王彦温逾城投奔葛从周，其属下多人随从。刘鄩命人向王彦温高呼："请副使少将人出，非所遣者请勿带行。"又扬言曰："素遣从副使行者即勿禁，其擅去者族之。"葛从周怀疑王彦温有诈，斩之于城下。天复三年十一月，王师范战败投降，派人通知刘鄩，刘鄩方领兵出城。朱全忠视刘鄩为奇才，对他器重有加。

后梁开平三年(909),刘鄩率军西征,夺潼关,取长安。朱温命刘鄩为永平军节度使,镇守长安。开平四年,加检校太保、同平章事。后梁末帝即位,刘鄩领镇南节度使、开封尹,数度与割据一方的沙陀族军阀李存勖、石敬瑭作战。

后梁贞明六年(920),刘鄩授河东道节度使,奉诏讨伐割据同州的朱友谦。刘鄩跟朱友谦是亲家,先遣使者送去一封信"谕以祸福"。朱友谦不听劝告,刘鄩方才进兵。因李存勖发兵来援,刘鄩兵败。尹皓、段凝趁机诬陷刘鄩。刘鄩战败回来,请求解除自己兵权。梁末帝下诏,让他在洛阳休养,并下旨给河南尹张宗奭,令其"鸩杀"刘鄩。龙德元年(921)五月初二,刘鄩饮鸩而卒,时年六十四岁。

刘鄩镇守长安时,采纳幕僚建议,收集散失的《开成石经》移至尚书省妥为保护,深为后世称道。

刘鄩的墓碑位于新安街道西石马坟庄村南,墓碑坐北朝南,石灰石质,

刘鄩墓碑

由一石赑屃驮负。该碑立于后梁龙德年间(921—923),碑文系后梁刑部尚书张璌所撰。该墓碑部分残缺,剥蚀严重,碑文难以辨认。1932年邑人曾对墓碑加固维修,将墓碑背面、两侧和顶部镶嵌青砖,覆以瓦顶,形成碑楼,背面镶嵌一块边长三十厘米的方形重修碑记,上书:此梁赠中书令刘鄩墓碑。因历经动乱,周围石马、石羊、石虎、石人散落他处,后由政府出资移于墓碑处予以保护。

明镐平恩州之乱

明镐（989—1048），字化基，北宋密州安丘县孝行乡（原安丘市王家庄镇朱子村，今属峡山区）人。大中祥符年间中进士，是安丘历史上第一位有确切记载的进士，曾任蕲州防御推官、兵部员外郎，宋仁宗时改任大理寺卿，迁太常博士。史称"有文学，沉鸷有谋，能断大事"。

康定元年（1040），西夏李元昊进犯延州，戍边将帅疏于备战，军队战斗力不强，屡战屡败。宋仁宗起用明镐为陕西转运使经略西北。下马伊始，明镐督促将士大兴土木，修建了宁中候百胜砦、镇川清塞堡等五座城池。又从同州厢军中挑选"材武者三百余人，教以强弩，奏为清边军，号最骁悍"。明镐的治军经验在西北边地得到推广，因功擢升龙图阁直学士知并州。后明镐以枢密院直学士、左谏议大夫知成德军入知

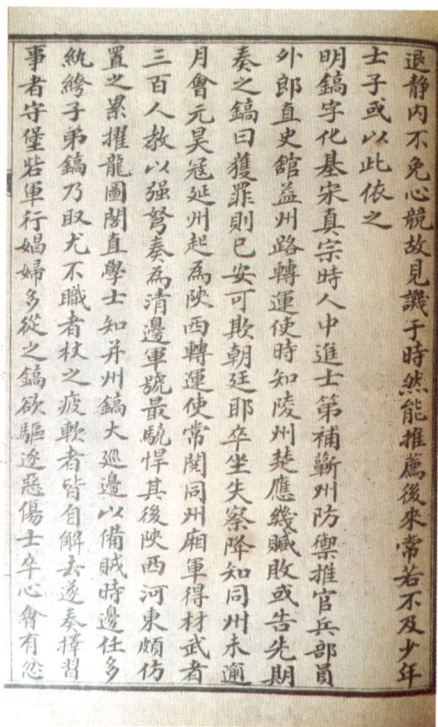

明万历《安丘县志》中关于明镐的记载

开封府。

庆历七年（1047）冬至，河北恩州（今邢台市清河县）宣毅军小校王则利用弥勒教（白莲教前身）发动兵变。兵变者打开兵库，夺取武器，释放囚犯，尽杀官吏，占领恩州城。宋仁宗派明镐为河北体量安抚使，率军进剿。次年正月，宋仁宗又命参知政事文彦

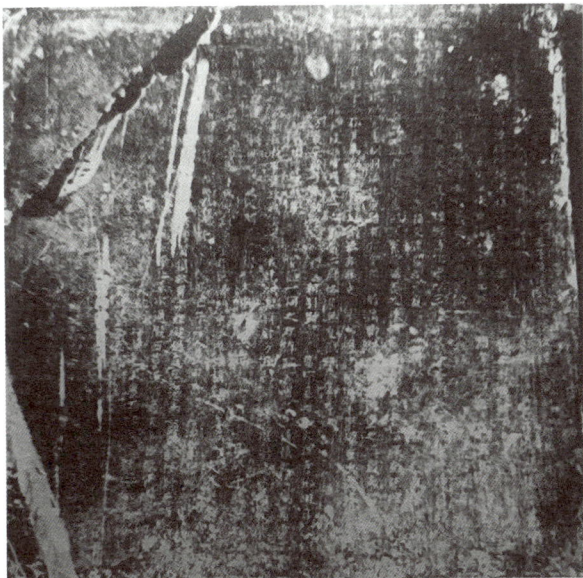

明元吉墓志铭

博为河北宣抚使，明镐为副使，尽快平定恩州之乱。文彦博、明镐认为恩州墙高城坚，不可强攻，一面部署军队从城北佯攻，一面在城南挖掘地道。地道通到城中后，文彦博、明镐挑选数百壮士，借夜色掩护潜入城内，打开城门，登上城墙。兵变者从东门突围，王则被俘遇害。

明镐因平定王则兵变有功，拜端明殿学士、给事中、权（代理）三司使。庆历八年四月，由于文彦博屡次推荐，明镐擢升参知政事。是年六月，因背疽发作而卒，赠礼部尚书，谥号"文烈"。著有《六冗书》及《真颂》四十六篇。

明万历《安丘县志》记载：参知政事明镐墓在朱藏里中。后曾出土一方明镐之父明元吉墓志，证明此地是明氏家族墓地，位置在今峡山水库中。

韩晋卿断案如神

韩晋卿字伯修，北宋密州安丘人。宋神宗时以"五经"中第，任肥乡、嘉兴主簿。后曾任平城令，通判应天府，知同州、寿州。在职明审决断，干练有政绩。升任刑部郎中，入为大理寺卿。正直敢言，刚正不阿，甚为神宗称许，疑难案件多令其决断。

有一年开封城发生一起案件：有个少年提着鸟笼在市场上卖弄，其朋友向他要，他不给，那个朋友仗着两人挺熟，一把抢了就走。少年从后面追上，一刀放倒朋友。案发后，开封知府判决少年犯"故杀"罪，应处斩刑。

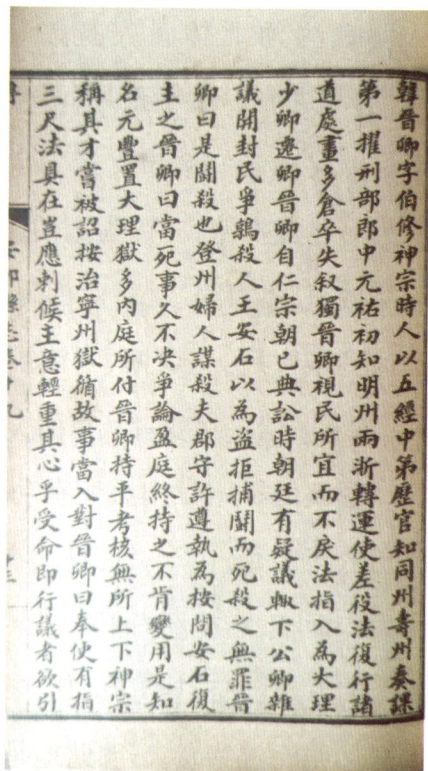

明万历《安丘县志》中
关于韩晋卿的记载

时王安石正以"知制诰"官衔负责纠察京城司法工作，对这一判决予以批驳："按照法律公然抢夺、暗中窃取都是'盗'，这人公然抢了鸟笼，就是'盗'；追上去杀了，那就是法律上的'捕盗而盗拒捕斗杀,杀之无罪。'"为此,他弹劾开封知府犯有裁判错误的"失入罪"。开封知府不服,请求大理寺复审。复审时,大理寺卿韩晋卿跟王安石当堂辩论。韩晋卿尽管知道王安石深得神宗宠信,仍然坚持此案系"故杀",少年应判绞刑。王安石号称铁嘴钢牙,却始终驳不倒韩晋卿,未能更改判决结果。

熙宁元年(1068),发生了一起轰动一时的登州阿云案,再次把韩晋卿与王安石推至风口浪尖。京东东路登州有一个叫阿云的女子,在母亲去世、丧服未满时被家长嫁到韦家。韦姓新郎面貌丑陋,阿云很讨厌。一日晚夫妻争吵,阿云趁新郎睡熟,拿刀猛砍,因力气小没能砍死。当官府来询问时,阿云主动坦白罪行。登州知州许遵认为阿云属于谋杀已伤而自首,应该按照"故杀伤人罪"减刑两等;大理寺认为本案属于谋杀亲夫的"恶逆"重罪,按照法律规定即使有未遂、自首情节仍然要处死刑,但考虑到阿云是"违律为婚",并非正式夫妻,所以请求皇帝特赦,免于死刑。王安石支持许遵的观点,王安石的政敌司马光、吕公著等支持大理寺意见,双方激烈争辩达一年之久。韩晋卿首当其冲,他依法论法,维护法律尊严,不参与由此案派生出的政治纠纷。尽管最后神宗按照王安石意见裁决了这个案子,但仍然信任韩晋卿,继续把各种重大疑难案件交付他处理,韩晋卿仍然是"持平考核,无所上下"。

元祐元年(1086),韩晋卿知明州。元祐二年,以两浙转运副使、朝请大夫知滁州。时值王安石变法,差役法峻行,朝野怨言纷起。韩晋卿"视民所宜,而不戾法指"。韩晋卿执法守正,为人忠厚,士大夫们很尊重他,"不以法家名之"。

陈规大败金兀术

陈规（1072—1141），字元则，南宋密州安丘人，抗金将领，著名军事家。早年中明法科，五十五岁始入仕途。他虽为文官，但以武略闻名朝野。《山东通志·历史名臣》称，南宋"以来文臣镇抚有威声者，唯规一人"。

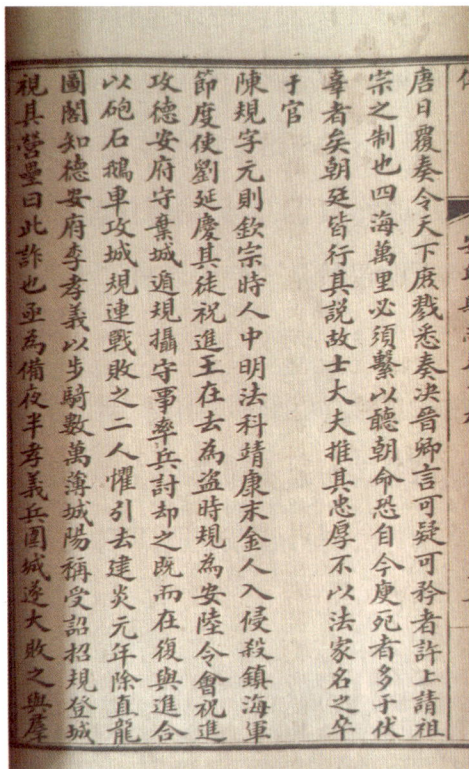

明万历《安丘县志》中关于陈规的记载

除精通兵法外，陈规还擅长军械制造。绍兴二年（1132），他"以火炮药造长竹竿火枪二十余条"。"长竹竿火枪"是世界上最早的管形火器。他撰写的兵书《攻守方略》，在我国历史上较早提出了"重城重壕""守中有攻"及使用新式管形火器等城邑防御作战的战略战术，对当时及后世军事理论和实践影响很大。

北宋靖康年间，金人入侵，德安（今湖北安陆）知府弃城逃跑。陈规一介文官，不惧危险，出兵勤王，代守德安。其间屡挫围城金兵,被任命为知府,迁徽猷阁直学士。金人归还河南地后,他担任顺昌(今安徽阜阳)知府,居安思危,措置战守,修茸城壁,广籴粟麦,招抚流亡民众,编练军队,加紧备战。绍兴十年(1140)夏,东京副留守刘锜率"八字军"和殿司卒北上开封,路过顺昌府。陈规出城迎接,进城还未坐稳,快马来报,说金兵已攻陷京城,正进军顺昌。陈规告诉刘锜,城中有粮数万斛,二人相勉死守城池。随即

《守城录》书影

点将布阵,动员民众,"男子备战守,妇女砺剑"。未几,金将龙虎大王率军到达。陈规身披盔甲,与刘锜一起巡城督战。先用神臂弓敌住金军前锋,再以步兵拦击,又以潜兵偷袭敌方营寨,斩获甚众。

龙虎大王攻城受挫,向都元帅兀术告急。六月初七,兀术率大军十万杀奔顺昌城下,扬言:"顺昌城墙我用靴尖也能踢倒。"下令破城后,男子统统杀掉,女子、玉帛任意掳掠。宋军不足两万,情势异常危急。陈规大犒将士,征求退敌之策。某些将领主张撤退。陈规说:"规已分一死,进退皆死,不如死忠也。"刘锜深受感动,喝叱诸将道:"府公文人犹欲死守,况汝曹耶!"由是将士感奋,同仇敌忾。

时值酷暑,宋军轮流上城,养精蓄锐,以逸制劳。金兵被暴晒半天,至午后体力最疲乏时,宋军突然出城偷袭,势如破竹,锐不可当。激战中,陈规发明的火枪发挥了极大威力,金兵惊恐万状,溃不成军。兀术不支,于六月十二日借夜色逃遁。

这一仗就是历史上著名的"顺昌大捷"。是役大灭金军气焰,挡住了其自两淮南侵的势头,有力地配合了岳飞北伐。刘锜敬佩陈规智勇双全,上表为他请功。宋高宗下诏褒奖,升陈规为枢密直学士,调任庐州知州兼淮西安抚使。绍兴十一年(1141),陈规因病去世,享年七十岁。宋高宗赠他为右正议大夫。乾道八年(1172),宋孝宗下诏刻印《德安守城录》(汤璹搜集陈规守德安府遗事所编),颁行天下,令诸将学习效法,并下诏在德安府修建了陈规庙,亲笔写了庙额"贤守",又追封陈规为"忠利侯",后加封"智敏"。

陈规著有《〈靖康朝野佥言〉后序》《守城机要》两部兵书。《〈靖康朝野佥言〉后序》系陈规阅读《靖康朝野佥言》一书时写的批注;《守城机要》为陈规较为系统的守城心得。《宋史》中说陈规著有《攻守方略》,应该就是《守城机要》。后人将《〈靖康朝野佥言〉后序》《守城机要》和《德安守城录》三书合编为《守城录》,并被收入《四库全书》。

张起岩屹若泰山

科举制度始于隋，成于唐，各阶层士人凭学识在考场上一较高下，有利于选拔人才，扩大统治基础。所以宋、辽、金诸王朝沿用不衰。元朝情况有些不同，它建立五六十年后才真正实行科举取士。

元皇庆元年（1312），仁宗将河南行省右丞王约召京，拜为集贤大学士，并将其"兴科举"建议"着为令甲（法令第一条）"。翌年农历十一月十八日，仁宗下诏恢复科举。延佑元年（1314）乡试，一共录取三百人。延佑二年农历二月，大都会试取中选者一百人，农历三月七日，举行殿试（廷试），五十六人及第。蒙古人护都答儿、汉人张起岩分别为左右榜状元。张起岩不仅是元代汉人第一名状元，也是元代山东唯一一名状元。因为张起岩曾担任过安丘县尹，也可以说，

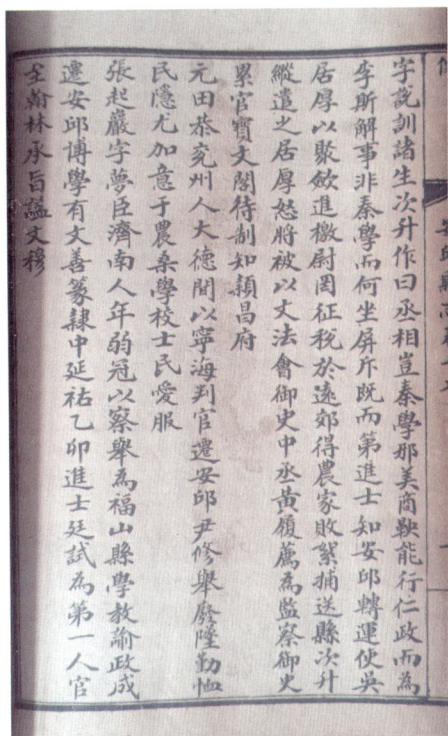

明万历《安丘县志》中关于张起岩的记载

张起岩是一名从安丘走出去的状元。

张起岩(1285—1353),字梦臣,号华峰,山东禹城人,祖籍山东章丘。宋元年间为避战乱举家由章丘迁禹城。张起岩父亲张范担任过四川行省儒学副提举,张起岩从小受父亲熏陶,十几岁即成饱学之士,二十岁担任福山县教谕,继而任山东安丘县尹,其家室也随之迁至安丘。居安期间,张起岩礼贤下士,爱惜民力,多有惠政。此后,张起岩还担任过"北海吏"(北海即后来的潍县,见《元重修龙泉院碑》),具体职务不详。

张起岩是汉人,虽说高中状元,也只配做左榜状元,居右榜状元之下。好在左榜状元也是状元,何况他与仁宗同年、同月、同日生,所以仁宗对其另眼看待:先授之为登州知事,旋降特旨,改授集贤修撰,转国子博士,升国子监丞,进翰林待制,兼国史院编修。期间因母丧丁忧。三年期满,回大都出任监察御史。

张起岩任监察御史不久,丞相倒剌沙之心腹、中书参政杨廷玉因犯律受台臣们纠劾被仁宗下旨逮捕。倒剌沙十分恼火,向仁宗进言,诬称台臣们弄虚作假,欺君罔上,陷害"忠良",要求皇上"明察"。张起岩挺身而出,三次上奏,矛头直指倒剌沙。但这些奏章被无理搁置,仁宗没有看到。一次朝议

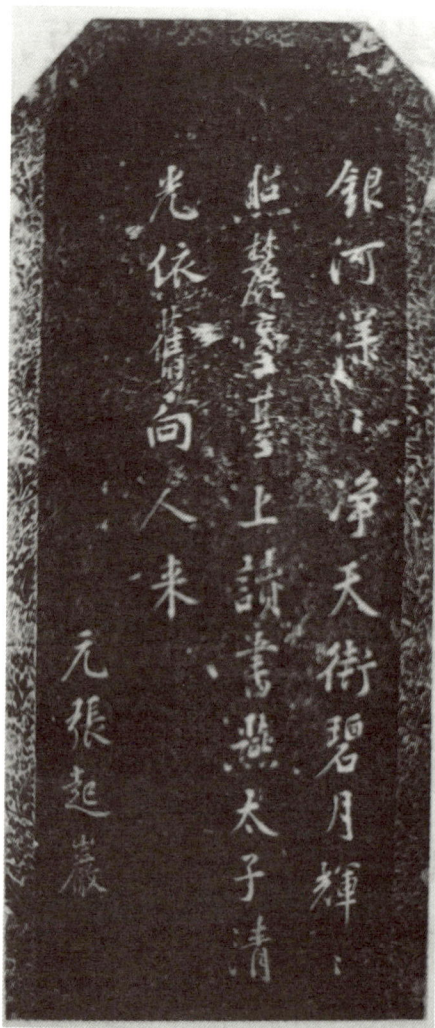

张起岩诗碑

时,张起岩不顾个人安危,与倒刺沙激烈廷辩,仁宗终于清楚了事实真相,遂否定了倒刺沙意见。不久,张起岩被擢升为中书右司员外郎,进左司郎中兼经筵官,拜太子右赞善。时遇父丧,告丁忧返乡,期满改任燕王府司马,升礼部尚书。还担任过翰林院侍讲学士、知制诰兼修国史、燕南廉访史、江南行台御史中丞等职务。

元顺帝(惠宗)即位后,下令中书省列坐诠选官员。张起岩推荐了一名儒生,右丞相别里怯不花反对,张起岩据理力争,别里怯不花很不高兴。但张起岩不畏其权势,不事趋附,获得满朝文武敬服,别里怯不花也无可奈何。

张起岩担任燕南廉访使期间,不畏艰险,不惧权贵,剪除邪恶,匡扶正义,百姓扬眉吐气,拍手称快。那时候,河北真定一带百姓深受滹沱河水之害,苦不堪言。张起岩派人修堤筑坝,清除积淤,解除了水患,深得百姓拥戴。张起岩离任时,百姓沿途相送,泪落如雨,车马竟日不能出城。

张起岩是元代一流政治家。他"任人唯贤",从不搞朋党宗派,向朝廷推荐的人才,多为能言敢谏之士。《元史》对他的描述和评价极佳:"面如紫琼,美髯方颐,而眉目清扬可观,望而知为雅量君子;及其临政决议,意所背乡,屹若泰山,不可回夺!"

张起岩又是资深史学家。至正三年(1343),元顺帝下诏修撰辽、金、宋三史,张起岩因学识渊博而成为翰林院修史班子总裁官之一。在修史过程中,他尊重史实,坚持原则,一丝不苟。至正五年,三史脱稿。元惠宗又诏修后妃及功臣列传,张起岩仍为总裁官。后妃及功臣列传修成时,他已六十有五,遂告老还乡,三年后逝于禹城。

郑衍德"不嗜杀戮"

　　十三世纪初,金朝内部矛盾激化,更受到新崛起的蒙古势力的威胁,辖地日削,山东、河北一带农民纷起反抗。起义者穿红袄作标记,故名"红袄军"。规模较大者有山东益都杨安儿、潍州(今山东潍坊)李全(人称李铁枪)、沂蒙山刘二祖、河北周元儿。

　　南宋嘉定八年、金贞祐三年(1215),李全率部在安丘、临朐一带活动,占领穆陵关。刘庆福、国安用、郑衍德、田四、于洋、于潭等部纷纷归附。后杨安儿战死,所部归其妹杨妙真统率。李全部遂与杨妙真部在磨旗山(今山东莒县东南马亓山)会合,李全与杨妙真结为夫妇,两部合成一军。

　　南宋嘉定十一年、金兴定二年(1218),李全率部归顺南宋。南宋政府称之"忠义军",发给粮饷。因遭南

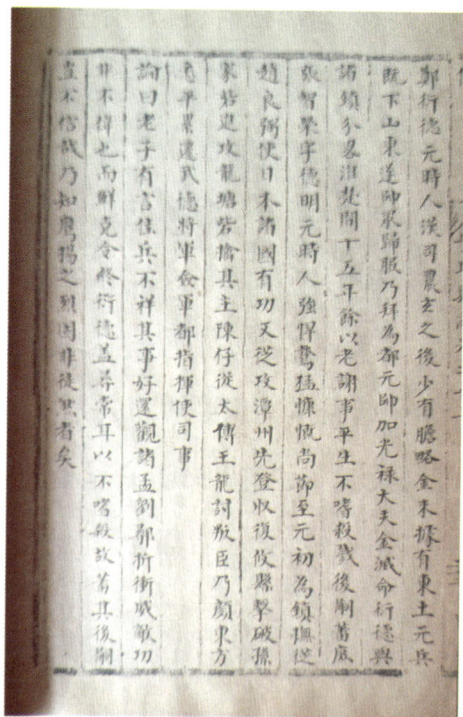

明万历《安丘县志》中关于郑衍德的记载

宋将领排挤,李全不久率部北归。是年
八月攻克密州,十月占领安丘,继而夺
取益都。南宋宝庆二年、金正大三年
(1226),蒙古郡王代孙率部包围益都
城,蒙古国师木华黎之子孛鲁统兵前来
增援。李全坚守孤城,大小百余战,苦撑
一年之久。粮食吃光,杀战马为食,战马
尽,人相食。益都城内数十万军民仅剩

郑衍德神道碑拓片(局部)

数千人。李全欲拔剑自刎,被郑衍德劝止。就在此时,传来南宋军袭击"忠义
军"的消息,李全兄长和次子遇害。李全一怒之下,率余部投降蒙古军,被任
命为山东、淮南行省丞相,以郑衍德、田世荣副之。

虽然投降了蒙古,李全仍然向往南宋,公开表示归顺。但南宋朝廷对李
全并不信任,多方制约。南宋绍定三年、金正大七年(1230),李全运送粮草
的船只被宋军劫走,李全大怒,起兵大举进攻。南宋朝廷急忙安抚李全,封
他为两镇节度使,令其退兵。李全拒不接受,南宋朝廷遂调集大军进剿。两
军在扬州城外大战,李全兵败被杀。杨妙真力战得脱,和儿子李璮率残部返
回益都城,再次归附蒙古,管理山东、淮北一带。绍定四年,杨妙真北上觐见
蒙古窝阔台汗,名义上接受招安,实际上保持独立。

李全副手郑衍德是密州安丘人,系郑玄之后,父郑坚曾任金朝京东路总
管。郑衍德少有胆略,初随李全起义抗金,后随李全投降蒙古,拜为都元帅,
加光禄大夫,"分略楚淮间十五年余,以老谢事"。郑衍德平生"不嗜杀戮,后
嗣番庶",卒后葬于官庄镇东利见村西南(明万历《安丘县志》记载葬于土
山)。相传为御葬,朝廷专派力士监守。郑衍德后裔定居墓旁,渐成一村落,
称"力监",后演变为"利见"。今东利见村西南尚有郑衍德御碑林。

张翰忠勇除奸

　　张翰，安丘相家里（今兴安街道前后相戈村）人，正统十年（1445）中进士，为人正直无私，严谨自持，中进士不久，即被授予广东道监察御史。任上他忠于职守，不畏权贵，深受明英宗朱祁镇器重。

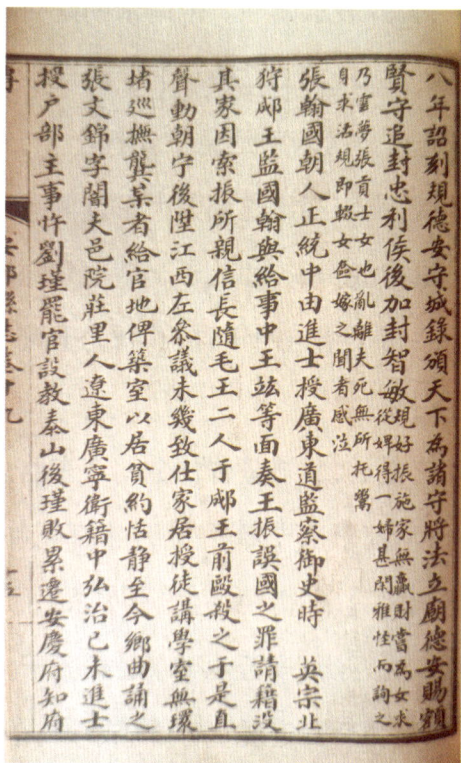

明万历《安丘县志》中关于张翰的记载

　　正统十四年（1449），蒙古瓦剌部进犯明境，英宗在司礼太监王振蛊惑下决定御驾亲征（由郕王朱祁钰任监国）。英宗率大军进入大同后，大同镇守太监郭敬向王振交代敌情，王振恐惧，决定班师。大同都金事郭登进言："取道紫荆关回京可保无事。"王振想借机使英宗幸临其家，以便炫耀乡里，遂舍紫荆关向蔚县出发。途中王振又恐大军踏坏庄稼，行四十里又折东改道宣化。因为延误了时间，8月15日，明军在土木堡被瓦剌骑兵包围，全军覆没，英宗被俘。23日，群臣义愤汹汹，拥至午门。都御史陈鉴、监察御史张翰、给事中王竑等人面奏监国朱祁钰："王振误国，罪不容诛。殿下如不即正典刑灭其家族，臣等今日皆死在这里！"说罢，长跪不起。郕王犹豫不决，遂下令："百官暂且出宫待命，此事今后再议。"此时，大臣们情绪一触即发，锦衣卫指挥马顺（王振死党）仗着有郕王谕令，呵斥群臣，让他们立刻出去。张翰、王竑怒不可遏，上前抓住马顺头发，用朝笏劈头盖脸打向马顺，其他大臣蜂拥而上，拳打脚踢，转瞬间，马顺即呜呼哀哉。打死马顺后，张翰又将王振的另外两个死党毛贵、王长随揪到郕王面前，和朝臣一齐动手击杀。大势之下，朱祁钰顺应民心，下令族诛王振余党，籍没其家产。

因为此事，张翰"直声动朝宁"，不久升任江西左参议。他兢兢业业，一如既往，同僚无不叹服。未几致仕归乡，靠授徒讲学为生。张翰孜孜矻矻，诲人不倦，前来问学者络绎不绝。

张翰为官清廉，虽仕宦多年，却身无余财，住宅狭小、简陋，客人来甚至无法容足。某上官看不过眼，特批一块官地，让他建房居住，他不为所动，婉言谢绝。虽然生活清苦，但张翰布衣粗食，恬静自安，致力于培养后学，为乡间所称道。

陈文伟单骑擒贼

陈文伟,直隶舒城人,字伯豪,身材魁伟,膂力过人。年轻时在府学读书,曾于五更时分一人去田间散步,不料,迎面扑来一只猛虎。陈文伟处变不惊,采住老虎胡须,飞脚踢其阴囊。老虎哀鸣一声,竟然死去。

陈文伟中举后,于翌年二月去京城参加会试。第一天夜晚,贡院突起大火,陈文伟踹开上锁的木门,跑到围墙边,正欲翻墙而出,听见后边喊声连天。他回头一望,贡院内烈焰熊熊,向四周翻卷,满场举子似没头苍蝇到处乱撞。陈文伟毫不惊慌,他弓腿俯身,右手抵住墙头,形成一座人梯,左手扶助举子们,让他们踩着自己身体翻墙逃生,直到火舌迫近,烤得他衣服冒烟,鬓发焦煳,他才对后来者拱手作揖道:"对不起,我只有这些力气了!"遂纵身逾墙,安全脱险。

这件事让陈文伟名动天下,遂被朝廷任命为博兴知县。在博兴任上,陈文伟政声卓著,上司推荐他担任边关武官,因故未能成行。成化十一年(1475)调任安丘知县。

知安期间,陈文伟"兴学励才,讼简盗息",甚得百姓称颂,属下为其声威所摄,都不敢徇私舞弊。他重视文化教育,莅临当年即筹资修缮学宫。明成化十三年,又主持重修了公冶长祠,为安丘留下了一份珍贵的文化遗产。安丘人耳熟能详的《总咏安丘八景》诗,就是他的手笔。

成化十七年一天傍晚,百余流贼突然闯入安丘城,直奔库房,欲抢劫库银。陈文伟本想集结力量,消灭流贼,但考虑到县城狭小,人口密集,若在城内开战,势必殃及百姓,遂对下属说:"让他们去抢劫库房吧,你们只管保护好账册文书就行了。"流贼闯入库房,将银两洗劫一空,扬长而去。

流贼离开一段时间后,文伟问下属:"流贼离开多远了?"下属回答:"大概有三十里地了。"文伟让人牵来快马,拿来弹弓,一骑绝尘而去。流贼正行走间,忽听身后马蹄响,回头一看,一骑如旋风般驰来。流贼大惊,慌忙拔刀抽剑,准备迎战。马上大喊道:"我是安丘知县陈文伟,你们谁是头领?"贼首刚站出来,陈文伟拉满弹弓,射出两枚弹丸,击中贼首双目。众流贼失魂丧胆,纷纷跪下请罪。陈文伟说:"给我把抢的银子送回去!"回到安丘城,众流贼再次跪下请罪。陈文伟说:"对你们这些小毛贼我能有什么责求?"令衙役将流贼分别杖责三十,放他们散去。

陈文伟向来放荡旷达,从宽发落流贼,本意是不想邀功。消息传至京城,有位御史竟以纵匪之罪名上书弹劾,皇上采信,遂降旨将陈文伟免职。

张文锦殚精竭虑

张文锦字暗夫,安丘县院庄里(今峡山区北院庄村)人,原籍辽东广宁卫。弘治十二年(1499)中进士,授户部主事。

张文锦为人清白廉洁,耿直严明,正德初年,因不与阉党同流合污,"为权阉刘瑾所陷,逮系诏狱,斥为民"。此后,他寓居泰山设教,致力于培养后学,勤勤恳恳,不遗余力。刘瑾伏诛,张文锦复被起用,迁郎中,督税陕西,他条上筹边裕边十事,深得皇上器重,不久迁安庆知府。其间,他观察到藩王朱宸濠行为反常,可能会密谋叛乱,便预先作了防范。正德十四年(1519)六月十四日,朱宸濠借口武宗荒淫无道,起兵作乱,十万大军乘船顺江而下,欲直取南京,以形成南北分庭抗礼之势。为让朝廷从容调兵,

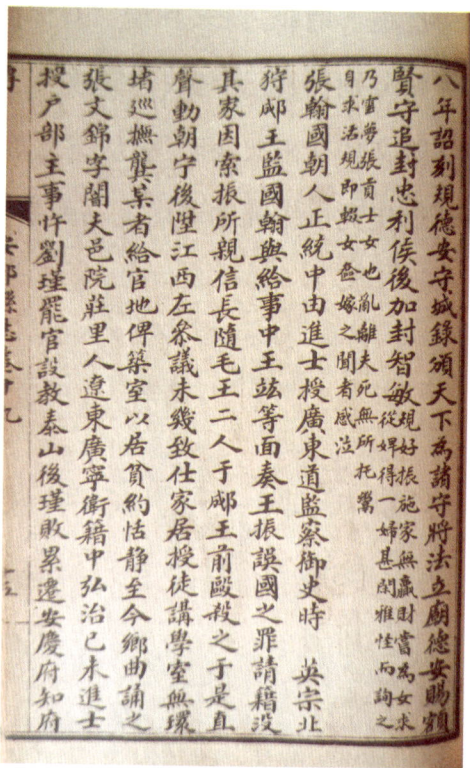

明万历《安丘县志》中关于张文锦的记载

张文锦与守备都指挥杨锐决定拖住朱宸濠。未几，朱宸濠率叛军经过安庆，张文锦、杨锐指挥士兵站立城墙上，击鼓诟骂，痛斥叛军。朱宸濠被激怒，遂暂缓东进，督师围攻安庆。因久攻不下，朱宸濠派人入城劝降。张文锦、杨锐斩杀使者，抛之城下，以示坚守安庆的决心。未几，汀赣巡抚、佥都御史王守仁率大军攻克南昌，朱宸濠闻讯撤兵回救，安庆之围遂解。七月二十六日，叛军大败，朱宸濠与叛军骨干皆被擒获。

"宸濠之乱"平定后，张文锦以功擢太仆寺少卿。嘉靖元年（1522）拜右副都御史，巡抚大同。张文锦殚精竭虑，"锐意振刷"，建树颇多。他认为大同"北四望"一马平川，无坚可守，易为外寇所乘，决定修筑五座城堡以为屏障。可惜属下参将贾鉴"督役严急"，引发众怒。城堡竣工后，选派士兵前往戍守，"众惮行""郭鉴、柳忠遂倡乱，杀贾鉴并及文锦"。兵变平息后，前去处理善后的兵部左侍郎李昆上书嘉靖帝，"为文锦请恤典"，一直没有得到答复。张文锦的父亲、妻子、儿子再次上疏"哀请"，皇上大怒，"命执赍疏者治之"。副都御史陈洪谟又"为文锦请恤"，嘉靖帝降旨诘责，此后无人敢再为张文锦说话。万历年间，始赠右都御史。天启初，追谥"忠愍"。

李迁梧善施仁政

李迁梧字茂实,安丘峰山里(今辉渠镇夏坡村)人。嘉靖三十八年(1559)中进士,授吴江知县,官至大同知府。

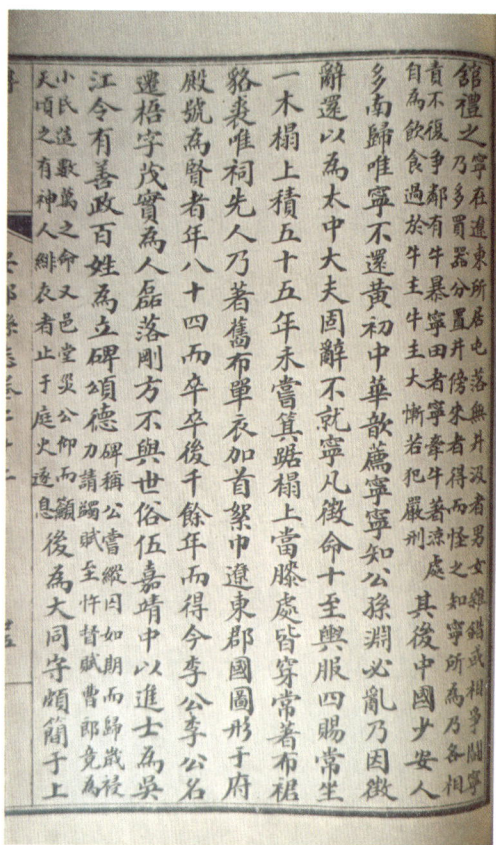

明万历《安丘县志》中关于李迁梧的记载

李迁梧为官清廉,善施仁政,重视教化。任吴江知县时,某年除夕将至,他巡视衙狱,看到不少囚徒伤心落泪,遂上前询问。囚徒们说,因除夕不能回家团聚,以致伤感而泣。李迁梧思虑再三,决定放他们回家过年。于是将所有囚徒招至大堂,约定归期,放他们各自返乡。众囚徒欢呼雀跃,洒泪拜别。到了归期,李迁梧于堂上坐等。众囚俱返,无一人逾期。有一年粮食歉收,百姓生活困难,李迁梧积极向上峰报告情况,为百姓减免赋税,帮他们渡过难关,不惜得罪了督赋曹郎。吴江民众感恩戴德,为他修祠立碑。

李迁梧性格方正磊落,蔑视世俗。任大同知府时,因简慢上官,遭到弹劾,按规定应该调离。李迁梧笑曰:"吾可以微罪去矣。"遂拂衣归里。居家数十年,甘心蓬荜,纵酒放歌,县官多不识其面。去世时五十余岁,后世誉之高士。

一日放"三西"

安丘文风称盛,闻于山左。自东汉以降,代出贤哲,台阁封疆,硕学鸿儒,仕宦将相,通经博学,载诸史志。明万历年间,朝廷曾于同一日(年份不同)简放马文炜、辛应乾、韩必显三位安丘人士分任江西、山西、陕西三省之巡抚(全称"巡抚某地等处地方提督军务兼理粮饷",虽非地方正式军政长官,但因出抚地方,节制三司,实际掌握着地方军政大权),时谓"一日放三西",诚属旷代盛事、千古美谈。三位巡抚之事迹分述如下:

马文炜(1533—1603),字仲韬,号定宇,东许里(今兴安街道马家楼村)人。嘉靖四十一年(1562)中进士,初任河南确山县知县,隆庆六年(1572)因政绩突出,升为御史。后因查办要案触犯严嵩及其爪牙,被贬出京城,任湖北德安知府。他勤谨清廉,办事公正,不

马文炜所著《安丘县志》书影

久便升任按察司副使、荆南兵备道。在任上他革除流弊，严肃军纪，训练兵勇，重修荆江江岸大堤，消除水患。荆南百姓感其大恩，称该堤为"马公堤"。其后累有升迁，先升左参政兼荆南兵备道，又升江西右布政使，继升都察院佥都御史兼江西巡抚。后来，明神宗下诏让其任浙江巡抚，他力辞不就，回归故里。

马文炜墓志

归乡闲居十八年间，他除劝导地方官勤政爱民，对乡里多有帮助外，还积极著述。著有《雁门集》一卷、《奏议》二卷、《淮阳杂录》二卷。万历十七年（1589），在儿子马应龙、马从龙协助下，主纂了安丘第一部县志，深为乡里所重。

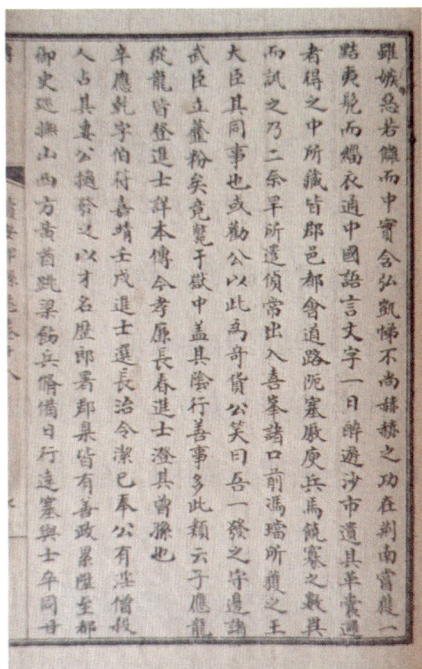

《续安丘县志》中关于
辛应乾的记载

辛应乾(1521—1593)，原名子厚，字伯符，号顺庵，牛沐里（今大盛镇东辛兴村）人。明嘉靖四十一年(1562)中进士，授长治知县，后升郎中、都御史、山西巡抚、兵部侍郎。年老辞职时皇上特赠为兵部尚书。著有《三命全书》《劝善录》《官迹图》等书。逝后葬于县城西南近戈庄。

辛应乾担任长治知县时，除"青羊盗"，保境安民，深受百姓爱戴。未几，升迁潞安知府(今河北秦皇岛)，于隆庆六年主持修建了秦皇岛第一间书院——北平书院，对提高当地文化教育水平做出了贡献。后因功升山西巡抚，他勇于担当，励精图治，积极发展生产，整饬军备，加强雁门关等长城沿线边防，山西军民官绅皆对其赞誉有加。在张居正实行一条鞭法期间，辛应乾主持丈量了山西的土地田亩状况，著有《山西丈地简明文册》。

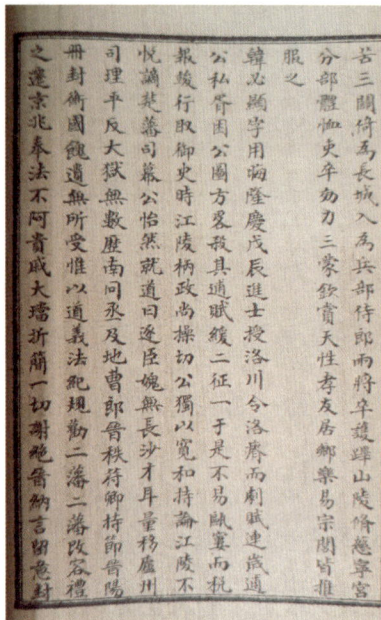
《续安丘县志》中关于韩必显的记载

韩必显字用晦，别号明宇，石（土加圭）里（今石堆镇）人。隆庆二年（1568）中进士，授洛川县令。洛川一带贫瘠，因赋税沉重，连年拖欠很多。韩必显到任后缓二征一，既完成了税收，又稳定了局势，遂升任御史。当时张居正任内阁首辅，处理政务刚猛激进，属下效仿成风，唯独韩必显"以宽和持论"，引起张居正不悦，将其调往湖广承宣布政使司担任幕僚，他"怡然就道"。后移职庐州司理，他秉正执法，屡平大狱。不久改任太仆丞及户部郎中，继而任尚宝卿，曾奉旨持节到晋阳册封藩镇，拒绝任何馈赠，以道义法纪规劝二藩，二藩对他肃然起敬。又升任顺天府尹，依旧奉法不阿，对贵戚宦官之馈赠一概谢绝，因功晋升通政使。

其后几年，关中一带治安恶化，疫病流行，社会动荡。万历帝说："为何不派韩必显去呢？"遂任命他担任右佥都御史、巡抚陕西。惜因母丧不能成行，后病逝于家。

三人仕途经历大抵相同，均由地方机关迁调中央政府，经七品小官递升二品军政大员，且跻身名臣之列，致仕后发挥余热，造福乡里，均有不俗声誉，堪为县人仕宦者之表率。

房建极勤政爱民

房建极字秉中,陕西省三原县人。崇祯四年(1631)中进士,始授河南省新乡县知县,任上勤政爱民,廉洁奉公,百姓誉为"惠政",后"以母忧去官"。崇祯九年,母丧期满,补任安丘县知县。

当时安丘一带连月不雨,旱情严重。房建极在赴任途中听到这一消息,一边昼夜兼程,一边吃斋祈祷。他进入安丘县境当天,上苍突降甘霖,雨花四溅,房建极赤足行走雨中,沿途慰问百姓。

大旱过后,当年又"冬燠",天气异常温暖,腊月初还少有人穿棉衣,草虫活跃。房建极甚为不安,频频去乡间查访。有耆老告诉他,今冬天气异常,应提防暴发蝗灾。房建极深以为然,发动乡民挖地捕杀跳蝻。翌年夏,周边各县果然蝗灾大发,波及安丘。由于早有防范,

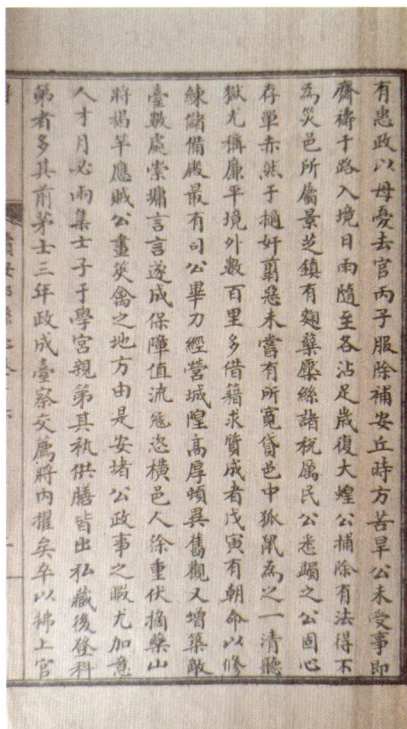

《续安丘县志》中关于房建极的记载

加上措施得当,本地没有形成蝗灾。

安丘县所辖景芝镇盛产白酒、蚕丝,当地不少人家以此谋生。官府视为财源,故将税负定得很重,以致业户怨声载道。房建极得悉此事,亲至景芝调查,最后报请上司同意,免除了业户不合理的负担。

房建极勤政爱民,但对奸恶之徒未尝有丝毫宽贷,有则打击,除恶务尽,绝不顾忌关系、人情,对本地豪强大户也不网开一面,知安不久,"县中狐鼠为之一清"。房建极学识渊博,深谙律条,"听狱尤称廉平",县内积案审理一空。

崇祯十一年(1638),国事蜩螗,局势动荡,朝廷令各地储备粮食,修建城防设施。房建极清楚安丘城墙乃土筑,防护能力有限,因此对朝廷这道命令"毕力经营"。他动员绅民,增高加厚城墙,疏浚护城壕,又增筑敌台数处。安丘城"崇墉言言""遂成保障"。当时各地"流寇恣横",县人徐重潜伏摘药山上,准备揭竿而起,响应流寇。房建极经周密策划,派人将其擒获,县境由是安定,未酿大乱。

政事之暇,房建极"尤加意人才",每月两次将县内生员集中到学宫,亲自授课辅导,鼓励他们学有所成,为国效力。由于财政捉襟见肘,发给生员的廪膳银有名无实。为不影响生员学习,房建极常将俸禄充作廪膳银。他在任期间,安丘教育事业兴旺发达,"登科第者多其前"。

房建极知安五年,政声卓著,"台察交荐将内擢",终因得罪上官而遭贬职,"人莫不冤之"。

刘正宗宦海浮沉

刘正宗（1594—1661），字可宗，号宪石，顺治帝赐号中轩。安丘城里人，祖父是山东经魁、进士刘希孟。少年时代夙慧好学，明天启五年（1625）县岁试第一。两年后乡试中举，再一年中进士。由推官行取授翰院编修。1644年北京失陷后到金陵，投靠南明，授职中允。翌年清兵破金陵，他又返回安丘故里。清定都北京后，起用明朝旧臣，他接到顺治皇帝诏书，本不想去，无奈诏书接二连三，最后讲不奉命即作反叛论处。他审时度势，再度出山。

顺治二年（1645），刘正宗到达北京，得山东巡抚李之奇举荐，授国史院编修，迁侍讲。顺治九年，再由弘文院侍读学士迁秘书院学士。明年，擢吏部

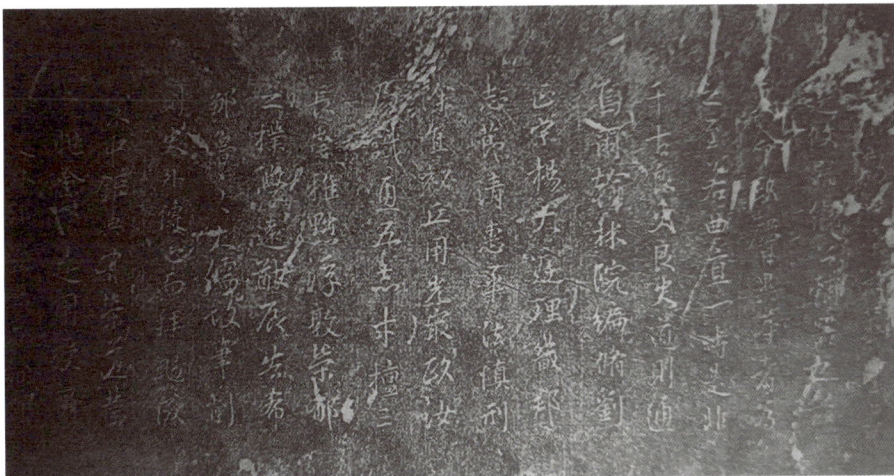

刘正宗诰封碑（局部）

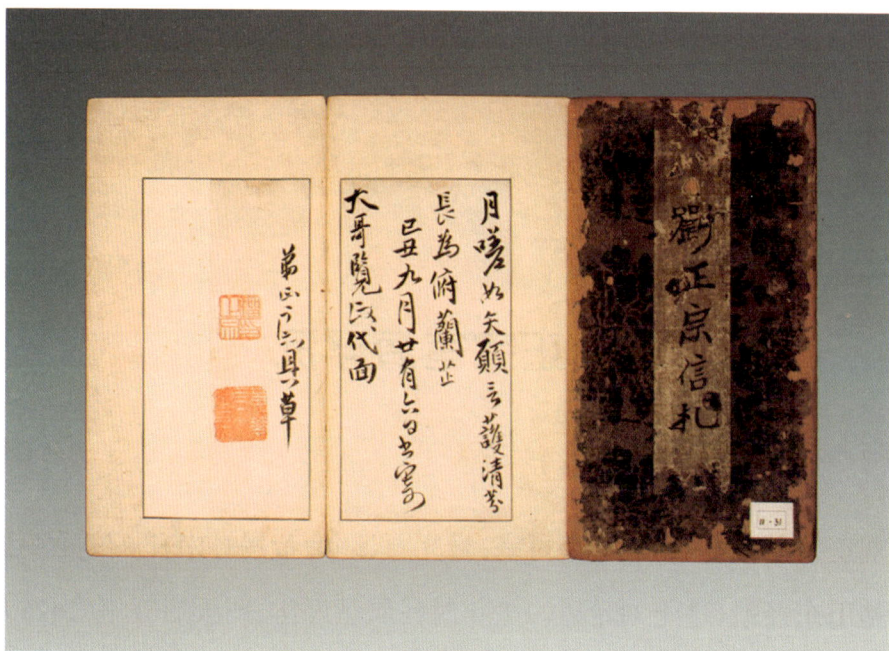

刘正宗信札

右侍郎兼秘书院学士。累有奏疏,对清初吏政有所裨补。如建议"朝廷用人必兼两法:新进之士宜循资,以杜侥幸殊尤之才;宜破格,以励贤能"。顺治帝深以为是,对他更加器重,任命他为弘文院大学士,特加太子太保管吏部尚书事。顺治十二年,辞吏部尚书职,回弘文院加少保,兼太子太保。顺治十四年,一品考绩期满,晋少傅,兼太子太傅。是年冬,告假回原籍为兄治丧。翌年回朝,以文华殿大学士参谋朝廷机要事宜,恃宠揽权,声势愈加赫奕。未几,给事中周曾发,御史姜图南、祖建明交章弹劾刘正宗,顺治帝命刘回奏,因诸事皆无据,刘正宗得释。不久,给事中朱徽复劾他对佥事许宸擅拟升通政参议一事太专断,又不奏明,罪不可恕。刘正宗以疏忽引咎,部议应该罚俸,皇上恩诏免除。顺治十六年,皇上谓刘正宗器量狭隘,终日以诗文为事;廷议时以己为是,有错误也不反省,降旨严肃处理。第二年十月,刘正宗陈情乞归,皇上不允。不久,左都御史魏裔介、浙江道御史季振宜,先后奏劾刘正宗阴险欺君罔上诸罪,皇上命刘正宗明白回奏以图和解。刘正宗却道自己衰老孤踪,不能结党,故遭陷害。顺治帝大怒,当众罢其官,并置于法司。其后刑部提审,刘反复申诉,但魏、季二人共质之,决不放过。后来判魏、季所劾属实,于是定案。落实者共十一事。鉴此蠹国乱政,罪当绞刑。顺治帝念任用有年,姑从宽免死,革职追夺诰命,籍家产一半,归于旗下,不许回籍。顺治十八年(1661),康熙帝即位。如按先帝遗诏,刘正宗当置之重刑,但念其衰老,特旨宽免。刘正宗自恨至深,一病不起,于本年十二月二十日辞世。灵柩寄厝北京西直门外。康熙四十五年,皇上准其归葬。

乾隆帝帝登基,认为刘正宗仕清以来清正耿介,政绩卓著,之所以被罢官削籍,是朝廷派系斗争所致。遂于乾隆帝二年(1737)正月降旨定他为顺治帝祀庙的陪享;同年二月,又降诏复其原职,诰授光禄大夫、少傅、大学士,其长辈俱受赠,晚辈也皆得荫。

刘正宗博览群书,擅声律,最工律诗,认为"论诗以法为准,晚唐而下,置不复论"。尤精五言古诗,史评"自负能诗,为主历下,独树一帜"。论者谓其气格遒劲,很受顺治帝赞赏,两人时相唱和。着有《逋斋诗集》《御墨楼诗选》《木天草》《雪鸿斋草》等诗集十余卷。刘正宗娴于翰墨,与王铎齐名。行草得钟繇、二王遗韵,尤喜王羲之法帖。所书大者逾尺,小者蝇头,无不精美。其字深获顺治帝激赏,君臣互赠墨迹,俨如翰墨朋友,刘正宗特于安丘城相府内筑御墨楼收藏之,以显示荣耀。此楼半个世纪前尚存,今仅存照片。

李龙衮冒死上疏

李龙衮名祸,字龙衮,别号澹园。其祖父李懋桂是明万历年间举人,历任永清县知县、保安知州、淮安府同知,封奉政大夫,"工草书,能文章"。其父李衍庚为光禄寺署丞,给明朝皇室办理膳食,性严峻、重义,"常出余粟以周贫乏"。

李龙衮天资明敏,博闻强记。十六岁中秀才,不久以廪生得选贡入国子监。明崇祯九年(1636)中举,清顺治六年(1649)由会试副榜考授国史院中书舍人,克勤厥职,深为顺治帝嘉许。后通过考试,首拔补礼科给事中,继擢升兵科右给事中,负监察进谏之责。其性耿直,不畏权贵,遇事敢言。吏部郎中宋学洙典试河南时,宿妓纳馈,被他一参丢官。他敢犯颜直谏,不

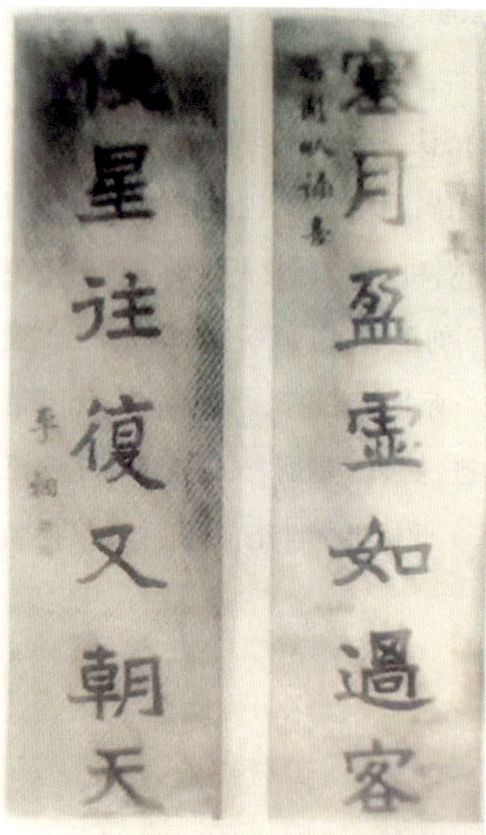

李龙衮书法

考虑个人安危。为官期间共上奏章十五个，最后一个就是著名的《谏逃东疏》。

清军入关后，疯狂掠夺土地。顺治元年，清廷下令"圈地"，条文上说是把"明庄田无主者拨给东来官兵"，实际上到后来竟至不论有主无主土地一律圈占。

顺治十二年农历正月二十五日，李龙衮呈上奏疏。二月十七日，顺治帝召集诸王大臣会议。王大臣们看了奏疏大哗，认为所奏虽在法律上无应得之罪，但言辞苛毒，"当论死"。皇上不允，再议决定杖徙宁古塔。皇上仍不准，但迫于众议，定为免杖、安置尚阳堡。李龙衮谢恩后欣然就道。抵达尚阳堡戍所后，李龙衮褐素疏食，读书不辍。闲暇时与人切磋学问，再不问世事。

此后，顺治帝对李案有所反思，曾说："在戍言官如李祤、魏管(寿光人，大理寺卿)不可以罪人论。"有一天他看丁耀亢写的《杨忠愍草疏传奇》，恍然叹道："此乃忠臣，李祤忠直，其流辈也。"遂令召他回京，并特"命督捕司永着为例"。下诏书的人到达尚阳堡不久，李龙衮突然去世，终年五十九岁。家人去拉灵柩，发现李龙衮死于中毒。

顺治十五年五月，皇帝宣布了"逃人法"的弊端，基本上重申了《谏逃东疏》的精神，于是"逃人之祸"渐息。雍正元年(1723)九月，李龙衮终获平反昭雪。

刘祚远倡修防洪堤

刘祚远(1611—1673),字子延,号石水,别号鹤林,安丘县安泰里(原属安丘市黄旗堡镇,今属坊子区)人,系刘正宗族孙。

顺治十二年(1655),刘祚远中进士,被选为庶吉士,后以优异成绩择为吏科给事中。他以从祖刘正宗方居政府、子孙不宜在言路为由,请求避嫌,改任吏部考功司主事。戊戌年典试陕西时,有奸吏作弊,被他立案惩治,皇上闻知,大加称赞,提任文选主事、历稽勋郎中。因清慎称职,又升职为太常少卿,迁大理寺卿,不久晋为副都御史,巡抚保定。

顺治十八年(1661),因受刘正宗一案牵连,刘祚远被罢官。当年二月即回归故里。时安丘因连年歉收,百姓生活困难。刘祚远于康熙四年(1665)九月,在城隍庙内设立义仓,赈济灾民。康熙七年,安丘发生大地

刘祚远墓碑

震,城墙毁坏严重,他倡议重修城墙,得到绅民一体响应。当时汶河水大,常泛滥成灾,祸及南岸数十村。刘祚远忧心忡忡,倡导官民捐资筑堤,并捐出自己仕宦之积蓄。经过艰苦努力,终于自韩吉村东至夹河套村筑起四十里防洪长堤,使水患得以根治,百姓感恩戴德,呼为"刘公堤"。

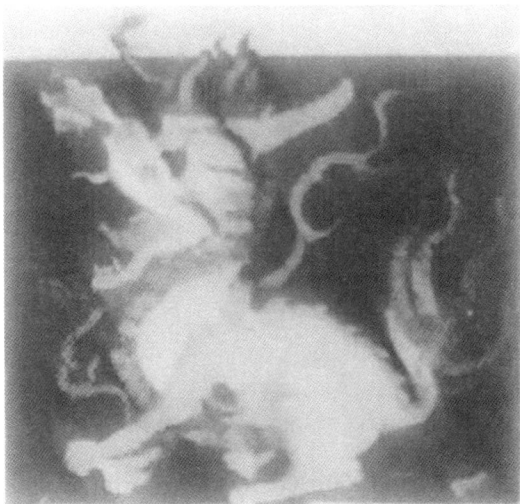

刘祚远遗物——獬豸服饰

曹申吉大义不屈

曹申吉(1635—1681),字锡余,别号澹余,安丘城区东关人。从小受到良好教育,天资颖异,风雅出众。

曹申吉十七岁中举。顺治十二年(1655)中进士,初选内翰林院庶吉士,十四年授国史院编修,不久升为日讲官;十五年十月补湖广下荆南道参议。时该道竹溪、竹山两县多盗贼,他以计招抚,相继归籍者两千余家;十六年调任河南睢陈兵备副使。他抑骄弁,雪冤狱,社会秩序井然;十七年转左道政,晋正二品大理寺正卿。康熙六年(1667)充当皇帝读卷官,升礼部右侍郎;九年十一月调任吏部右侍郎,清洗坏人,革除弊端,使吏部气象一新;十年正月调任工部右侍郎兼都察院右副都御史、贵州巡抚。上任后,他悉心治理,贵州太平。同时大力兴办教育,培养出不少人才。

康熙十二年冬,平西王吴三桂在云南反叛,贵州兵力有限,省城失守,曹申吉被俘于阳明洞;十九年图谋归

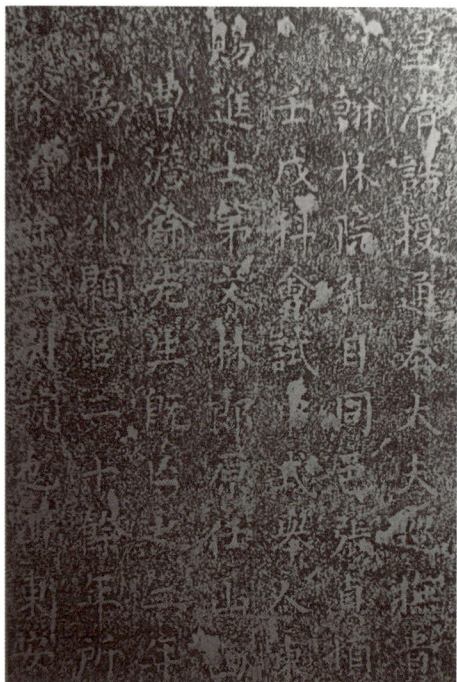
曹申吉墓志拓片(局部)

正,事泄后被劫于云南,于是年十二月初五(阳历 1681 年 1 月 24 日)在昆明双塔寺被害,时年四十六岁;二十二年其灵柩由云南运回故里。康熙帝以为他降吴,定为"逆臣"。后真相大白,雍正帝撤销其罪名,乾隆帝帝为他彻底平反昭雪,准入忠烈祠。

曹申吉又系名诗人。被捕后,感怀身世,诗风悲壮苍凉。著有《又何轩诗集》,此外还著有《澹余集》六卷、《南行日记》二卷、《黔行集》一卷、《黔寄集》四卷及《贵州通志》若干卷。

曹贞吉、曹涵父子清廉无双

曹贞吉(1634—1698),字升六,又字升阶、迪清,号实庵,安丘城区东关人。清代著名诗词家,曹申吉之兄。康熙三年进士,官至礼部郎中,以疾辞湖广学政,归里卒。嗜书,工诗文,与嘉善诗人曹尔堪并称为"南北二曹",词尤有名,被誉为清初词坛上"最为大雅"的词家。

曹贞吉曾任职安徽青阳,上任伊始,地方诸官吏奉上白银三千两,言明这是按例征收的漕运税金,用以济公私之用。曹贞吉哑然失笑道:"你们这样做,岂不是如同拿腐臭的老鼠给我吃吗?"曹贞吉在此用鹓鶵腐鼠的典故申明清廉之志。他主政青阳期间,清除横征漕运之税之弊端,其清廉之风、果敢手段,令属下无不凛凛奉法,不敢越雷池一步。康熙戊辰年(1688)冬,曹贞吉晋升为奉政大夫,在官衙检点行囊,身无长物,只有折扇数十把,都是自己用奉金所购买。曹贞吉一身正气,两袖清风,为官三十余年,家无积财。

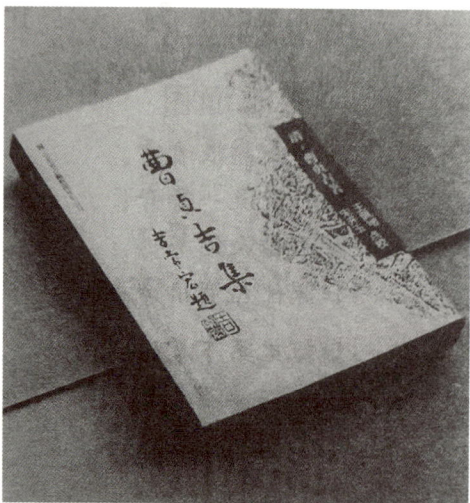

新版《曹贞吉集》

　　曹贞吉的儿子曹涵受父亲熏染,亦恪守为官清廉之家风。曹涵曾担任扬州府盐运司事,上任之日,见一切铺陈器用无不完备,于是询问属下是怎么回事,属下说这是沿袭先例。曹涵闻言立刻命令尽数发还,不留一件。平日家中所用的柴米蔬菜,曹涵都是令家人去集市购买。对于需要百姓出资的公共事业,曹涵时常会用自己的薪俸垫付,以减轻百姓负担。曹涵上任三个月,所征收盐税高达数十万金,上缴国税后,所有剩余一律归公,无一丝一毫落入私囊。因为曹涵在兄弟中排行十三,安丘人说起本县能称得上廉吏者,皆言非"曹十三"莫属。

陆师担山封矿

康熙五十八年(1719),清军准备进藏驱逐准噶尔军队,将西藏、青海正式纳入清朝版图。因军费开支浩大,时任山东巡抚李树德上奏开兖州、济南、青州、登州四府矿场,以佐军需之用。康熙帝准奏,派吏部员外郎陆师(字麟度,浙江归安人)率人负责试采矿场。

从康熙五十九年(1720)五月开始,陆师先在临朐略水试采三月,一无所获,于是封闭六井,惩办首事二人。是年九月,陆师来到安丘担山,试采银矿。

陆师在担山招募土商,共穿凿五个矿井,其中四个一无所获,只有一个挖出井沙二千六百一十九斤,经过锥凿筛碾、淘洗镕化,最后炼出白银二十五两八钱、铅九百七十斤。这种效益与兴师动众、车马劳费的大投入比较,可谓九牛一毛。正如陆师所言:

《安丘新志》所载《担山封矿记》

"其为利也，盖牛毛茧丝，其细已甚。"

在咨询了担山百姓意愿之后，陆师上书康熙帝，为安丘百姓请命："苟利国利民，变通随时，谁谓不可？就今日论之，工多而息少，利小而害大，愿开者一，愿闭者百，其当停封无疑。"此议得到山东巡抚李树德支持，也得到康熙帝允可。康熙五十九年秋，陆师着手封矿，期间依然遵循八项不扰民规定。封矿事竣，陆师勒石以纪，写下《担山封矿洞碑记》一文，字里行间体现着陆师爱民、重民的从政思想。

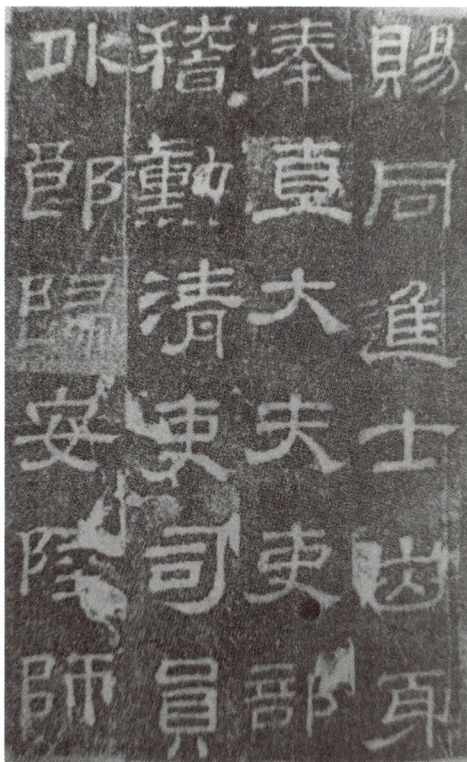

担山矿洞碑（局部）

为感谢陆师德政，安丘名士马长淑在陆师驻节安丘时便写了八十四韵五言长诗《上陆麒度先生》。雍正十三年（1735），安丘百姓修建陆公祠。乾隆帝五年（1740），马长淑刻印了陆师的《玉屏山樵诗文集》，《安丘新志》对此题注："归安陆师著，为封矿事有德于安丘，马长淑刻其集传之，所以报也。"道光十一年（1831），时任安丘训导何景镶倡领安丘百姓又重修陆公祠。

窦光鼐不畏权贵

窦光鼐（1720—1795），字符调，号东皋，生于诸城市箭口乡郭家埠村，后移居今安丘市景芝镇高家庄，死后亦葬于此。窦光鼐于乾隆帝七年（1742）中进士，一生历任庶吉士、编修、左中允、内阁学士、左副都御史、浙江学政、吏部侍郎、署光禄寺卿、宗人府府丞、礼部侍郎、左都御史等官职。

任职京师时，窦光鼐曾参与秋谳会审，因对两起案件意见不同而与刑部官员发生分

窦光鼐画像

歧。面对刑部众多官员的反对，他毫不畏惧，一显硬汉本色。最后，乾隆帝帝因顾及群臣脸面，只得下诏责骂窦光鼐意气用事，但仍顶住压力，令其留任，因为皇帝深知窦氏耿直个性，所以亦颇维护之。

虽有皇帝照顾，但窦光鼐因反对官场黑幕、揭发贪官等作为，常常将自己置于险地。在乾隆帝五十一年（1786）清查浙江亏空案中，时任浙江学政的窦光鼐上奏皇帝，举发浙江省仓库亏缺巨大，乾隆帝帝遂派三位钦差赴浙会同稽查。三位钦差秉"官官相护"之恶习，企图将此事大事化小，上奏称亏空并不严重。乾隆帝帝为进一步明晰事实，派元老重臣阿桂赴浙再查。阿桂到浙江后，也站到窦光鼐对立面上。窦光鼐既得罪了浙江当地大批官员，

窦光鼐墓碑

又与几位钦差大臣形成对峙，被逼入绝境。他坚持立场，毫不妥协，破釜沉舟，连夜奔赴距省城千里之外的平阳县，揪出部分官员的亏空赃证，一举扭转了原本不利于己的局势，终使贪官污吏得到惩处。

窦光鼐仕途之路坎坷异常，虽有满腹经纶，却屡屡因坚持己见、不肯同流合污而遭排挤、打击。面对逆境，他不改初衷，并有"不要性命、不要做官"之语以明心志。其做人、为官之风骨，不但颇受同僚赞许，亦令后人向往。

刘燿椿、李湘棻抗英

清代安丘文风大盛,科名奕奕,通过科举走上仕途者大有人在。他们饱读儒家经典,心怀"治国安邦平天下"之理想,对国家、民族乃至乡邦大都有所交代。其中最杰出者当推刘燿椿、李湘棻。上述两人在鸦片战争中所表现出来的爱国热忱和英勇精神,足可为安丘争光,让后世敬仰。

刘燿椿(1784—1858),字庄年,大汶河旅游开发区刘家王封村人,著名理学家刘源渌五世孙。嘉庆二十五年(1820)中进士,曾任翰林院庶吉士,安徽颍上、阜阳知县,六安、泗州知州,沪州、安庆、颍州知府和福建兴泉永道兼金厦(即金门、厦门)兵备道等职。刘燿椿"性峭直,不爱钱,不媚上官,除暴绥良,循声大著"。

颍上地处淮河流域,境内连年水患,百姓深受其害。刘燿椿担任颍上知县后,组织民众分离抗灾,并捐出俸银一千两。任职阜阳时,县内盗匪横行,他不计个人安危,大力清剿。百姓感恩,呼为"青天",并在他饮过水的山泉上建亭,名曰"刘泉"。升任六安知州后,他处理积案迅速公正,又捐俸银一千六百两修葺赓飏书院。任安庆知府时,他"捐俸金倡筑大堤",消除水患,百姓称为"刘堤"。

道光十八年(1838),刘燿椿被提升为福建兴泉永道兼金厦兵备道。有次

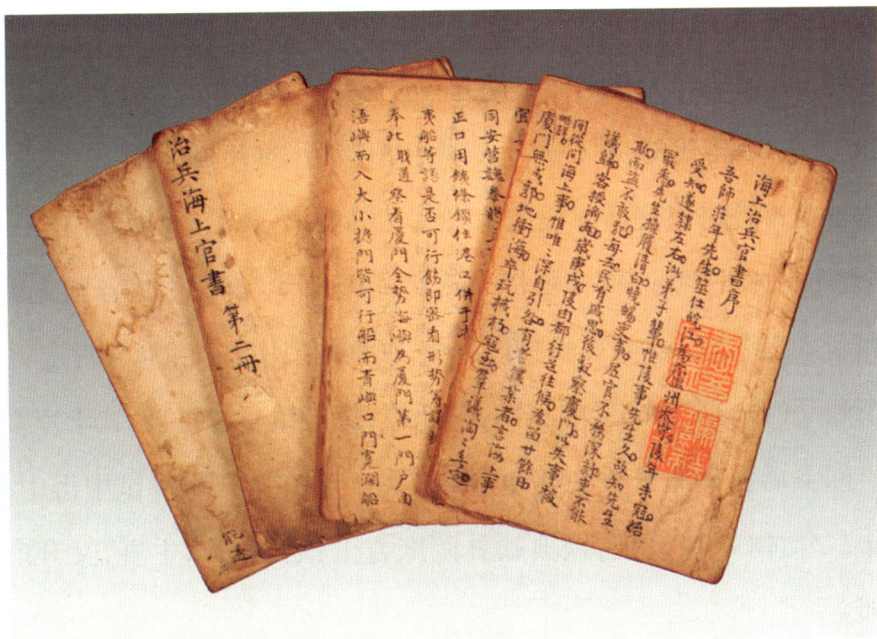

刘燿椿著作书影

英国商人偷运鸦片抵厦门码头，被刘燿椿查出，他严词拒绝英商重金贿赂，将鸦片全部沉于海底。又捐献俸银数千两，引进先进科技，造船造炮。1840年6月和7月，英舰两次猛攻厦门，他和水师提督陈介平身先士卒，率官兵浴血抵抗，击退英军。他还曾组织水勇数百人，伪装商船出洋，在南澳港火攻英国舰船，"歼其夷兵数十……夷船始窜遁"。1841年8月26日，英舰又攻厦门，刘燿椿随闽浙总督颜伯焘冒着密集炮火，亲临前线。守军斗志昂扬，死战不退。血战三四个小时，总兵江继芸战死，厦门不幸失守，刘燿椿随颜伯焘退守同安县，整顿军队，筹备火炮，征募新兵，团练乡勇。与此同时，刘燿椿还督同厦防同知顾教忠，深入厦门各乡，劝谕各乡绅者，晓以民族大义，积极配合官兵抗英。7月20日夜，刘燿椿亲率兵勇，渡水作战，收复厦门。

此后，刘燿椿升为四川按察使，到任即降为候补道，不久即罢职归里。听到林则徐被重新起用,他兴奋难抑,写信祝贺,并提出抗英之策。两人关系一向密切,刘燿椿曾为林则徐禁烟起草过公文。

20世纪80年代初,福建教育出版社出版了《鸦片战争人物传》一书,对刘燿椿抗英事迹讲述甚详。说他始终站在抗英第一线,"无愧厦门的'父母官'。特别是他怀着振兴国家的极大热忱,勇于革新,努力引进各国先进科技知识和新式工艺,实践'师夷长技以制夷',尤其值得赞扬和充分肯定。"

李湘棻(1798—1866),字云舫,号鹿樵,辉渠镇夏坡村人。二十岁乡试得副榜。回乡后在辛庄子教义学,同时攻读三年,在第二次乡试中得中举人。道光十二年(1832)中进士,钦典翰林院庶吉士,后授户部主事,又升广东司员外郎。

道光二十一年(1841),英军进犯广州,由靖逆将军奕山奏请,他随参赞大臣隆文赴粤襄赞军机。因功奖知府衔,并赏戴花翎。道光二十二年(1842)改授宁国府知府。其间获道光帝召见,他对答如流,道光帝勉励有加,提拔

李湘棻故居

李湘棻担任太常寺少卿,会同江南河道总督麟庆办理淮安、扬州一带防务,亲自带兵防堵江北。次年八月,特命署理漕运总督。他采取强有力措施,保证漕运畅通无阻。先后三次奏陈大江南北防务部署,以防外国侵扰。道光帝甚赞其议,不久实授他为漕运总督,兼任兵部侍郎、都察院右副都御史。

道光二十五年,他请假回家料理母丧,因事被御史袁甲三弹劾罢官。咸丰三年(1853)起用他帮办团练,赏还漕运总督衔。次年二月因防御太平军不力,再次罢官。经僧格林沁力保奏,暂留军营,经营日照合山矿务。咸丰八年,李湘棻调任天津,受礼部尚书瑞麟调遣,增修炮台,以御英法侵略。经瑞麟保奏,赏四品顶戴,并赏还花翎。同治四年(1865),他奉命回籍督办团练,与李莘遇率民众在留山上垒石筑圩拒防捻军。不久病故,恩赏二品封典,诰授资政大夫。

《中国火器史》中有一段文字涉及李湘棻:"清军的基本作战单位是漕运总督李湘棻建议的百人哨,每哨编十个小队,火器手和冷兵器手各半……作战时,按抬枪、鸟枪、冷兵器三个层次由远而近地杀伤敌军。"

马秀儒开仓济民

马秀儒字艺林，安丘城区东关人，系方志大家马步元之祖父，嘉庆二十四年（1819）乡试中举，道光十五年（1835）中进士，官至湖北布政使、代理巡抚。

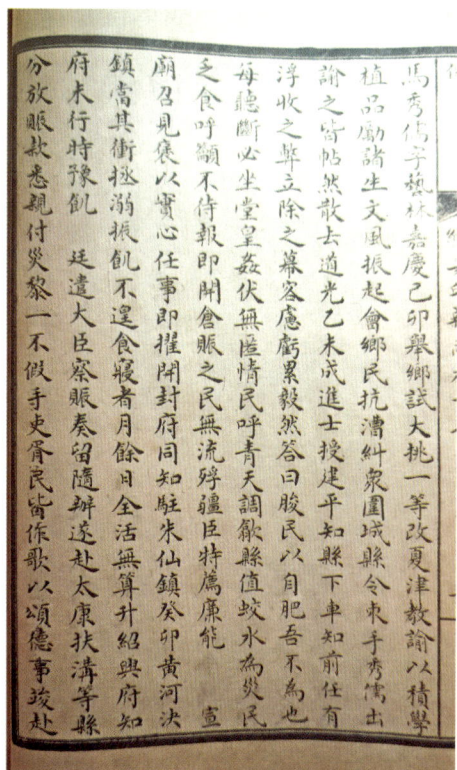

《安丘续新志》中关于马秀儒的记载

马秀儒中举后始任夏津县教谕。夏津西倚运河，系漕运重地。漕运虽有利于商品流通，但又是人民的一项沉重负担，特别是漕运徭役，征发既众，服役又长，以至耽误农时，终于激起民众抗议。知县束手无策，马秀儒出面劝导，晓以利害，乡民"帖然散去"。

马秀儒中进士后授建平知县。上任后得知前任知县有"浮收之弊"，他当即下令免除。幕僚劝他慎重，马秀儒毅然回答："盘剥百姓用以自肥，我不能这样干！"每次审理案件,他都端坐堂上,明辨是非,公正断案,百姓呼为青天。调歙县时正值大水成灾,民众粮食不济,他吁请上峰开仓放粮,不等上峰答复,就开仓济民,治下民众无一人饿死。事后,上峰不但没怪罪,反而以廉洁、有能力向朝廷推荐马秀儒。道光帝亲自召见,表扬他"实心任事",提升他为开封府同知,驻节朱仙镇。

道光二十三年(1843)黄河决口,他全力以赴拯救难民,宵衣旰食,长达月余,救活灾民无数,因功升绍兴府知府。尚未离任,河南大饥,朝廷派钦差大臣视察灾情,部署赈灾。钦差大臣上书朝廷,奏请马秀儒暂时留下随同办理赈灾事宜。马秀儒随即赶赴太康、扶沟等地发放赈灾款,他不假手部属,而是直接发给灾民。老百姓感恩戴德,作歌颂之。

赈灾结束,马秀儒赴浙江履新。不久升任四川成绵道道台,继而迁四川按察使,晋升湖北布政使。时武汉三镇为太平军所踞,马秀儒偕省府机关暂住襄阳。

咸丰六年(1856),朱中立聚众作乱,占据樊城,进逼襄阳。襄阳知府海顺惊慌失措,打算弃城而去。马秀儒当面痛责之,而后"集僚属绅民,激以大义,率众登陴,誓死固守",屡次打退朱部进攻。围困日久,城内粮饷匮乏,马秀儒慷慨解囊,"以充军实",守军士气大振。援兵到达时,马秀儒率部出城夹击,重创朱部。事后,马秀儒被朝廷赏戴花翎,襄阳绅民感激不尽,为他修建了生祠。清军收复武汉后,马秀儒偕省府机关由襄阳迁回武汉,绅民沿江相送者数十里不绝。咸丰七年,马秀儒曾短暂代理湖北巡抚,不久回本任,咸丰八年六月,因病辞官回乡。

回到安丘后,马秀儒住在东关"杉树底"宅中。当时捻军屡屡北窥,而安丘城"城垣久圮",难御兵锋,马秀儒深以为虑,多次倡修城墙,却未得有力响应。马秀儒次子马云逵"以城不可守,率族众筑堡于贾阁庄"。咸丰十一年，捻军攻破安丘城，杀戮甚重，县城附近唯贾阁庄因为马秀儒、马云逵父子率众筑起圩墙，得以保全。

马秀儒卒于同治三年（1864），享年七十六岁。著有《晚香堂诗集》《芸窗笔记》《宦浙杂记》等多部著作。

冯尔昌清廉自律

冯尔昌(1830—1898),字友文,号仲山,景芝镇南河西人。清咸丰五年(1855)乡试中举,同治二年(1863)恩科中进士,选庶吉士,散馆后授职编修。历任福建道、四川道监察御史,工科给事中,鸿胪寺、光禄寺、大理寺少卿,通政使司参议,内阁侍读学士,大理寺卿兼光禄寺卿,最后升至都察院左副都御史,诰授从一品荣禄大夫。

同治二年殿试,慈禧太后亲临考场选拔人才。当她听到唱名"冯尔昌"时,便想到"冯""逢"谐音,"尔"即"你","昌"乃昌盛之意,于是笑道:"冯尔昌——逢尔昌,逢到你就昌盛!这个名字好!"不久,任命冯尔昌为翰林院庶吉士。

两年后翰林院散馆,冯尔昌充

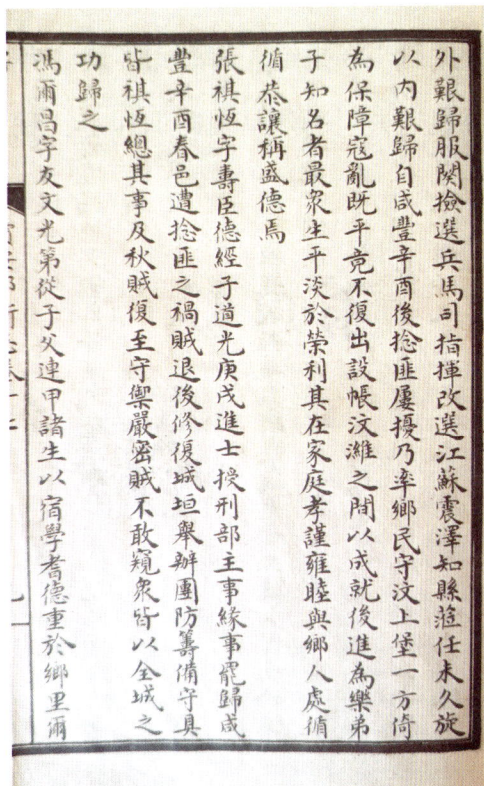

《安丘续新志》中关于冯尔昌的记载

任国史馆协修,编了七年国史。闻听冯尔昌才华横溢,做事干练,慈禧亲自召见,谈论治国安邦之策。冯尔昌回答:"治国者,人才也。为官者,清廉也。"从此取得了慈禧信任,屡屡提拔重用,多委以司法、监察机关官职,或让其充任科举考试选拔人才的监试、主考等要职。

清季吏治腐败,贿赂成风,科场更为严重,南方诸省尤甚。凡派去广东的学使,绝大多数贪污受贿。有一年乡试前,慈禧亲自提名,叫冯尔昌去广东充任学政。受职后,冯尔昌对随行人员下令:"路经府、县,尔等不得收受礼品,遇事禀报,违者严惩不贷。"冯尔昌到广东后,雷厉风行,斩钉截铁,杜绝了乡试中诸多弊端。

广东省南海县知县一心想调职,他知道冯尔昌在朝内说话有分量,便想找他从中予以沟通。当他到县界迎接尔昌时,随即呈上礼单,不料被冯尔昌的跟班当场拒绝。南海知县误认为冯尔昌嫌礼薄,回衙后把礼品增加一倍,寻机送去。冯尔昌当即训斥道:"我辈为官,应以国家为本,社稷为重,拯救

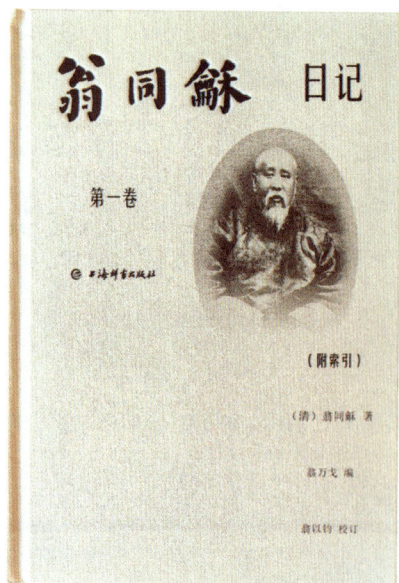

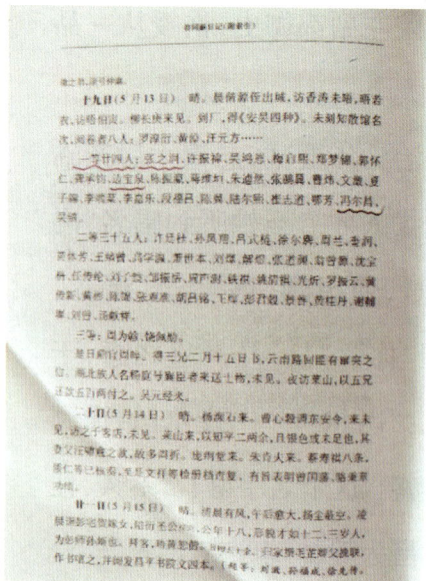

《翁同龢日记》中关于冯尔昌的记载

黎民于水火中,方不负圣上培育之恩,如此行贿受贿,国法不容,望你自重!勿陷己陷人于不义也!"南海知县唯唯谢罪而退,但他仍误认为这位上峰是不好意思当面收礼,在送冯尔昌回省时,仍将礼品抬到县境交界处,并跪地不起。冯尔昌心中一怔,正色道:"南海县,你有什么事过不去吗?"知县回答:"夷俗时有传入,灾荒连年发生,卑职无能,在此已不能胜任,望大人回京后,在圣上为卑职陈情。"冯尔昌虽然对南海知县再三送礼有些生气,但却对其处境深表同情,答应代其向朝廷陈述。

冯尔昌回京复旨,慈禧亲自召见。冯尔昌趁机替南海知县说了话。慈禧是个聪明人,话锋一转,故意问道:"冯爱卿,这次广东之行,够你喝一辈子粥了吧?"冯尔昌一听,慌忙跪下,叩头回禀道:"蒙老佛爷恩典,臣不敢妄为也!受人之托,不敢不为也!"慈禧太后道:"冯爱卿有信有义,又清正廉洁,真乃吾朝完人也!"因为这件事,冯尔昌更受慈禧太后信任,光绪十一年(1885),又奉旨出任江南正主考。

冯尔昌为官三十五载,心忧天下,公而忘私,尤为后人推崇。他一向严于家教,不准亲属子女奢侈浮华,更不准他们借其权势欺压乡里。鉴于冯尔昌在修撰国史方面成绩突出,同治九年(1870)钦赐"太史第"匾额一块。由于大门太小,无法悬挂,如果只建一座高大门楼,又跟原来低矮简陋的房舍不相称。无奈之下,冯尔昌才答应在修建门楼同时,新盖草房八间,五间当住所,三间为书房。

光绪二十四年(1898),冯尔昌上朝议事完毕后,回官邸途中突然"中风不语",不久即与世长辞。

第六章　孝义档案

毌丘长怒杀辱母醉汉

东汉时,安丘县有男子名叫毌丘长,事母至孝。一天,他随母亲赶集买东西,碰到一醉汉出言不逊,侮辱其母。毌丘长大怒,上前教训醉汉。醉汉借酒劲撒野。打斗中,毌丘长失手杀死醉汉。他自知犯法,便出逃外地。安丘县官衙得到报告,派人四处追捕,最后在胶东国将毌丘长抓获归案。

时吴佑任胶东国国相,他知道毌丘长被捉回去一定是死罪,于是命人将毌丘长带来,对他说:"儿子看到母亲受辱,气愤是人之常情。但是孝子在愤怒的时候也要有所顾虑,不能因此拖累母亲。现在你因为孝道而被激怒,在大庭广众之下杀人,如果赦免了你,则为国法所不容,若是处罚你,则又于心不忍啊!"毌丘长默默点头,垂首啜泣。

吴佑沉吟片刻,问毌丘长有没有

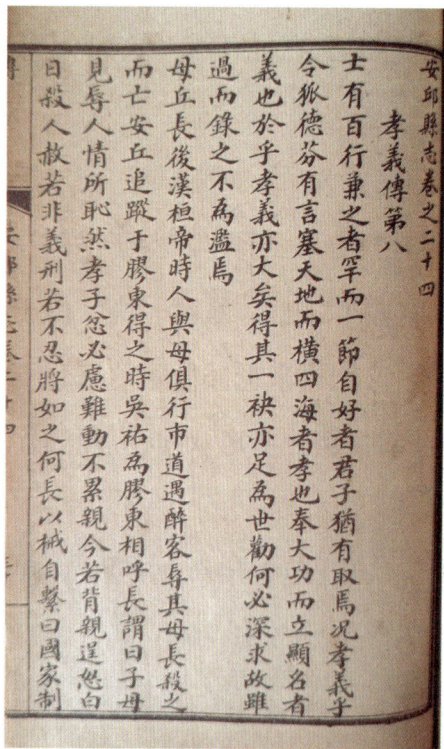

明万历《安丘县志》中关于毌丘长的记载

妻子,毌丘长回答说有妻无子。吴佑便命人将他妻子送来,安排他们同宿牢狱之中,直到他妻子怀有身孕才离开。

当时法律规定每年秋冬行刑。秋天至,毌丘长将要被处死。临刑前,毌丘长咬断手指,吞入腹中,留下誓言:"如果我的妻子生了儿子,就给他起名叫'吴生',并且告诉他,我临死吞指为誓,让儿子报答吴大人恩德。"

吴佑的做法得到百姓一致认可,经常有百姓将农产品送至吴佑府邸以表敬意。

王修、王衷祖孙

王修字叔治，北海郡营陵（今安丘市凌河镇）人，先后侍奉孔融、袁谭、曹操。官至大司农郎中令。

王修七岁时，母亲在社日这天去世。翌年，邻里于社日这天祭神，王修思念母亲，极度悲伤，放声大哭。邻里听到哭声，无不垂泪，因而停止祭神。

王修不仅至孝，而且忠义。他二十岁时到南阳游学，住在张奉家中。碰巧张奉全家人都患重病，亲戚邻居惧怕传染，无一人上门探望。王修心生怜悯，悉心照料，直到他们病好了才离开。

东汉初平年间，孔融任北海相，征召王修任主簿，代理高密令。高密孙氏素来强横任侠，其门客多次犯法，官吏无法捉拿。王修率官吏百姓包围孙家，孙氏抗拒防守，官吏百姓不敢靠近。王修下令："有敢不去攻打的人，和抢贼同罪。"孙氏害怕，遂交出罪犯。

王修被举为孝廉，他让与邴原，孔融不答应，因时局动荡，举孝廉一事暂停。不久，郡中有人谋反，王修连夜赶去。孔融对左右说："能冒险前来帮我的，只有王修了。"话音刚落，王修就赶到了。

王修代理胶东令时，有公沙卢宗族强盛，修筑营垒堑壕，对抗官府。王修亲率数骑冲进公沙卢家门，斩杀公沙卢兄弟，抚慰众人，一举扭转胶东之混乱局面。

袁谭在青州时,征召王修任治中从事,别驾刘献多次诋毁贬低王修。后刘献犯事当死,王修审理这件案子,刘献得以免去死罪。时人因此对王修大加赞扬。袁绍又征召王修任为即墨令,后又担任袁谭别驾。袁绍死,其二子袁谭、袁尚大打出手。袁尚攻打袁谭,王修前去救援。袁谭高兴地说:"保全我军的人,是王别驾啊。"未几,袁谭兵败身死,王修大声哭着说:"没有您我该归附谁呢?"于是去见曹操,说:"我蒙袁氏深厚恩情,若能收殓袁谭尸体,尔后被杀,则无遗憾。"曹操称赞其义气,同意其请求。

魏国(非曹丕所建之"魏")建立,王修任大司农郎中令。后严才反叛,率数十人攻打掖门。王修闻听事变,急率下属前去救援。曹操在铜爵台("爵""雀"通假)上望见,说:"来人一定是王叔治。"事后相国钟繇对王修说:"过去京城发生变故,九卿各自把守自己府宅。"王修说:"吃着朝廷俸禄,怎么能躲避祸难呢?"

王修鞠躬尽瘁,卒于官任。今凌河镇慈埠店子村东有王修墓,封土呈四方形,边长约二十米,高两米半,四周侧柏苍翠。向东五十米还有一古墓,传

双冢

为王修母亲之墓。古时墓北有座桃花山，因为王修侍母至孝，其母为人慈善，后人将桃花山改名慈母山。《后汉慈母王太夫人暨子青州别驾修之墓碑》载："奉常王修，孝子也。母丧过哀，邻里感而罢社，筑墓近山。山因以慈母名，后修亦葬此。"

王修之孙王裒也是著名孝子，可谓家风相传。

王裒（？—311）字伟元，西晋学者，善书。父亲王仪，高风亮节，文雅正直，在司马昭手下担任司马。东关战役失利，司马昭问众人："谁应该承担罪责？"王仪回答说："罪责在元帅身上。"司马昭大怒说："司马想把罪过加在我身上吗？"于是让人把他拉出去斩首。王裒从小品德高尚，按礼行事，胸怀洒脱。他身高八尺四寸，容貌出众，声音清亮，气质华贵，谈吐文雅，博学多才。因痛恨父亲被杀，王裒从不面西坐卧。朝廷多次征召，均断然拒绝，一直隐居教书。他在父亲墓旁建庐而居，常到墓前跪拜，攀上柏树悲声哀号，泪水洒落树上，树为之干枯。王裒母亲怕雷声，母亲死后，每次打雷，王裒就到母亲墓前说："儿子在此，母亲不要害怕。"读《诗经·蓼莪》读到"哀哀父母，生我劬劳"，总是痛哭流涕，他的学生怕老师伤心，干脆不读《蓼莪》一诗。后京城洛阳倾覆，贼寇蜂拥而起，亲族结伴南渡去江东避难。王裒因担心祖父母、父母坟茔被毁，不忍离去，终为贼寇所害。

尚仁孝义徐苗

　　徐苗（？—301），字叔胄，西晋高密淳于（今安丘县）人。"累世相承，皆以博士为郡守。"其曾祖父徐华品行高尚，曾在一亭舍留宿，晚上有神人告诉他"亭欲崩"，徐华刚跑出，亭舍即倒塌。其祖父徐邵担任过曹魏的尚书郎，清廉正直，为人称道。

　　徐苗少时家贫，白天田间耕作，夜晚吟诵经书。弱冠，受业于博士宋钧（济南人）。学成归里，开馆授徒。魏晋玄学盛行，儒林人士大都儒、道双修。徐苗以儒为主，以道为辅，刻苦钻研《易经》，著有《五经同异评》《玄微论》，"前后所造数万言，皆有义味"。郡察举孝廉，州辟从事、治中、别驾，举异行，公府五辟博士，他俱不应召。徐苗"性抗烈"，轻财贵义，兼有知人之鉴。其弟患口痈，溃烂生脓，徐苗用嘴吸

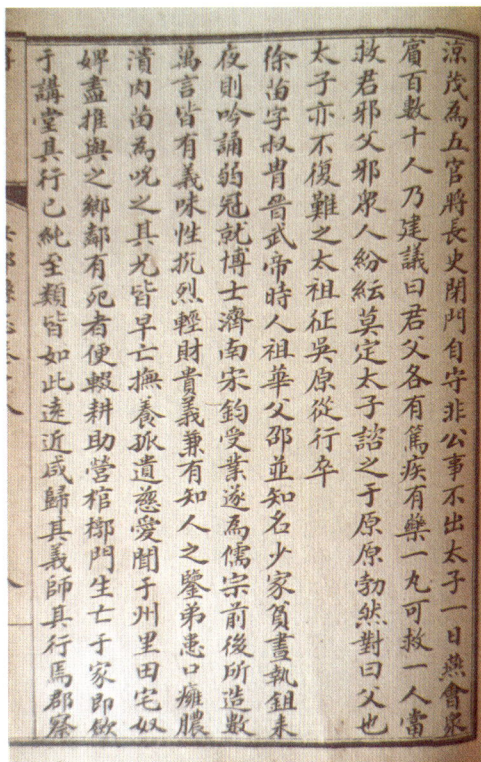

明万历《安丘县志》中关于徐苗的记载

吮脓水。其兄弟数人皆早亡,他抚养遗孤,"慈爱闻于州里,田宅奴婢尽推与之"。乡邻每有死者,他便停止耕作,帮忙修造棺椁。其学生在家中去世,他即收敛于讲堂。"其行己纯至,类皆如此,远近咸归其义,师其行焉。"

徐苗卒于永宁二年(302),临终留下遗言:"濯巾浣衣,榆棺杂砖,露车载尸,苇席瓦器而已。"

孙既与孝仁泉

孝仁泉位于石埠子镇孝仁泉村西、太平冈北麓。一湾清泉,水质甘醇,四季不涸。该泉得名于孝子孙既。

孙既字公侯,祖籍乐安,少年时迁居莒县太平冈(位于今安丘市石埠子镇)附近。其父孙应乾,唐玄宗天宝年间为青州骁骑都尉。安史之乱爆发,孙应乾参加平叛,屡立战功,不幸在一次战斗中阵亡。孙既跟随母亲找到父亲尸骸,葬于太平冈下。不久,其母因悲伤过度亦故去。孙既将父母合葬,在墓边搭一间草屋陪伴父母。过了数月,墓旁忽有泉水涌出。孙既渴了饮泉水,饿

孝仁泉

了去村中讨点干粮,不分昼夜,端坐墓前,追思父母深恩。由于悲伤过度,加上体弱多病,衣食不继,数年后亦卒。当地百姓念其纯孝,凑钱买棺木将其葬于父母坟墓之侧,并将墓旁山泉称为"孝源泉"。后来,又在泉北修建了孝子祠,后易名忠孝祠。

孝源泉又名孝人泉,后演变为孝仁泉,东北方不远一村落亦名孝仁泉。明刘朴有《孝源泉》诗曰:"公侯孝德出神鱼,一槛直流湛绿渠。怪得里人供伏腊,三时云汉片时舒。"

忠孝祠今已不存,唯有遗迹依稀可辨。祠前之孝源泉历经千年,犹汩汩不歇,大旱不涸,严寒不冰,潺潺东流,成为孝廉河的源头之一(另一源头系水帘沟)。

李沾代父死难

李沾字濡之,安丘峰山里(今辉渠镇夏坡村)人,是高士李迁梧的孙子,"为廪生,以孝友闻"。

崇祯十五年(1642),清军向明军大举进攻,连破济南及山东数州县,大肆屠杀、掳掠。官军草木皆兵,百姓惶恐不安。第二年,清军又返回安丘,驻扎县境月余,烧杀抢掠,"人烟几绝"。此时,为避战乱,李沾携家人逃进安丘西南群山。可是李沾的父亲因为年事已高,跋涉艰难,延缓了家人的步伐。李沾知道,这样下去势必会被清兵追上,阖家难逃荼毒,于是让两个儿子带着财物先走,他一个人留下陪同父亲。两个儿子不肯,纷纷要求留下陪同祖父。李沾郑重说:"无益也!

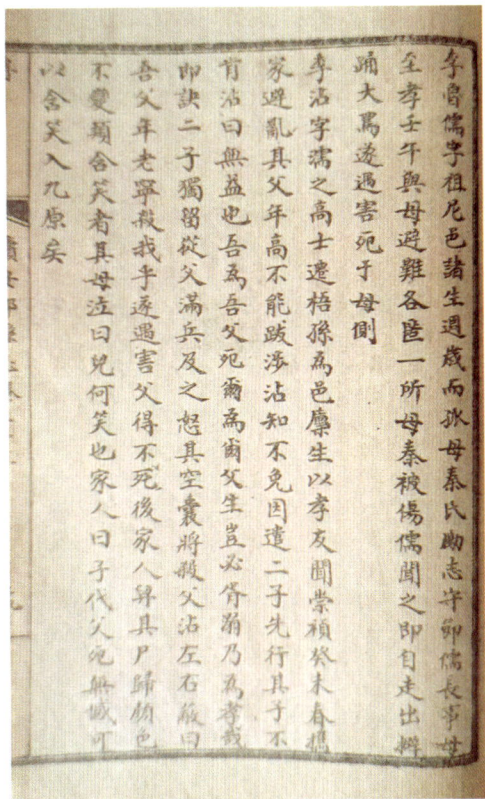

《续安丘县志》中关于李沾的记载

吾为吾父死,尔为尔父生,岂必胥溺乃为孝哉!"随即与两个儿子及其他家人诀别,自己搀扶着老父亲缓缓而行。不久,清兵追上来,因为没有劫掠到财物,不由得大怒,抽出利刃向李沾的父亲刺去。李沾拼命用身体遮护住父亲,挺胸对清兵说:"我父亲年事已高,恐怕不久于人世了,让我代替父亲去死吧!"清兵于是放过李沾的父亲,转而杀死李沾。

清兵离开后,家人将李沾的遗体抬回家中,见他"颜色不变,类含笑者"。母亲一边哭泣,一边用手抚摸着李沾的脸颊说:"儿何笑也?"家人及街坊邻居纷纷说:"子代父死,无憾,可以含笑入九原矣!"

"孝子善人"李宗道

李宗道，安丘崇仁里人。天性纯孝。壬午大变，母被兵执，将加白刃。李宗道用身体遮挡，自己身体五处受重伤。母亲得以幸免不死。经过救治，李宗道也苏醒过来，渐渐康复。李宗道在家中"奉二亲竭诚尽礼，每出入必稽首，乡党异之"。李宗道的父亲去世后，"弟侄辈各欲鬻产营葬"，李宗道阻止说："亲丧，固所自尽，但道居长，弟侄幼，去地无以养生，且群相鬻产，无乃伤吾父心乎？"于是，李宗道卖了自己的几亩地，厚葬了父亲，他自己也由此更加贫穷。但他"事母愈孝，凡遇甘脂（美食），不忍下咽，必求以啖母，虽称贷弗惜也"。随着母亲年事渐高，各种疾病接踵缠身。李宗道知道母亲或将一病不起，"昼

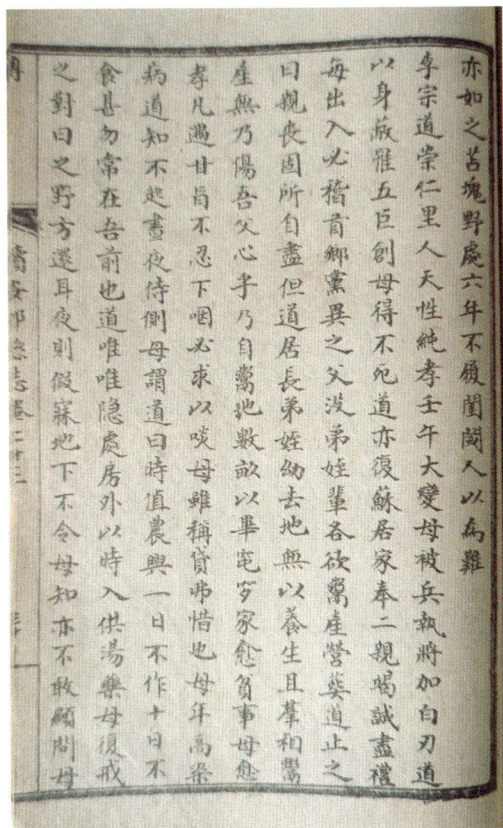

《续安丘县志》中关于李宗道的记载

夜侍侧"。母亲心疼儿子，语重心长道："时值农兴，一日不作，十日不食，甚勿在吾前也。"李宗道连声答应，悄悄躲在房外，不时进去送汤送药。母亲又告诫宗道不要总是守着自己，宗道回答说自己刚从田野里回来。夜幕降临，宗道就躺在母亲炕前假装睡觉，不让母亲知道，辗转反侧，偷偷听母亲的喘息声，以判断母亲的病情进展和身体状况。母亲去世后，宗道跪在母亲灵柩前昼夜号泣。母亲下葬当天，宗道就在母亲坟墓旁搭了一间草棚，白天去远处取土筑坟，晚上躺在草苫子上枕着土块睡觉，"三年足不至家"。"冬月，衣履不给，有佃李超借一被御寒，为人盗去，抵夜复送还，曰：'此孝子物，我始无良，不忍终贪也。'"

李宗道："平生惜字、掩骼、修桥、施茶、早完公税，善行不可悉数。知县胡公申上表其门曰：孝子善人。"

张玉纶万里寻亲

张玉纶是安丘舒角埠乡民，明崇祯十五年安丘发生壬午之难，张玉纶和父母一同被清兵掳入石埠寨隶属不同的主人。张玉纶因为年龄小，主人看管相对松懈，"纶探知父母所在，频往省视"。他父母每每见到儿子，总是偷偷叮嘱说，我两个被看管得很严，无法脱身，你想办法自己逃出去就行，不要牵挂我俩了。听到父母这样说，张玉纶哭着说："父母在此，儿将焉往?!"于是跟随父母数月，最后去了塞北兔儿山。

一天，母亲见到玉纶，将藏着衣服、鞋子的一个小包袱塞给他说："天气越来越冷，儿可以逃走了。"张玉纶执意不肯。不久，因为重新分营，张玉纶与父母失去联系，遂寻机逃出清军营寨，辗转返

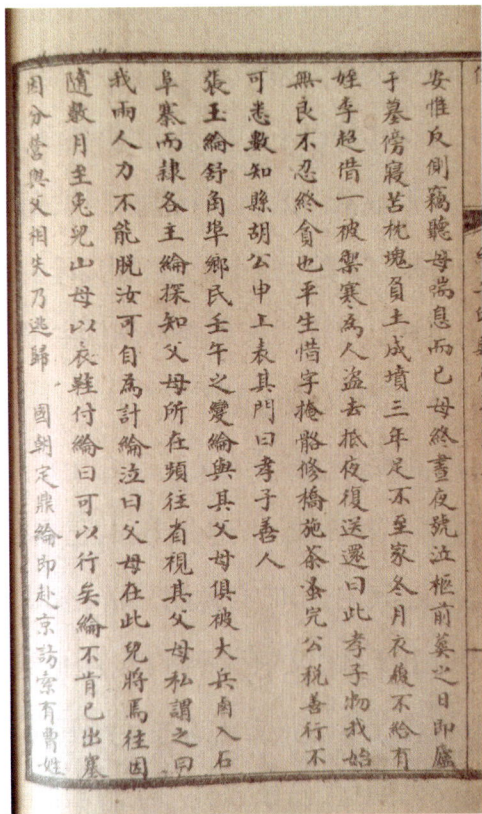

《续安丘县志》中关于张玉纶的记载

回安丘老家。

清朝定都北京后，有位姓曹的安丘人寄信给张玉纶，说当年十月张玉纶的父亲去了北京，张玉纶急忙打点行囊，去北京访寻。可是，当张玉纶到了北京，父亲已不知去向。张玉纶多方打听，始终没有音讯。两年之后，诸城县有位姓张的人从沈阳（县）返回，说张玉纶的父母在"广宁东羊肠河焦利宾弟恒德帐下"。张玉纶得知消息，随即出山海关，又北行八日，终于到了羊肠河，在那里见到了分别九年的父母。刚一见面，玉纶的母亲竟然认不出了自己的儿子，"谛视，乃相抱，泣下良久"。

因张玉纶的父母隶属旗人管辖，是旗人的奴仆，私自逃亡者要受严厉处分，所以张玉纶无法携父母返乡，团聚了一些日子后，他只得一个人怏怏回到安丘。因为心头牵挂父母，"惘然如不终日也"。翌年，张玉纶让弟弟去东北探视父母。弟弟到了羊肠河，没有见到父母，经四处打探，才知道父母此时已经移居白土厂。弟弟"由条子边外行数日而至，始见父母，良久而归"。

张玉纶闻讯，心中更加牵挂，每日里坐立不安。"次年，（张玉纶）复贷子钱峙粮，偕弟至白土厂，乞赎父母。其主索千金，然纶家无担石，不过困之使绝望耳。纶忧二亲衰老不能供主役，留弟在侧服劳，已先回，祷于灵山，誓斋素终身，俾父母得生还。"

越明年，张玉纶又赶赴白土厂，乞求为父母赎身。"（其主）索九百金"，"纶誓不独归故乡，遂命弟回，己自侍父母，佣作贸易为生。凡七年，日日哀恳。逢其主亲知，必跪而陈情，渐减至三百数，又至七十数。纶再三乞怜，后定以五十数。又中变不许赎。纶仰天号泣，闻者心伤。"利宾于是令他弟弟恒德再作让步。张玉纶这些年经营贸易，不浪费一文，业已积攒三十余金，"又有义姊助之，已如数矣。纶解衣跪进，袒裼而行。其主乃请于贝勒，投牒户部，给引回籍。"

"计纶在塞外九年,往返行二万余里,跋山涉水,冒暑冲寒,载饥载渴。人父人昆琐尾流离之状,忧愁抑郁之情,惟自知之,天地鬼神鉴之!而必非局外之人道听途说所能摹具万一者!"

张玉纶的父亲被掳走时五十二岁,返回故土时已经七十六岁,活到八十一岁得以善终。其母亲离开时四十四岁,归来时六十八岁,至七十九岁方辞世,夫妇两人合葬于舒角埠村。

名孝子韩同云

清朝道光年间，今安丘市石堆镇石人坡村出了一位遐迩闻名的大孝子，此人姓韩名同云，字雪齐。

韩同云尚未成年，父亲便因病早逝，母亲亦体弱多病。尽管命运坎坷，但他的孝心未曾有丝毫衰减，冬天就像孙香那样为母亲温席，盛夏为母亲打扇驱赶蚊虫，每日里对母亲嘘寒问暖；后来母亲病重，他寻医买药，悉心照料；母亲去世后，他按时俗在父母坟旁结庐守墓三年。这期间，他常用自己衫子的大襟，从远处的一块荒地上兜土，给父母坟墓添土。日复一日，那块荒地被他挖成了一个湾，长、宽各三丈，深约数尺。这个湾至今犹在，人们呼之"添土湾"。

三年守墓期间，韩同云没有一味沉溺于哀伤，而是利用闲暇时间温习功课，因为他知道：自己勤奋有为，才是对父母最大的孝。三年期满，韩同云被县学博士等人接回家。恰在这时，安丘某村发生了一桩凶杀案，有个叫李小牛的人竟然杀害自己的父亲，影响极坏。当地官府为推动教化，遂将韩同云立为道德楷模。道光十二年春，韩同云被举为大宾、孝廉，县里专门为他举办了乡饮大礼，在他家大门上高悬匾牌，上书"永言孝思"四个金字；又为他立碑表彰，碑文是"风木寒泉"，褒扬他犹如狂风中的树木和隆冬的温泉，不畏风寒艰苦，矢志不移地恪尽孝道。道光乙酉年，韩同云被钦赐副榜，成为岁贡，别称"岁进士"。

至孝曹士俊

曹士俊是安丘城东关人氏,生活在清朝中后期。曹士俊以孝闻名,其孝行还被载入《山东通志》。

曹士俊幼年丧父,由寡母一人将他抚养长大。其母刘氏粗通文字,从小就教导儿子读书识字,砥砺行节,把曹士俊培养得端庄稳重、精通经义,在县试科考中高居第一名。随后曹士俊准备去参加府试,从未经历儿子离家的刘氏因牵挂儿子以致寝食难安。曹士俊察知母亲心思,想到自己将来如果跻身仕途,必然要与母亲聚少离多,难以照应母亲饮食起居。于是,曹士俊决定不再参加科举考试,在家专心侍奉母亲,让操劳大半生的母亲能够享受天伦之乐。

曹士俊的母亲操劳惯了,晚年虽身体欠安,仍然不辍劳作。曹士俊屡次劝说,母亲就是不听。于是,遇到母亲忙于家务、农活,曹士俊一定扔下手头事务,陪伴母亲忙碌。曹士俊的母亲喜欢养蚕,每逢去采桑叶,曹士俊跟着去采桑叶;母亲若编蚕帘,曹士俊就跟着编蚕帘;母亲收蚕茧,曹士俊就跟着去收蚕茧;就连缫丝纺绩,曹士俊也全程跟随。这样做的结果就是,曹母因为疼惜儿子而不得不稍事休息。

曹会夫妇情深义重

清咸丰十一年(1861)阴历二月,捻军自潍县进入安丘,给当地民众带来了深重灾难。在这次兵乱中,安丘县男丁、妇女死难者各有数千人之多,有的壮怀激烈,有的惨绝人寰。其中以曹会妻子李氏之死尤其令人动容。

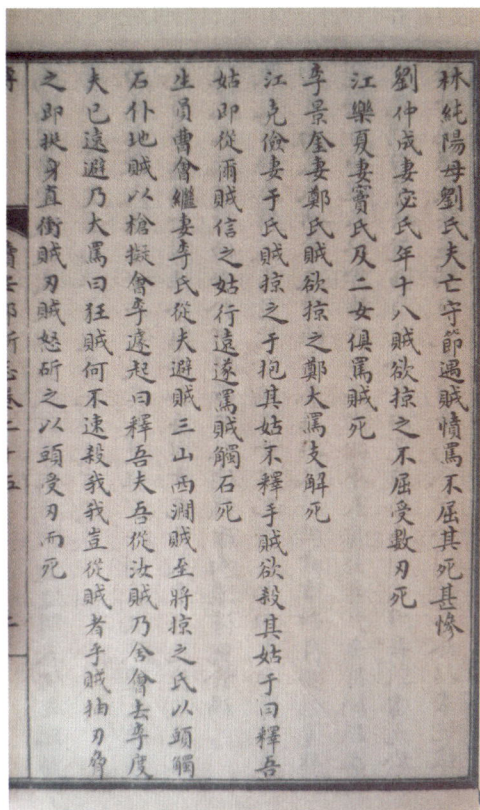

《续安丘新志》中关于曹会夫妇的记载

闻言捻军来犯,曹会夫妇等大批民众南逃至城南十五里处三山屯。未几,捻军人马杀到,曹会夫妇匆忙避难于西涧,不幸与一伙捻军相遇。捻兵想要劫掠李氏,李氏誓死不从,挣脱敌手,一头撞在一块石头上,随即昏厥在地。捻兵以为李氏已死,复用铁枪对着曹会,意欲行凶。不料此时李氏苏醒过来,对捻兵说:"放了我丈夫,我跟你们走。"捻兵大喜,扔下曹会,簇拥着李氏走了。走了一段路程,李氏估计丈夫应该安全脱身了，就对着捻兵大骂："狂贼，为什么不快点杀了我？我岂是能从贼人的人！"捻兵举着刀枪威胁李氏，没想到李氏挺身面对，毫不畏惧，依旧骂不绝口。捻兵大怒，残杀了李氏。

　　李氏罹难后，曹会深深被妻子的情义和气节所感动，遂厚葬妻子，并决意终身不再娶妻。抛却封建伦理道德中节烈的约束不论，李氏的贞烈勇敢，曹会对妻子之死的感恩与知己之念，均堪称人性亮点，超越了一般意义上封建伦理规范的时代局限。

第七章　战事档案

潍水之战

潍水今称潍河,亦称淮河,源于莒县箕屋山,流经莒县、沂水、五莲、诸城、高密,汇渠河注入峡山水库。潍水历史上曾是安丘县的一条重要河流。

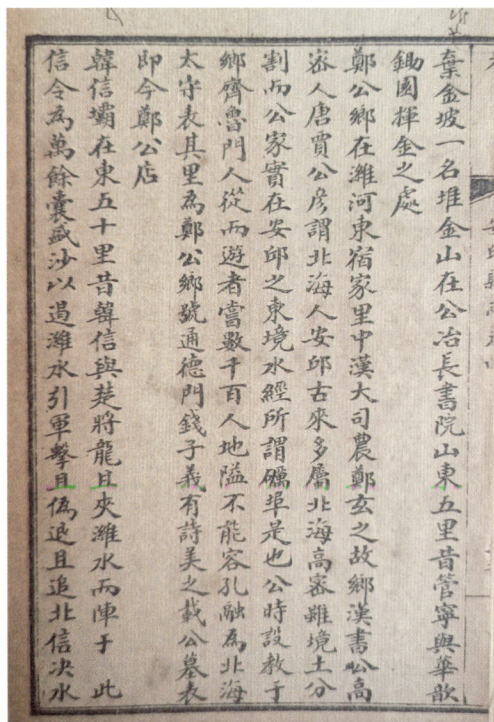

明万历《安丘县志》中关于潍水之战的记载

汉高祖四年(前203)十月,韩信率大军击败齐国历下守军,随即进军齐都临淄。齐王田广逃亡,遣人向楚求救。楚霸王项羽遣大将龙且率军救齐。十一月,二十万齐楚联军和五万汉军对峙于潍水两岸,大致地点在今安丘、诸城、高密、坊子交界的沿潍河狭长地带。面对兵力雄厚的齐楚联军,韩信巧妙利用潍水一带地势,令将士在潍水上游囊沙壅水,尔后纵军渡河进攻,并佯败后退。龙且认为韩信不支,挥军渡河追击。待追

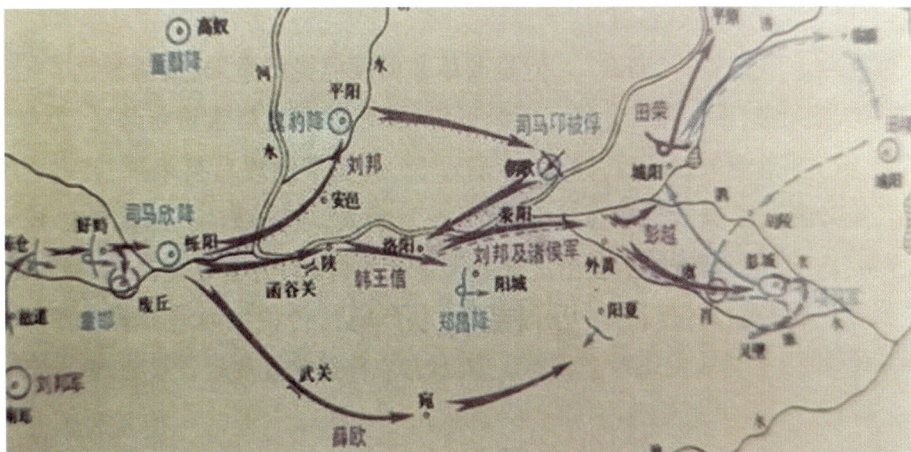

潍水之战示意图

兵渡过一半，韩信令决壅囊，巨浪奔泻而下，河中追兵尽为大水吞没。趁追兵惊慌失措，韩信迅速反击，斩杀龙且，阻留潍水东岸的联军四散奔逃。韩信渡河追至城阳，俘获田广，全部平定齐地。

潍水之战是中国历史上以少胜多的著名战例，也是韩信平定齐国最后一战。此战汉军全歼二十万齐楚联军，占领三齐之地，打破了楚汉之争的战略对峙态势。此战过后，项羽节节败退，再无能力灭汉；而刘邦则声势大振，掌控了战争主动权。

原安丘市南流镇、黄旗堡镇、赵戈镇、王家庄镇，今安丘市新安街道、石堆镇，有许多地名与潍水之战有关。南流镇西曹村有韩信屯兵的将军埠，赵戈镇石头崖村"点将台"遗址曾出土戈、矛等兵器，王家庄镇朱子村南盖公山、石堆镇阿洛村一带常有剑、戈、镞及人马遗骨出土。

姑幕城之战

姑幕故城位于石埠子镇石埠子村。《读史方舆纪要》载："莒州东北百六十里有姑幕故城,古为蒲姑氏国,汉置姑幕县。"《齐乘》载："姑幕城,商侯国,汉晋为县,姑幕在莒县东北百六十里。"《重修莒志》载："姑幕城,商侯国,为石埠之古城。由此可见,石埠子村确为姑幕故城。"

据实地调查,姑幕故城址长一千米,宽七百五十米,总面积七十五万平方米。村后断崖处暴露的文化层厚约一米半,有红烧土、灰土、陶片、瓦砾等。采集的标本有残瓦当、陶豆柄、残刀币等。村西两公里处有一座战国墓、六座汉墓等古墓群,均与姑幕城有关。村内有一眼古井,用汉砖砌成,现已将井口密封。村北二百米有一

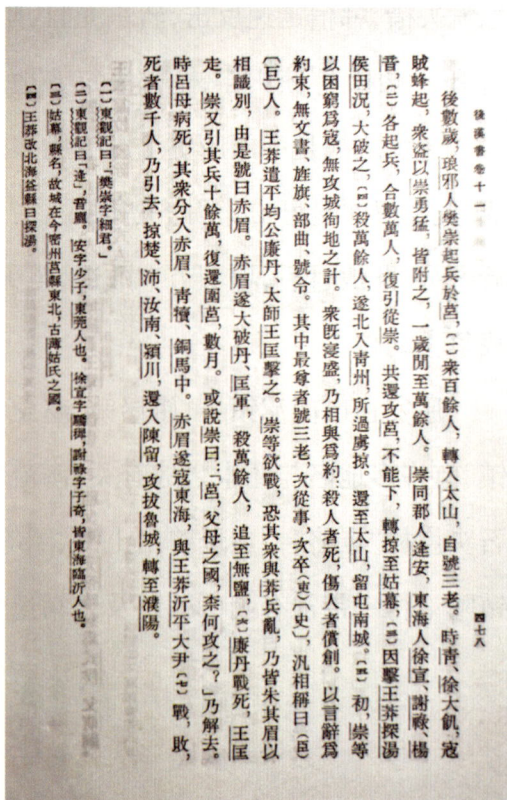

《后汉书》中关于姑幕城之战的记载

村名曰"城后",意谓在姑幕城北。

新朝成立,王莽推行"新政"。但是改革非但没能挽救危局,反而激化了社会矛盾,各地起义不断,致使天下大乱。天凤五年(18),琅琊人樊崇聚众起义,为与官军相区别,起义军皆用朱砂涂眉,称为"赤眉军"。起义军围攻莒县未果,转而进攻姑幕城。经浴血苦战,歼灭北海太守田旷军一万余人,攻陷城池。因此姑幕城又称"樊王城"。 古时,姑幕城屡为县治。北齐天保七年(556)并于东莞县,故城遂废。

石埠子镇葛布口村西北有一土岭俗称"驮尸岭",传说上面埋葬着众多攻打姑幕城战死的将士。考古发现岭上墓葬众多,日常农作经常发现尸骨及剑、镞等兵器。

夏长思起事

建武二十二年，北海安丘人夏长思聚众起事，囚北海郡太守处兴，占据营陵城（今昌乐东南）。明万历《安丘县志》载：夏长思"为邑大姓"。"大姓"即豪强地主，可见夏长思绝非寻常百姓。

夏长思起事后，琅琊太守李章首先得到消息，他不顾东汉政府"郡守不得越境发兵"之规定，随即发兵围剿。李章率部攻至营陵城下，招募勇士火烧城门，攻入城内。夏长思率众抵抗，血战竟日，终究寡不敌众，与部众三百多人一同被杀。李章在城内纵兵抢掠，"得牛马五百余头而还"。

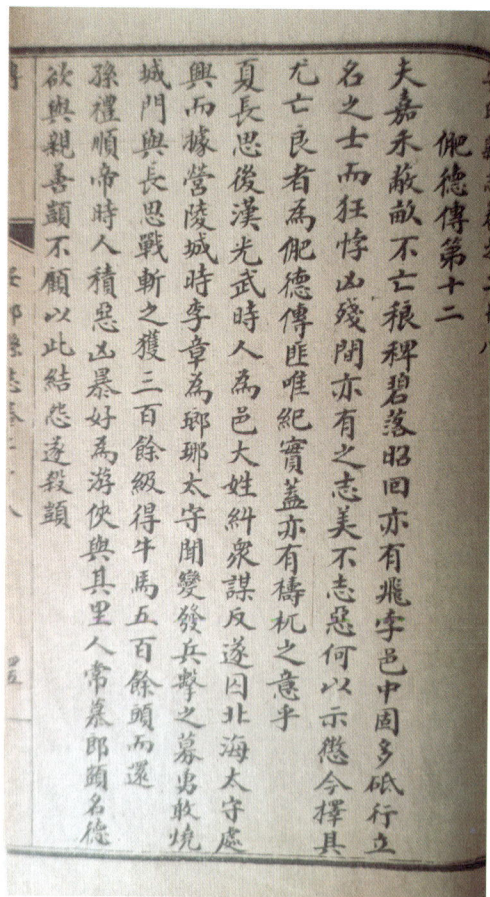

明万历《安丘县志》中关于
夏长思起事的记载

曹操东征讨管承

东汉建安六年(201),曹操派兵讨伐昌豨,数月未能得手。后来大将张辽只身上山劝降,终使昌豨归顺。不久,昌豨又跟活动于长广(今山东莱阳东)、淳于(原安丘市黄旗堡镇杞城村一带,今属坊子区)一带的管承遥相呼应,再次举兵反叛。

建安十一年八月,曹操复起兵清剿北起山东半岛南至东海郡的山东滨海地区。北线由曹操率乐进、李典讨伐管承,南线由于禁、臧霸、夏侯渊率兵进攻东海昌豨。曹操率部过关斩将,长驱直入淳于,派遣乐进、李典讨伐管承。管承势穷力蹙,率残部逃入海岛。昌豨走投无路,束手投降,被于禁斩于东海。山东沿海地区遂告平定。

曹操驻军淳于,整军备武,次年二月率军返回邺城(河北省临漳县西南十三公里的漳河北岸)后,作《封功臣令》,封功臣二十余人为列侯。东征之役彻底解除了关内忧患,是一次关系大局的军事行动,对曹操集团而言意义重大。

东汉朝野也对曹操东征"海贼"赞赏有加。《后汉纪校注》卷第三十载:"(建安)十八年夏五月丙申,天子使御史大夫卢持节策(一作册)命曹操为公曰:'……袁谭、高幹咸枭其首,海盗奔迸,黑山顺轨、此又君之功也 。'"这里的"海盗奔迸",就是指曹操东征管承大获全胜这件事。

刘裕征战安丘

宋武帝刘裕

留山始称刘山。《太平寰宇记》云："刘裕平南燕之日停军此山，因以为名。"后演变为留山。该山地处凌河、辉渠两镇交界处，海拔四百四十一点九米，"峰峦九出"，高大雄阔。

东晋义熙五年（409），南燕皇帝慕容超派兵入侵东晋，刘裕上书请战。是年四月十一，刘裕率军北上，乘舟过淮水入泗水。五月初，抵达下邳（今江苏睢宁）。将士登陆徒步行军，沿琅琊（今山东胶南）经东武（今诸城）直指广固。间至留山驻军休整，犒赏三军，安抚民众。

此间刘裕发现山上有种植物能疗伤止血，令部下采摘备用，后人命名为"刘寄奴"。六月十二，东晋大军过大岘山，与燕军在临朐以南开战。六月十九，攻克广固外城。翌年二月初五夺取全城，生擒慕容超，押送建康处死。刘裕攻灭南燕，为东晋立下汗马功劳，可谓日后登基之开篇。

　　为纪念刘裕功德,自唐代始,当地百姓就在留山北侧山脚立庙祭祀,大体位置在今辉渠镇东旧庙、西旧庙两村处。后该庙废圮,又在山顶修建秀云观(系道教正一派道观,主建筑之一即刘裕庙)。经明清两朝多次扩建,至清末民初达到鼎盛。每逢农历三月三庙会,四五千名香客云集于此,盘山道上,游人不绝。抗战中期,秀云观毁于兵燹,幸存之九株六百多年树龄的古柏,亦于"文革"期间被伐。

张须陀潍水破王薄

611年10月，邹平（今山东邹平北）人王薄聚众起事，以长白山（今山东邹平西南会仙山）为根据地，举义反隋。王薄自称"知世郎"，又作《无向辽东浪死歌》，号召民众不去辽东打高丽送死，"避征役者多往归之"，很快就聚结人马数万，官军多次围剿无果。

613年3月，齐郡丞张须陀率兵征讨王薄。两军战于泰山之下。"薄恃其骤胜，不设备；须陀掩击，大破之。薄收馀兵北渡河，须陀追击于临邑，又破之。"王薄率余部渡黄河北上，联合孙宣雅、郝孝德等十馀万攻章丘，"须陀帅步骑二万击之，贼众大败"。

王薄引军南下，联合郭方预等部攻陷北海（今安丘、昌乐、潍坊一带），大掠而去。张须陀对部属说：

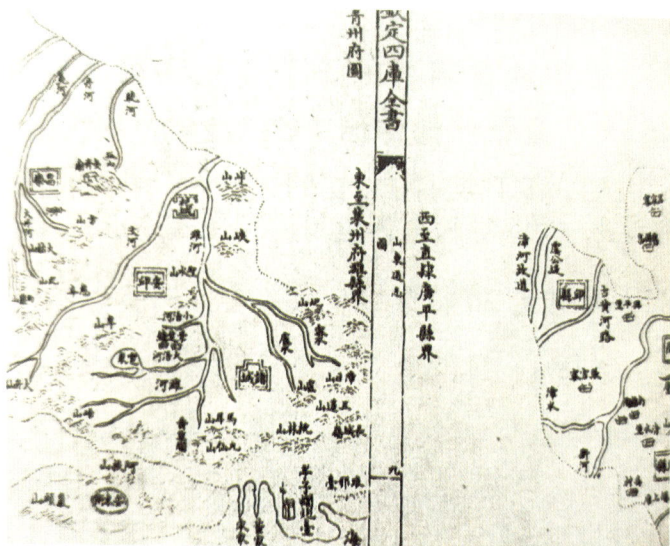

《四库全书》中的潍河

"贼恃其强,谓我不能救。吾今速行,破之必矣!""乃简精兵倍道进击",在潍水西岸追上王薄军。张须陀引兵奋击,大破之,斩数万级,缴获辎重、粮秣不可胜计。

据《资治通鉴》载:"历城罗士信,年十四,从须陀击贼于潍水上。贼始布陈(阵),士信驰至陈(阵)前,刺杀数人,斩一人首,掷空中,以槊盛之,揭以略陈;贼徒愕眙,莫敢近。"

辅唐之战

唐末皇权式微,各路军阀相互混战,国无宁日。当时安丘县名叫"辅唐",隶属密州。

天复元年(901),唐昭宗被当权宦官韩全诲挟持至军阀李茂贞统治下的凤翔。宣武节度使朱全忠率师来夺,包围凤翔。天复三年初,韩全诲与李茂贞矫诏天下兵马入援。平卢节度使(治所在青州)王师范密令部下诸将袭击朱全忠后方,但派出的将领大都被朱全忠生擒,只有刘鄩以偏师攻陷兖州。朱全忠闻讯,于三月十七日返回大梁,三月二十七日,亲率宣武、宣义、天平、护国四镇及魏博兵十万东进。王师范自知不敌,急向淮南节度使杨行密求援。四月二十五日,杨行密派部将王茂章率步骑七千往援。朱全忠部将朱友宁在齐州(治今山东济南)、兖州击败王师范军队,乘胜攻打博昌(山东博兴),迟迟未克。五月,朱全忠派刘捍前往督战。朱友宁驱壮丁十余万到城南修筑土山,随后攻入城中,尽屠城中军民,继而攻克临淄,进抵青州城下,又分兵进攻登、莱二州。这时王茂章会同王师范弟莱州刺史王师海攻取密州(治今山东诸城),杀依附朱全忠的刺史刘康乂。六月初六,朱友宁部攻取登州,王师范率登、莱二州兵在石楼(今山东临淄)设置两道栅栏,抵抗朱友宁进攻。激战中,朱友宁马失前蹄,被王师范部将张土枭斩杀,全军溃败。王师范、王茂章两军追至弥河,俘斩万余。

朱全忠得悉噩耗,亲率二十万大军于七月十四日进抵临朐,随即进攻青州,大败王师范。王茂章闭垒不出,等汴军略有松懈,即率众毁栅冲出,驰驱疾攻。天近黄昏,朱全忠军退回营寨。王茂章当晚亦退往淮南。朱全忠遣杨师厚率兵追击,一直追到辅唐城。两军摆开战场,杀得天昏地暗。王茂章见形势危急,不敢恋战,令先锋指挥使李虔裕率五百骑兵殿后,掩护主力撤退。辅唐城一战,淮南军阵亡千余,李虔裕遭杨师厚擒杀,朱全忠军乘胜攻下密州。是年十一月,王师范率师投降朱全忠。

崇祯壬午之难

崇祯十五年(1642),论干支为壬午年,是年清军向明军大举进攻,连克松山、塔山。农历十一月初,清兵入蓟州,连破济南及山东数州县,大肆屠杀、掳掠。官军草木皆兵,百姓惶恐不安。

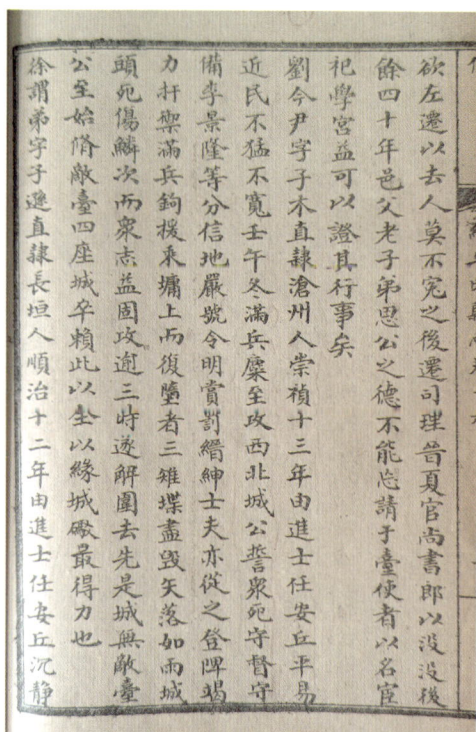

《续安丘县志》中关于崇祯壬午之难的记载

此时的安丘知县为直隶沧州人刘今尹,他于崇祯十五年以进士身份担任安丘知县。"时诏天下甓城(用砖砌城墙)",刘今尹"以邑瘠",在崇祯十四年冬,"筑敌台四座并于三城门外、四角楼下各甓数丈报命"。尽管他爱惜民力,不愿大兴土木"甓城",但鉴于当时的严峻形势,他还是积极动员士民,加强战备,以防不测。安丘名士张继伦(张贞之父)急公好义,挺身而出,"佐县令篡严城守,寝食城头数阅月"。此时,担任箭付守备的本县人李景隆刚从东莱(今烟台一带)回乡。李景隆任侠尚气,精通阵法,胆识过人。在东莱当兵时,恰逢军人叛乱,势头正猛,"隆率其党七十余人,持挺突穿贼营,击杀甚众。监军惊其胆勇,授箚付守备"。得悉李景隆回乡,"邑人请于当事,加都司衔,委练土兵防御"。

清军将至,安丘城内人心惶惶,不少人打算远走避祸。在李景隆、张继伦等人鼓动、支持下,刘今尹召集阖城绅士商议守城事宜。众绅士或捐金,或献粮,慷慨解囊。其中张继伦倾尽家产"治战守器,不足则售郭庄别墅,得两千余金,悉供其费";刘如桐捐银四百两、粟三百石。随着局势越来越紧张,城外数千居民涌入城中。李景隆挑选健壮者协助守城,人心遂大定,"诸父老子弟咸歃血城隍庙",誓死坚守!唯生员刘如檎依旧守在城外世母(伯母)墓所,人劝其暂时进城躲避,刘如檎说:"不用劝,若清兵来,我就死在这里!"家人哭着拽他,也不为所动。刘如檎安泰里人,"天性孝友,见义必为",幼年丧母,由世母徐氏养育长大,徐氏去世,他服丧,行"齐衰"之礼,"足迹不逾兆域"。

刘今尹闻听此事,于农历十二月初十派人请他进城,共商守城大计。刘如檎昂然道:"这是大事,不能再用服丧作为借口了!"遂进城面见刘今尹,相与坐谈达旦。此后,刘如檎率族众数十人日夜巡逻城头,刘今尹对他甚为倚重,"有谋必咨之"。

农历十二月十五黎明时分,数千清军麇集安丘城下,猛攻西北隅。清军认为安丘城是土城墙,一鼓作气即可攻破。刘今尹仗剑登上城头,誓众死守。李景隆、张继伦、刘如檎等人"分信地、严号令、明赏罚",率部下或族众沉着应战。城头上刀光剑影,战鼓咚咚,杀声震天。清兵"蚁附上,发矢如雨"。李景隆被流矢贯肘,颊面中三矢,"气益厉,大呼'齐击!'"刘如檎与李景隆意气相投,"挺身挡之,眦尽裂",亦大呼"齐击"。由是阖城官吏民众"齐擎众皆贾勇鏖战""鼓舞争先,无不以一当百。"

鏖战移时,清兵"钩援乘埔,上而复堕者三,雉堞尽毁,矢落如雨。城头死伤鳞次,而众志益固"。清将见刘如楠在城头往来奔波,令神射手突施冷箭。刘如楠猝不及防,额头中箭,血流如注,倒在雉堞上。其侄子刘方平不顾身中数箭,上前扶起刘如楠,欲拔除他额头箭镞。刘如楠尚清醒,厉声道:"无顾我!城且危矣!"众人抬他回家,次日申时辞世,年仅四十八岁。此时清军攻城"已逾三时,知不可拔,遂解围去"。战后,刘今尹历数守城功臣,认为第一个就是刘如楠,叹息说:"全城之功,刘生载半去矣!"

壬午之难中,安丘城中张马曹刘诸大族与阖城民众义无反顾、慷慨赴难,仅刘氏家族就有族人六十余、家丁三百二十余人登城"拼生拒敌",非死即伤。事后安丘城流传民谣:"刘家父子多英隽,个个文人似武生。"

第二年,清军又返回安丘,驻扎县境月余,烧杀抢掠,"人烟几绝,逢王等村罹祸尤甚"。

第八章　灾乱档案

正德辛未土寇陷城

正德时期,军备废弛,社会动荡,安丘一带常有土寇出没,其中一股头领名叫齐彦明。有一次,齐彦明率部进犯安丘城,知县王敬之率众竭力抵抗,将其击退。齐彦明心犹不甘,逡巡城外,择机再攻。安丘人周讷夜缒而出,面见齐彦明,"与语为内应",并约定好日期。正德六年(1511),论干支则为辛未年,是年春正月初十,齐彦明部复至。周讷"果从城上垂缳引之"。土寇进入城内,大肆杀掠,随处放火,百姓极度惊恐,四散逃命。

城内王者奉的女儿王九栗,年方及笄,与邻居韩鸾的女儿打扮成男人装束,希望得以逃脱,不幸被一群狡猾的土寇识破,他们淫心辄起,九栗不从,大呼曰:"狗贼,吾岂为尔辱也?"土

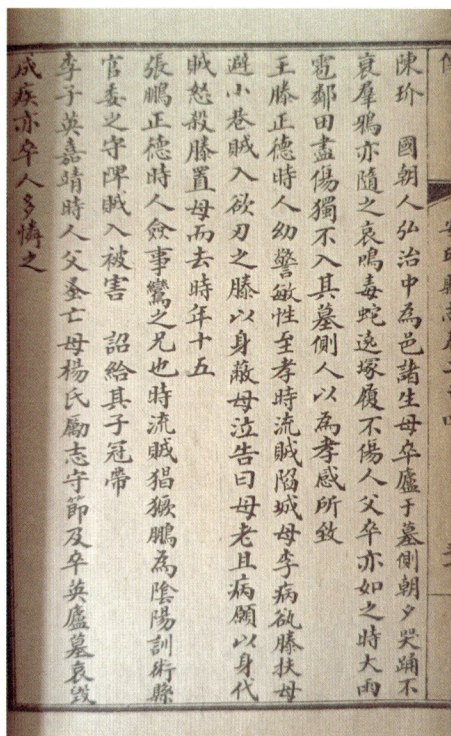

明万历《安丘县志》中关于
正德辛未土寇陷城的部分记载

寇拔出利剑,在九栗胸口比画。九栗毫不畏惧,骂不绝口,遂被"碎尸而死"。

城内一少年名叫王滕,年仅十五岁,"幼警敏,性至孝"。因母亲李氏病重,王滕忧心忡忡,寝食不安,多日来一直给母亲送汤喂药,须臾不离。闻听城破,王滕扶母亲出门,躲在一条小巷中。土寇发现后,上前索取财物。王滕母亲说出门逃难,没带财物。土寇大怒,举刀"欲刃之"。王滕用身体护住母亲,泣告曰:"母老且病,愿以身代。"土寇丧心病狂,杀死王滕母子,扬长而去。

安丘城遭此横祸,内奸周讷是罪魁祸首,其行径无耻至极,"贼亦恶之",入城不久即将其杀死。天明,官军闻讯前来清剿,齐彦明率部众仓皇逃走。

万历乙卯大饥荒

万历四十年（1612）、四十一年、四十二年，连续三年大雨成灾。四十年秋，"霪雨连月不休，平地水深三尺。凡近河居民庐舍田禾漂没殆尽"。四十一年秋七月，"大雨滂沱数日，忽起大风，入夜愈甚，墙摧屋坏，禾偃木拔……"四十二年秋，又"霪雨六十余日"。大涝过后必有大旱。万历四十三年（1615）论干支为乙卯年，是年夏，数月无雨，旱蝗接踵而至，夏粮、秋粮颗粒无收。因为连年水灾，粮食歉收，没有积余，所以大饥荒随即暴发。"粟价涌贵（斗粟三百钱），民刮木皮和糠秕而食，林木为之一尽。饿死者道相枕藉，乃有割尸肉而食者。"既而将自己死去亲人的尸体"递相食，法不能止"。这时候，"又有奸民掠卖男女兴贩（贩卖）远方辄获重利，谓之'贩稍'。往来络绎，道路不绝，哭号之声震动天地。周岁之

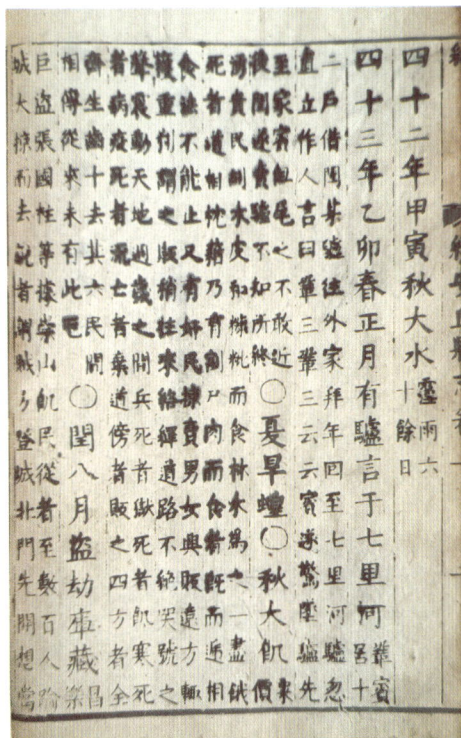

《续安丘县志》中关于万历乙卯大饥荒的记载

间,兵死者、狱死者、饥寒死者、疫病死者、流亡者、弃道旁者、贩之四方者全齐,生齿十去其六。"这是迄今为止安丘历史上由天灾引起的损失最惨重的一次大饥荒,可谓千年不遇。

　　大饥荒发生后,尽管明朝政治混乱,财力匮乏,从中央到地方还是采取诸多措施。明政府命莱州府同知赵可行兼任安丘知县,以加大赈饥力度。万历四十四年,明神宗派御史过庭训赴山东赈饥。过庭训为人方正、务实,他条陈荒政事宜,皆切实可行,截留漕米四十万石备赈,使富商大户不敢囤积,竞相出粜,又亲临灾情最严重的泰安、安丘,"赉帑金并发仓粟拯济""民得少苏"。

崇祯甲申之乱

崇祯十七年（1644）论干支为甲申年，是年春三月，安丘境内骤起大风，"黑气蒙蔽，如在暗室，彼此不能辨"。此时北京城已陷李自成大顺军重围。是月十七日，大顺军环攻九门。因城内鼠疫流行，守军丧失战斗力，翌日大顺军占领外城，十九日晨，又攻破内城。崇祯帝敲钟召集百官，竟无一人响应，遂与太监王承恩入内苑，对缢煤山（今景山）寿皇亭树下。大顺军占据北京后，明朝山海关守将吴三桂决意归顺，不久反叛。李自成御驾亲征。山海关一战，吴三桂引清军主力入关，大顺军腹背受敌，战斗失利，被迫退出北京。

在此之前，大顺政权选派刘宪卿担任安丘知县。刘宪卿到任后，"呼犒急遽"，县人惶恐不安。未几，清摄政王多尔衮统兵入关，李自成败走北京。消息传来，县内秩序大乱，豪强纷纷起事，各聚众数千，彼此攻掠。郚山镇泥沟子村乡宦刘运隆（字雪心，崇祯七年进士，曾任渭南知县）"以贪斥居乡，更骄淫不法，为桑梓所侧目"，赵承运部前去攻打，"比屋响应，各负束薪罗岑楼下，甫举火而熛已彻楣，阖门三百余口立成煨烬。"

全县大乱之时，李景隆出头倡议"内诛伪官，外拒土寇"。县人群起响应，诛杀刘宪卿，修筑城墙，加固城防。"邑中旧有兵三百，至是增甲益校至千二百人。"多支武装数次攻打县城，李景隆率阖城兵民死守，方得保全。"又以四境不靖,奸宄时发,为遣游侦、设斥堠,以伺其动静,蠢动甫形,即揃刈之,勿使滋蔓。"《续安丘县志》载:"蕞尔孤城,始终无恙,景隆之力也。"

八月,清安丘署县事(代理知县)贾赟率兵到任,在四乡张贴安民告示,安丘遂归属清朝。因李景隆深孚众望,贾赟十分忌惮,加上对他在壬午之难中的表现耿耿于怀,遂"以有反状白上官"。上官听信谗言,设计将李景隆诱杀。

康熙戊申大地震

康熙七年（1668，论干支为戊申年）农历六月十七戌时（十九点至二十一点），"空中有声訇訇若雷，又若万马奔腾屋上。须臾，垣墉乱堕，栋宇齐倾。继而地动山摇，城垣尽毁，房屋大半倒塌，号泣声自宵达旦，人皆蹴块蹈礓，无所置足"。天亮后可以看到，安丘城一片瓦砾，参差数百人家皆成废墟；地面上裂缝纵横交错，宽达丈余，深不可测。县城之外各村惨象大略如此，更兼井泉干涸，山体滑坡。地震次日，传言大水将至，城内百姓仓皇逃往高处，城郭空无一人，傍晚方归。此后三天，暴雨如注，洪水滔滔，淹没田庐，冲走牲畜，安丘西乡受灾尤重。其间余震接二连三，虽存少许草屋，但人们惊恐不安，不敢进入，与失穴狐兔无异。据推算，这次地震震级为八

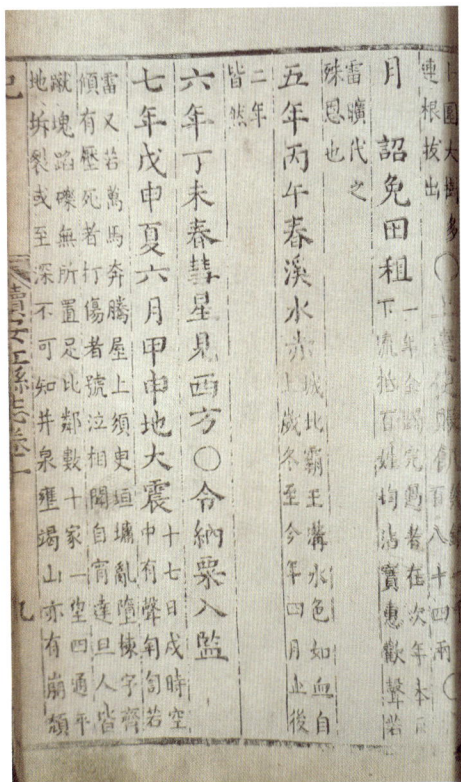

《续安丘县志》中关于康熙戊申大地震的记载

点五级,震中在山东郯城,虽距安丘较远,但造成的破坏却极为严重,"盖自有渠丘(表述有误,原文如此)以来不经见之奇祸也"。

地震发生后,时任知县任周鼎寝食不安,夙夜忧叹,竭尽所能组织赈灾。是年八月,任周鼎"量移威州",安丘"士民攀辕堕泪,若失慈母焉"。官于宣临危受命,继任安丘知县,首先革除"鞘费"(正供之外,另输鞘费,作为起运钱粮之需,系沿袭多年的陈规陋习,加重了百姓负担),又深入民间,调查灾情,上报朝廷。

是年十月,康熙帝下诏,"免灾伤田租之二"。安丘县共有水淹地七百余顷,"十蠲其二",共免银五百三十两;以地震后人民死伤,庐舍倾覆,将本年钱粮"十蠲其二",共免银七千四百五十余两。是年十一月,康熙帝又下诏赈饥,先发官俸钱三百贯并常平仓存谷二百一十七石赈济饥民一千一百余人,又两次拨银一千二百二十五两,令巡海道戴圣聪亲至安丘城和景芝镇,赈济灾民三千三百多人。

是年农历七月、八月,翌年正月、二月、九月,又发生多次地震。此后五年内,安丘境内共发生地震不下十余次,给民众造成了极大的物质损失和心理恐慌。

捻军过安丘

"天京事变"后,洪秀全封捻军大头领张乐行为沃王。因为这层关系,北方人常将捻军混称"长毛"(恢复汉民蓄发)。捻军踪迹波及皖、鲁、豫、苏、陕等十个省区,有力地配合了太平天国和北方各地人民起义,给清廷以沉重打击。捻军在长期征战中,形成了一套独特的流动战法,常能克敌制胜。但捻军领导者目光短浅,军事上实行流寇主义,忽视建立巩固根据地,导致补给困难,只好用武力"打粮"。这一做法的后果是招致百姓越来越强烈的反抗,为最后失败埋下伏笔。咸丰十一年(1861)、同治六年(1867),捻军数度进出安丘"打粮",安丘人俗称"过毛子"、"长毛反"。

早在咸丰三年(1853),太平军占据金陵后,咸丰帝就"谕士民团练"。

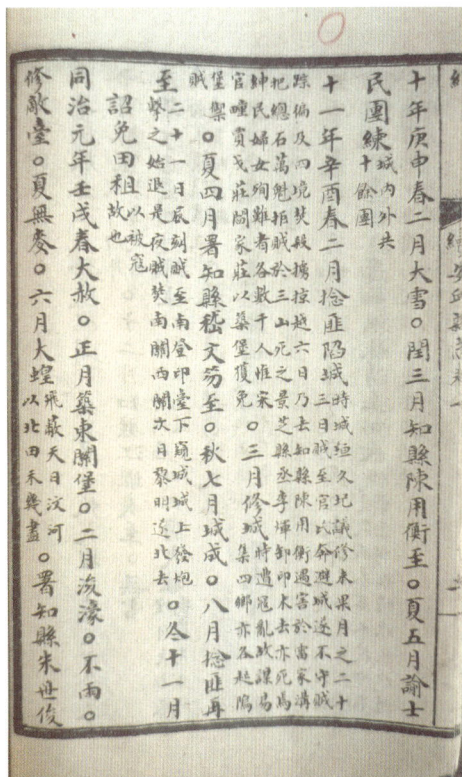

《安丘续新志》中关于捻军进入安丘的记载

安丘因承平日久,迟至咸丰十年夏五月,陈用衡就任安丘知县后,因太平军之盟军捻军屡屡北窥,山东骚动,方成立团练局,城内、城外共组织了十余个民团,由把总石万魁统领。

咸丰十一年(阴历辛酉年)阴历二月十四,张乐行率捻军从山东曹县东进,于阴历二月二十三日(阳历4月3日),从潍县南境进入安丘。"官民奔避,城遂不守"。陈用衡南逃至凌河镇雷家沟,被捻军追上,与随从全部战死。把总石万魁率团练主力退至城南十五里处三山屯,布置防线,抵御捻军。三山屯三面环岭,地势险要,原名青山屯,清初称三山屯,又名三山埠,今改称田家官庄。未几,捻军人马杀到,石万魁力竭阵亡,身边团丁死伤殆尽。

县城西南牟山平地突兀,草高林密,周遭村庄上山避难者不下数万。因山上无泉,困守二日,百姓饥渴难耐,溃散下山。捻军"围而刃之",数里内尸骸枕藉,惨不忍睹,安丘八景之一的"牟山拥翠"亦毁于兵燹。县城附近唯贾阁庄(今贾戈村)因为马秀儒、马云逵父子率众筑起圩墙,得以保全。

阴历二月二十六日,捻军进攻景芝。因为没修圩墙,景芝人将木制二把手车子、犁、

景芝出土铜炮

钯等围起来权当营寨,在街头巷尾进行抵抗。捻军用马队轮番冲击,很快便从东南前疃冲杀进庄。这天恰逢清明节,百姓到处跑,丢了的鸡蛋满街滚。捻军将烧锅、酒肆、商铺、民宅洗劫一空,从南河西村王廷幹(曾任台湾府海防兼南路理蕃同知)家抄出的金银尤多。驻景芝的安丘老县丞李辉卸任未去,亦死于乱军。

捻军攻破景芝,趁势进犯宋官疃。早在咸丰三年,太平军北伐进入山东,山东巡抚张亮基令因事罢归的河南布政使王简"带勇防直东交界"。北伐军败,王简复回老家宋官疃。时南方太平军声势方炽,北方捻军又起,山东一带军情甚急。王简审时度势,率百姓绕宋官疃村筑起一圈高大圩墙。得悉捻军来犯,宋官疃百姓惊恐不安,商议逃走避难。此时王简已去世,其儿子王彦侃"方居母忧",力排众议道:"我能往,寇亦能往,不如守也!"众人纷纷赞同。王彦侃身穿孝服登上圩墙,点将布阵,指挥防御。"见村外避难者麕至,开门纳之。"捻军至,"于圩外挑讧百端,以守御严终不敢逼,赖以免祸者数万人"。

阴历二月二十八日,捻军打到石埠子村,百姓逃散一空。晏峪村鞠殿甲(道光丁酉武举,拣选千总,武探花鞠殿华之弟)于后韩寺庄村东岭埠上截住捻军厮杀,其子鞠佩玉闻讯率乡勇赶来增援。自辰时战至午时,杀死杀伤捻军百余名,鞠家父子亦双双殉难。

捻军驻扎安丘期间,适遇阴雨,百姓落荒,万户萧疏。六日后,捻军进入诸城、高密,又进诸城,经莒州南去。

捻军退走,劫后余生者陆续返回家园。城内缙绅、百姓接受前番久议未果之教训,在四大家族主持下,于阴历三月开始修城。"时遭寇乱,故谋易集。"阴历四月,代理知县嵇文笏到任,加快了施工进度。阴历七月,城垣修复完工。与此同时,"四乡亦各起坞堡御敌"。景芝人赵鹤皋挺身而出,"集乡人议筑景芝堡","首出数千金为经费,并劝从兄弟鹤来等各出巨资"。百姓深受感动,捐钱捐物,踊跃参与,仅仅三个月即筑起一道周长六点五公里的九门圩墙。名士李询言率众在原安丘市王家庄镇李家古城村修筑的圩墙,至今尚存一段长约五百米的残垣。太平山北麓八村百姓公议齐心协力,修筑了太平寨,捻军三次攻打未果,保护了众多百姓。安丘西部解获村在邻村帮助下,仅用一月时间就绕村筑起了一道周长三华里、高十八尺、底宽二十尺、顶宽十六尺的圩墙,村名也由此改为"偕护"(意为共同保护,后演变为偕户)。贾阁庄、宋官疃、阎家庄、景芝、李家古城等村镇的圩子,都能容纳周边数十个村庄的数万或十余万人。景芝、宋官疃两村位于安丘、诸城、高密交界处,诸城、高密两县前来避难者也很多。

是年阴历八月,捻军张宗禹部由莒州复入县境。各村多筑寨自守,民皆入堡,野无所掠。阴历八月十五日,捻军攻打景芝。因为筑起了坚固圩墙,捻军"数窥堡不得逞,依堡避难者十余万人,皆获全"。传言圩墙上有绿袍红脸大汉巡逻,捻军望墙兴叹,站在远处吆喝:"圩子墙倒了!倒了!"事后百姓说:"毛子没打进来,是叫关公吓跑了。"经此变故,景芝镇大街小巷的十字路口、丁字路口都建了关公庙,大庙有三间瓦屋,最小者不满盈尺,在墙壁上垒一个神龛。阴历八月二十一日辰刻,捻军到达安丘城南,登上印台,下窥城池。安丘城壁垒森严,团练兵丁齐聚城墙,连连发炮轰击。捻军无机可乘,后退暂避。是夜,捻军火焚安丘城之南关、西关,绕城北趋,直扑潍县。经激战未克,遂奔走寿光。

同治四年,曾担任兵部侍郎、都察院右副都御史、漕运总督的安丘夏坡村人李湘棻奉命回籍督办团练。他与侄子李莘遇(江南河库道李湘茝之子、拔贡)率民众在留山上垒石筑圩,储粮练兵。数月竣工,"蜿蜒十余里,若石城之状",雉堞俱全,几座山门更是威武雄壮。据说留山上还有一段"坊氏圩

留山《铭德记功》碑

子",系今坊子区一带民众到留山躲避捻军时所建。铭记李湘菜、李莘遇叔侄率众筑墙防捻事迹的《铭德记功》碑至今仍立在留山之巅。

同治五年阴历九月,捻军分为东西两部。张宗禹率西捻军进入陕西,赖文光、任柱(洪秀全赐名化邦)率东捻军继续在中原活动,翌年阴历五月经河南进入山东,安丘一带形势又趋紧张。

同治六年阴历七月,赖文光、任柱率东捻军"由平度南窜突过县境"。未几,直隶提督刘铭传提军赶到,"往来驰击",百姓视若救星,踊跃"馈饷"。此后数月,东捻军"屡由县境奔窜",于粮草给养方面所获不多,最后绕道景芝去了高密。东捻军这次入安,因县城壁垒森严,各乡亦纷筑堡垒,坚壁清野,"故被扰视辛酉岁为轻",但艺术瑰宝庵上石坊却蒙受厄运。任柱率部进入庵上村,看中了石坊上的艺术瑰宝"封侯(蜂猴)拜相",招来军中工匠,将其砸下取走,从此不知所终。

阴历十月,赖文光、任柱再率东捻军由昌乐入安,刘铭传部在城西汶水两岸大破之。东捻军绕城南奔,刘铭传部追至江苏赣榆再破之,任柱亦为叛将所害。东捻军仓皇北返,经安丘去了寿光,在洋河、弥河之间跟淮军决战。是役东捻军两万人战死,一万人被俘,"器械、马匹、辎重,一战而尽",残部由赖文光率领,经安丘南下江苏,在扬州东北湾头、瓦窑铺战败,全军覆没。20世纪后半叶,景芝镇永贞村出土铜炮一尊,炮身铸有铭文"咸丰十一年五月制,重二百斤";金冢子镇出土铁炮一尊,炮身上铸有铭文"同治元年八月,口生寨公铸,二将军重二百斤"。上述两炮均为防捻所铸,是那一段战乱历史的宝贵物证。

王武辉之乱

安丘西南乡曾流传一首民谣："咸丰十年半,长毛来作乱。再往里看,又一篇,安丘西南反了寿山。寿山出了个王武辉,一盼心里坐金銮。张森、张彦保主驾,王殿元的先锋官。"这首民谣讲述的是一段真实的历史。

咸丰十一年农历二月,捻军攻陷安丘城,知县、县丞、把总均死于战事,城乡失序,地方大乱。王武辉乃一介乡霸,遂想入非非,欲称帝坐上金銮殿。王殿元是雹泉村人,和王武辉同族,此人武功高强,在当地大名鼎鼎。张森、张彦系二巨匪,同为北马营村人(该村女子亦多习武),均身手不凡。适逢乱世,人心惶惶,王武辉趁机网罗不少党羽,欲树旗造反。因人马不多,王武辉、王殿元、张森、张彦强迫当地百姓签字画押,加入造反队伍。一时间,气势汹汹,县人惊恐。

农历四月,代理知县嵇文笏到任。他整军备武,地方秩序渐次恢复,又会同夏坡人、在籍景州知州李麟遇亲赴寿山查办王武辉案。李麟遇发现花名册上有六百多人,趁嵇文笏不备,匆匆将花名册烧掉,并对嵇文笏说:"王武辉已逃走,花名册上都是些受胁迫之良民,万不可妄兴大狱!"嵇文笏沉思良久,颔首称是。二人经商讨,责成王殿元戴罪立功,诱捕王武辉及二张等三名首犯。不久,果将张森、张彦捕获,遂就地正法,了结此案。

军屯教案

清同治、光绪年间,天主教、基督教相继青州、烟台、青岛、潍县、高密等地传入安丘。最初落脚点是兴安街道大城埠、黄旗堡镇逄王村、金冢子镇军屯村、南流镇大尚庄、景芝镇朱家沙涝等地。以上述几地为据点,逐渐传至全县各地。美国人狄考文夫妇,是传教士兼教育家,他们一面持经传道,一面创办学校传播西学,对安丘县乃至整个胶东影响巨大。

光绪十五年(1889),美国耶稣教传教士雷音百在金冢子镇军屯村教民赵本初的宅基上修建初等小学堂一所。翌年秋,赵本初通过法国传教士傅天德改入天主教,并索要房基。美、法两国公使均出面干涉,引发了轰动一时的"军屯教案"。

此案虽系本县土地诉讼,但事关美、法两国公使之体面。清总理各国事务衙门(简称"总理衙门""总署""译署")及山东省、青州府和安丘县均参与调停处理。因雷音百不同意将房基归还赵本初,赵本初遂告至安丘县衙。光绪十五年十二月,安丘县衙裁决:着(雷音百)赶紧腾出宅基,归赵本初收回;赵本初出京钱四十吊,作为赔偿耶稣教人助建学屋所费之钱。雷音百转禀烟台道宪,声称宅基不属于赵本初,应归耶稣教会所有。此案遂陷于胶着。

光绪十八年八月二十日,法国公使李梅将上述纷争禀报"总署"。同年9

月 13 日,美国公使田贝亦致函"总署",为雷音百争辩。18 日,田贝又致函"总署"。20 日,"总署"致田贝照会。24 日,山东巡抚福润致函"总署"。28 日,总署致函法国公使李梅。12 月 3 日,山东巡抚福润又致函"总署"。

是案于光绪十八年十二月平息。地基内美教士添修房屋拆毁;赵本初原旧地基房屋作价京钱一百吊,由赵本初出名变卖;前缴县案京钱四十吊交赵本初收回,另购宅基居住;美教士、教民不得再买此宅基地建立教堂。

城工案

咸丰十一年（1861），捻军犯安。因"城垣久圮"，难御兵锋，捻军很快陷城。事后，马秀儒二儿子马云逵（字渐九，马步元之父）提议将安丘城墙由土筑改为砖砌，得到绅民一致赞同。但囿于县内财力，一直未能付诸实施。光绪十五年（1889），知县汪瀛用砖石重修了南北两座城门，同时新建了南北门楼各三间。

光绪十六年，知县刘登云回任（光绪十二年至十三年曾任安丘知县）。因匪患频仍，地方不宁，马渐九会同城内绅士张景南、曹世卿等人再向刘登云提议：将土墙改为砖砌，并加宽加高。刘登云深以为然，并委托马渐九主持其事。随即布告县内百姓随粮（农业税）征收修城费，每亩地征银一两，外加劳务费一吊。布告发出后，县衙即募集劳力在城郊筑窑烧砖，开始动工修城。

相对当时的社会情形，这一举措无可厚非，甚至颇合时宜，却因损害县城之外民众利益（对地主影响最大，对贫民没有影响）而引发强烈反弹。凌河镇圈子村民间讼师王天爵见到布告后，径去县大堂抗议。被刘登云责以"无知乡民，干涉修城大事"，轰出县衙。曾在城里张宅教书的王师傅（苏家庄人①，外号七师傅）告诉王天爵："修城墙一事，系城内张、马、曹几大家族同谋共议，知县只能顺从。要想阻止，只有去说服马渐九，让他回心转意。"王天爵于是去见马渐九,转达乡民意见,劝他停止修城。马渐九说:"时逢乱世,土匪横行,县城是土匪骚扰重点,修筑城墙是为了保护县城内及周边村庄百姓,没有什么理由停止。"王天爵说:"既然修城墙是为了保护县城内及周边村庄的百姓,只让他们缴款就行了,为什么远离县城的乡民也要缴款?"马渐九说:"县城是全县中心,全县乡民出钱出力修城是理所当然的事。"二人话不投机,王天爵摔门而去。回家后,他变卖了仅有的二十亩地,与七师傅四处奔走,发动乡民抗缴修城费。辛庄子秦庆元、秦庆禄,大路村"龙爪子"(外号,真名不详)等人纷起响应。众人公推王天爵为首,联名写了诉状,陈述百姓疾苦,反对征银重修城墙,将矛头对准主持修城的马渐九。

刘登云接到联名状子,只好立案审理。最后以"无理取闹,干涉县政大事"之罪名,将王天爵责打二十大板,逐出公堂。

四乡百姓闻知,纷纷送来银钱,支持王天爵去青州府告状。青州知府早已得到安丘知县方桂芬(光绪十八年春二月到任)的报告,随即将王天爵扣押,扬言维持原判,将王天爵交给安丘县衙处理。消息传回安丘,乡民义愤填膺,联名上诉至省衙。山东巡抚汤聘珍仔细研究了诉状,传谕马渐九、王天爵同去济南对案。

数日后,马渐九、王天爵到达济南。汤聘珍亲自坐堂审理此案。汤聘珍问;"重修城墙本系盛举,因何成讼?"马渐九回答:"安丘城池历来不固,自明朝始,屡为匪陷。安丘地瘠民贫,历任知县爱惜民力,一直没将土墙改为砖砌。这几年县里有了些积蓄,决定办件大事,将土墙改为砖砌,所需费用原本从县存仓谷里出,不料今年收成欠佳,仓内存粮准备赈济贫民度荒,修城费用只得随地丁银摊派,按土地多寡另征。这样做,既修筑了城墙,又让平民百姓能吃上饭。"王天爵回答:"抚台大人,马三爷已把我县境况说明白了。既然年景不好,将要开仓放粮了,那老百姓完成国课后如何有能力再负担修城附加费呢？再说，修城墙也不需要每亩地一两银子外加一点劳务费啊！"汤聘珍听了他俩的说辞，沉吟良久，遂命省布政司传谕安丘知县方桂芬：停修砖城，免征修城附加银两，已缴纳的限期如数退还。历时两年之久的"城工案"就此画上句号。

王天爵因打官司倾家荡产，因担心再遭安丘城绅士报复，迁至临朐县蒋峪一带隐居。

注：①原在大儒林庄村西，两村毗连，1955年跟大儒林合并，原村名消失。

逄王村民众奋起抗德

光绪二十六年（1900）8月，德军进驻高密县城，继而又驻兵岞山、黄旗堡，保护德人修筑胶济铁路。其间，德军令方圆三十里内村庄拆除圩墙，交出武器。百姓义愤填膺，双方矛盾一触即发。

是年风调雨顺，五谷丰登，高家庄村民于农历十月十五日在村中唱戏欢庆丰收，附近村庄群众去看戏者甚多，正在修筑潍河大桥的五十余名德国技工闻讯也前去看戏，并与逄王村民发生冲突。逄王村村民周大训、周荣伦等十余人受伤，德方受伤情况不详。消息传到逄王村，周增录召集群众三百余人，手持蜡秆、土炮等武器赶至高家庄，活捉德国修路技工九人，砸上脚镣，关押在逄王村一家饭店内。第三天清晨，驻岞山德军军官带两名护兵由两名华人引路，前去逄王村解救被扣德国技工。村民得悉，手执武器，将来人团团围住。德国军官下马屈膝，向村民作揖求和。村民不答应，挥舞武器，蜂拥而上。德国人见势不妙，落荒而逃。村民紧追不舍，并施放土炮。德国人开枪还击，周天足等三人被打死，周民德等五人受伤。

事后，安丘官府出面交涉，对九名德国技工作了处理，并令德方出资一千五百吊，作为三名死者的安葬赔偿费。

砸"硝磺局"

　　安丘盛产火硝,质优量大,行销四方,县城内不少贫民靠淋硝、贩硝谋生。1912年9月,有一外来商人在安丘县城开设"华丰公司",主要购销火硝、硫磺。他买通官府,禁止百姓私自出售火硝,由其独家垄断经营。安丘人称该公司为"硝磺局"。"硝磺局"收购火硝用大秤,价格比市价低一半,售价却比市价高一倍。硝民忍无可忍,决心抗争,以维护自己的权益。是年12月,以西关刘宝珍、肖五为首的硝民扛着木杈、扫帚涌入"华丰公司",据理力争。说理无效,便动手开打。公司掌柜中棍逃走,硝民遂将公司内用具砸毁,把剩余硝磺及书有"商号"二字的匾额抬至县城西门外增福庙中,派人去县公署向县知事张登凯报告,请他前来公断。张登凯知道众怒难犯,决定将硝磺按合理价格分售,所得款项部分归硝民,部分作公司本钱,并下令立即吊销"华丰公司"营业执照。数日后,"华丰公司"全班人马离开了安丘。

抗苇笠税

　　安丘编织苇笠,历史悠久,远近闻名,为外销商品之大宗。1913 年麦收前,苇笠上市,买卖颇为红火。城内某人发现利润可观,便打通官府关系,由几个地痞无赖出面设立苇笠行,收取四成九的苇笠税。苇笠市价随之涨高,致使买者稀少,市场萧条冷落。卖苇笠者气愤异常,纷纷挑着苇笠涌进县公署,声言若不取缔苇笠行,就将县公署一火焚之。县知事王正言了解事情原委后,当即答应取缔苇笠行,并在县城荻市街北立石碑一块,上刻:苇笠"永远免税"。

慈母山起义

　　1914 年,安丘遭受严重自然灾害,庄稼歉收,百姓生活艰难。翌年 4 月 8 日,沙里沟村(今属金冢子镇)农民李万清领导关王庙一带农民在慈母山聚众起义。4 月 13 日,义军将石子装在油篓中,盖上红布,四人抬一篓,到栾家庄、店子、慈埠等村游行示威。李万清还在店子集上发表演讲,号召穷人组织起来,向囤积粮食的大户要粮度荒。义军给附近村庄的地主老财传条子,限他们在规定时间内将钱粮送至慈母山,若有违抗,则加倍惩罚。凤凰官庄一户地主收到条子后扬言不交,李万清派二十余人手执武器闯进他家。那位地主惊恐万状,忍气吞声将粮食送去。消息传开,慈母山南栾家庄的八户地主一次即送去粮食两千二百五十公斤,附近店子、龙湾崖、儒林、柿子园等村的地主也纷纷效仿。不长时间,慈母山上就囤积了不少粮食,大大缓解了农民的生存危机。两月后,官府出面弹压,义军溃散。

第九章　美食档案

三页饼

景芝三页饼,因三页如一,页薄如纸,一抖三开而得名。

三页饼以精面粉、细食盐加水和面,外加生豆油,经擀制、鏊烙而成。其成品薄如蝉翼,软如锦绸,焦柔相济,入口筋香,让人百吃不厌,念如故旧。若将其凉透叠起,可数日不爆,柔软如初。卓尔不凡的个性和深厚浓郁的文化,赋予了景芝三页饼以诱人魅力和勃勃生机,历经三百余年而长盛不衰。

三页饼比单饼小,五寸碟般大小,薄薄三层竟比单饼还要薄。上锅一蒸,软软的,分层揭开,卷以香椿、香葱、过水绿豆芽、黄瓜条等,绵软香脆,十分解馋。北方人喜食面食,善做面食,饸面饹饹、手擀面、葱油饼是主食,而三页饼因做工精细,费工费时,列为风味小吃,加以精包装,当作商品、礼品,很受北方人欢迎。闯外的人每次回家,带一些回到各自居住地,分与亲朋好友尝尝,一点儿不会掉面子。

金丝面

金丝面是安丘传统名吃,始于景芝,已有三百多年的历史,与三页饼堪称景芝白案佳品的孪生姊妹,为贩酒客商常用食品。

金丝面色黄丝细,犹如金丝,软硬适度,清香可口。金丝面以精面粉、鸡蛋和食盐为原料,先把鸡蛋打入盆内调匀,再加入精面粉和食盐,和为硬面,擀成透明薄饼,切为细丝,出锅后放入鸡汤内,加适量食醋、芝麻油、海米、胡椒面、香椿末、香菜梗或嫩韭菜等作料。

金丝面含有丰富的蛋白质、淀粉;海米中富含钾、铜和钙,有明目健脑的作用。

绿豆糕

景芝绿豆糕是安丘市景芝镇永和村"德源福"点心铺的特产，该产品的制作技艺已传承数代，久负盛名，如今已走出景芝，远销外地。

景芝绿豆糕制作工艺独特，产品松而不散，软而不黏，富有弹性。味道清香甜美，入口即化。还有消暑解毒、开胃清肺之功能。

景芝绿豆糕分单料、全料两种。单料用绿豆粉和白糖制成。先把绿豆洗净煮熟晒干，而后去皮、磨细、过箩，再按一定比例将绿豆粉和白糖调匀，用细筛筛在特制的蒸笼内，用铲子压平压匀，割成长方块，蒸熟即可。单料绿豆糕味道单纯，清香爽口，适于体弱厌食者食用。全料绿豆糕在单料基础上添加青红丝、玫瑰酱、核桃仁等，多味并重，风味浓郁饱满，适于年长口淡者食用。

豌豆黄

豌豆黄最早出现于安丘城西关,有商户制作于市面出售,因特别适于老人、小孩食用,所以广受好评,声名远播。

豌豆黄外皮柔韧松软,内馅起沙化渣,味道香甜甘美。其主要原料是白豌豆、红糖、精面粉。先把白豌豆洗净晒干,磨成粗踏,去皮筛去细面;把豌豆踏下锅煮至起沙;按一斤豌豆踏一斤红糖的比例,将熬好的红糖放入豌豆踏中;再烧文火使红糖稀慢慢融入豌豆踏中;停火,取出冷却,加少许玫瑰酱等香料调匀成馅;再把发好的面团揉好,擀成皮包馅压扁,最后装笼蒸熟即可。

拔丝油饼

20 世纪 30 年代初由安丘城"大不同"饭庄首创。该食品两面金黄、外脆里软、脆焦溢香、软可抽丝,并有酥炉烧饼、黍米年糕的风味,甫一面世,便极受食客青睐。

拔丝油饼的制作方法是:先把精面粉和成稀面团,擀成圆饼;用香油调和生油、花椒粉、食盐,摊放在圆饼上;摊匀卷起。搓成长条,从两头反向卷成圆饼;拍扁下锅,边烙边拍边翻,烙到两面金黄即可出锅。

石埠子旋饼

石埠子旋饼最早出现于今安丘市石埠子镇一带,具有比较悠久的历史。该面食口感独特,便于保存,特别受商旅之人喜爱。

石埠子旋饼的制作工艺比较复杂,将发酵的面团揉搓成饼状,挤压后放在铁锅或鏊子上烙出硬皮,然后放在一个特制的鏊笼中烘烤,直至烤熟,仅留少量水分。石埠子旋饼从中间向外盘旋,中间部分最薄,外沿部分凸起,明显厚于内里。旋饼小的如我们常见的火烧,大的如锅盖,直径近一米。旋饼因为水分少,干爽,易携带,不易发霉变质。旋饼可干吃,吃时佐以咸菜、大葱,越嚼越香;旋饼还可烩着吃,泡着吃,用羊肉汤泡着吃,口味更好,类似于山西的羊肉泡馍。

至于为什么要把旋饼做得中间薄而周围厚,大约是怕旋饼挤在一起容易发霉变质,这样一来,饼与饼之间就有了较大空间,便于长时间保存。

常家抻面

常家抻面又称"摔面""跌面"，由安丘市兴安街道东关村常氏家族所创。清朝道光年间，常氏先祖从山西迁往山东，在安丘城东关村落户，此后，常家先祖凭借祖传手艺，制作抻面售卖。常家抻面风味独特，爽滑劲道，鲜香清口，因而大受食客欢迎，在安丘城享有盛誉，外地亦有人慕名前来一饱口福。目前，常家抻面已被安丘市人民政府公布为县级非物质文化遗产。

常家抻面制作工艺甚为讲究，根据季节和天气变化，以精制面粉加入一定比例的食盐和碱和成面团，再经摔打抻溜而成，有中细条、宽条、粗条、龙须面等。常家抻面种类较多，有肉丝面、炸酱面、海鲜面、虾仁面等多个品种。

常家抻面所浇汤料堪称一绝。系用家养老母鸡、猪大骨加入八角、桂皮、小茴香等十几种调料熬制而成，为常家抻面增味甚多。

景芝小炒

　　景芝小炒,又叫景芝小炒肉,是传承百年深受民众喜爱的地方特色传统美食,与金丝面、三页饼并称为景芝镇三大名吃。景芝小炒制作技艺起源于安丘市景芝镇。该地地处山东半岛平原,与胶莱平原相接,西傍浯河,东依潍水,海拔平均四十二米。这里属温带大陆性气候,四季分明,气候宜人,土地平坦肥沃,水资源充沛,为历代天然粮仓。湖河滋润的沃野,保持着良好的生态环境,区域内盛产各种果蔬,畜牧养殖业发达,使景芝小炒制作技艺的产生和传承具备了优良的地理优势和丰厚的资源基础。并以景芝镇为核心区域,在民间广为传承运用。

景芝小炒最经典的是香菜炒肉,也叫芫荽炒肉丝。这道菜肉丝鲜嫩,香菜清脆,香气扑鼻。其他还有韭菜小炒肉、蒜薹小炒肉、贡菜小炒肉等。景芝小炒讲究爆炒,热油旺火,快速煸炒。

长期以来,作为具有民间特色的家常菜,景芝小炒制作技艺在潍河流域的安丘、高密、诸城、昌乐等地也被人们不断熟知和掌握。随着影响力的提高,这一技艺在山东省境内的东营、聊城,以及北京市等地亦有传播和传承。

芝畔烧肉

芝畔烧肉是安丘市景芝镇芝畔村独有的著名小吃。相传芝畔烧肉始于明朝中期,此地一刘姓人家率先采用明朝宫廷膳食秘方制作烧肉,迄今已有六百多年历史。1997年被山东省贸易厅评定为"山东名小吃"。

芝畔烧肉色泽橙亮,熏香浓郁,肥而不腻,柔韧适口,食者无不交口称赞。过去多在附近集市销售,现已进入县城及较大集镇,外地慕名来购者亦不少。其主料是猪头和猪肠、肚、蹄、心、肝、肺等。采用明朝宫廷膳食秘方,添

加二十多种香料,经洗、揉、煮、熏、烤等多道工序加工而成。特点是肥而不腻,有烧烤香味。

制作时,先用细盐轻搓几遍,然后放入原汤锅中,煮两小时左右;煮时放入用纱袋包好的豆蔻、砂仁、肉桂、八角、茴香等香料;煮熟后将肉捞出,放在锅内箅子上,加糖熏烤即成。

红烧潍鲤

历史上,潍河一直是流经安丘的主要河流。河内水清沙净,鱼类众多,以鲤鱼最为出名。因此,安丘人的宴席上少不了红烧潍鲤这道名菜。出锅的红烧潍鲤,鲜甜可口,别具风味,远近闻名。

所需原料:鲜活潍鲤一条(七百五十克左右)、肥猪膘一百克、淀粉三十克、精盐二十克、酱油一百二十五克、葱白二十五克、蒜瓣十五克、白糖十克、绍兴酒十克、猪大油七百五十克(实耗一百克)、味精少许。

制作方法:将鱼去鳞、腮、鳍、内脏;冲洗干净,沥干,刬上花刀,浇洒酱油二十五克、盐五克、绍兴酒五克,浸腌片刻;将肥猪膘横刬数刀,切成火柴棍厚的鸡冠肉片,同时,将姜、蒜切片,葱白切成三厘米长牛

耳形待用;再将猪大油放入炒勺,烧至八成热度,把腌制入味的潍鲤分两段(前后两部分)下勺,炸至上色,沥油后放至盘中,炒勺内留油十五克;将鸡冠肉片放入勺内煸炒片时,放入葱、姜、蒜,微炒后加汤五百克、酱油五十克、盐十五克、绍兴酒五克、白糖一百克、味精少许;再将炸好的鱼放入勺内,文火烧三十分钟,使鱼入味;最后用淀粉勾芡汁,将鱼盛于盘内对接成一条,淋浇芡汁即可上桌。

菠菜饼

　　菠菜饼原产安丘市景芝镇，现已成为安丘大小饭店里上桌率较高的一道菜。这道菜的制作方法是：挑选叶子肥厚的生菠菜，与猪肥膘肉、葱姜末混合做成菠菜馅；用手攥成一个个绿色团子，而后在菜团子上敷上薄薄一层面粉，再用手掌将菜团子轻轻按压成一个个小圆饼；在平底锅上倒上油，油烧热后将菠菜饼放入煎熟即可出锅。出锅后的菠菜饼黄中带绿，色泽鲜亮。入口菠菜清香糅合肉脂香气，令人无法停口，蘸米醋食用味道更佳。

酱茄子

　　安丘酱茄子始于清朝年间,民国时期达到极盛,以县内商号"义和恒"所产最为出名。中华人民共和国成立后,酱茄子成为安丘县酿造厂的传统拳头产品。

　　酱茄子系用鲜茄子、曲料和精盐加工制成。先将优质大豆放入水中浸泡,而后拌入洗净的小麦,装锅蒸熟,然后接入米曲霉制成曲面,晒干粉碎,加盐水调匀,做成酱醅。再选老嫩适中、大小相宜的鲜茄子去把、洗净、晾干。最后把茄子与酱醅相间装缸发酵。三个月后倒缸再发酵,腌制九个月即可食用。

　　成品酱茄子呈黄褐色或棕褐色,鲜嫩甘美,酱香浓郁,咸甜适口,略带酸味,肉质松软,风味独特。多盛在条编袖珍小篓或瓷坛内馈赠亲友。

第十章　名酒档案

安丘酿酒史略

　　自宋元以来,安丘民间酿酒者甚多,多为自产自销。清朝末,安丘每年约产烧酒二百五十万斤,其中销往外地一百万斤,在酿酒业享有盛誉。进入民国,安丘酿酒业更加繁荣。据统计,1934年安丘全境有酿酒商号三百多家,年产烧酒四百万斤。

　　因为酿酒获利甚丰,且原料易得,又不愁销路,所以境内较大集镇均有酿酒商号(民间称烧锅),其中以景芝镇最为著名,堪称安丘酿酒业之中心。

　　数百年来,景芝一直就是有名的酒镇、商镇。这里人才济济,物产丰富,经济繁荣,交通便利,曾是山东省淮安(后改称潍安)县县委、县政府驻地,现在是全国重点镇、中国芝麻香白酒第一镇、山东省"百镇建设示范行动"示范镇。

　　景芝镇地处安丘、高密、诸城三市界首。

【景東廳】見景東縣條。

【景芝鎮】在山東安丘縣東南五十里。接諸城高密二縣界。爲往來通路。明萬曆間嘗移萊州通判駐此。清移縣丞駐之。今廢。商業繁盛。產白酒頗著。方輿紀要作景定鎮。誤。

《中国古今地名大辞典》
中关于景芝镇的记载

地势自西而东为丘陵、平原、洼地,主要河流渠河、浯河基本上是西南东北流向。

远古时代,这里是一片洼地。据著名地理学家邹豹君教授考证,它是白垩纪时代形成的安丘、莒县以东大洼的一部分。邹氏在《论山东省地文的沧桑》中说,在距今六十万年左右的"更新世之末,山东气候温和,出现阔叶林,内多桑树,因之又引起中国人的蚕桑事业,奠定了全世界蚕丝事业的基础"。春秋战国时有齐纨,21世纪以前东鲁产蝉翼纱。景芝一向多蚕桑,丝织业当然发达,只是后来才兴起了景芝东洼大片的红高粱和黄土地上丰盛的小麦。又过了许久,这大洼作为潍河的冲积平原加入了胶莱大平原区。镇区东部的地下深层经勘测系古河床,迄今水源丰富,水质优良。深而厚的流沙遍布河床,中间夹有枯烂的古树残枝,并发现过半截桅杆,地下水的流向也是自西南而东北。这不禁让人想起旧时来自镇西南流往镇东北的"运粮河"。据说秦汉时韩信、张良与项羽打仗,为便利运送军用物资,兴工数万开挖了此河。这一工程也对后来的水上交通起了不小的作用。它曾行驶过顺河船,入潍河而径至下营海口。

1957年,山东省文物管理处在镇南发掘出大批珍贵文物,这是我国考古史上的一个十分重大的发现(比命名"大汶口文化"的泰安大汶口遗存的挖掘还早两年)。这一发掘,对于探究景芝古代史有着重大的意义。特别是一系列酿酒、盛酒、贮酒、饮酒陶器的发现和确定,表明了新石器时期的先民东夷人已奠定了配制果酒、黄酒的基础,从而把景芝酿酒史上溯了四千多年。20世纪60年代初,镇东出土过青铜剑,1978年,在镇北大小河北村发现了两处殷商遗迹,镇西也发现过古建筑遗址。据史书载,景芝在唐尧虞舜时代属青州,夏为斟寻国地,商属营州,春秋时分属青、幽二州,战国属齐,秦隶琅琊郡,汉属昌安县,唐宋属密州的安丘、高密、诸城三县分治。元属高密县潍川乡,明朝由青州的安丘、莱州的高密分辖。清代、民国分属诸城、安丘、高密三县(清中叶曾为诸城、安丘、高密、昌邑四县)分理。

镇南彭旺(旧写作彭王)村有汉初诸侯彭越墓,此系口头传说,而镇西的金銮殿岭和九女岭之间,有代替刘邦出降项羽而被杀的功臣纪信之墓,却是见诸史书。该墓早已被盗,墓内浮层仅留黑灰和陶俑。当年韩信于景芝以东潍河河津口斩龙且之战,曾在这一带集结过军队。

景芝街、大付岗、凉台以西均有大土堆,那是古时候传递信息的墩台,每隔十里地一个。这一线是高密、景芝去府进京的官道,鹿村西南、景芝以西还有长亭(也叫官路亭)。20世纪60年代初,镇西的土崖坍塌,现出了古时制造五铢钱的钱模。

清末书法家、学者陈蜚声所著《伏乘》,论证景芝以西的九女岭上和景芝以南的伏留龙山下,有汉代经学大师伏生后裔们的坟墓。伏氏从伏生的九世孙伏湛和伏凤起,分为东武房和安丘房,两房一居伏留村,一居伏戈庄,都出了许多经学家和武将。东武房的名气比较大些,因为大司徒(丞相)伏湛和驸马伏完以及汉献帝的皇后伏寿都是东武房人。伏氏两房从东汉到南北朝末期,历时六七百年,堪称赫赫望族。

唐朝至元代中叶,景芝的史迹虽没发现史书记载,但是曾出现过彼时所建非常堂皇的庙宇,由此推知这一时期景芝各方面都颇为繁荣。前院村一带流传着一首很有参考价值的民谣:"王母寺东一佛堂,相传栋梁是隋唐,年深日久无僧住,满院秋风梨叶黄。"宋代,从密州(今诸城)知州苏轼眼里,看到的是一片"桑麻之野",进一步证明了这一马平川的原野是纺织之乡。

《元史·顺帝本纪》对景芝略有所载,说元顺帝至元三年"立高密县潍川乡景芝社巡检司",这是所见到史书中最早提到"景芝"之名的记载。关于"景芝"命名的由来传说不一,比较普遍的说法是,在宋朝这里的井内生出灵芝来,始名该地为"井芝"。由于谐音字的更替,后来便演化成了"景芝"。有的则说产灵芝时间是在宋朝的景祐年间,那就更附会于"景芝"二字了。有块古残碑的碑文,把景芝的地名写作"芝镇",这可能与"三产灵芝真宝地"的说法有关。灵芝草常生于阴暗处,从井里生出来毫不为怪。有意思的是,"井"也好,"芝"也罢,却都与酒源有关。传说景芝的"松下古井"出神酿,神话中麻姑献寿的酒乃用灵芝所造,而"井""芝"合璧,其意境更为美妙。"赏景客来风也醉,栽芝仙去井还香",这副对联倒像是对上述意境的写照。

景芝当初能设巡检衙门,说明是处要地。据传元朝时有大北门、小北门两层门,且有驻守卫人员的瓮城。当初共有四门,东、西、南门在战争年代遭毁,唯北门残存。几十年前尚在的玉皇阁(俗称"北阁子")就是由元代的北门改建而成的,这说明当初景芝社的规模非一般大社可比。

另外,《赵氏家谱》记下了一件不可忽视的史实,枣强县举人赵太平授安丘县令,赴任途中病故,安葬于景芝后疃(后称"老林埠")。其子遂卜居景芝,赵太平便是景芝赵氏的始祖。因为这里先前闹瘟疫、饥荒,人口稀少了,迁来的移民再与李姓等繁衍成为大户,于是形成了景芝"前疃李后疃赵"的格局。有酿酒评酒专家说,从汾水一带迁来的移民,带来了很先进的白酒蒸烧技术。可见代代相传的烧酒工艺,所谓"景芝古酿越千年"一语,不算无据。

从遗存上说,20世纪30年代末从原景阳门一带即现在的景芝酒厂以东,发现了残存的、像粘连的蛋卷形状的陶器——"因由",它是逃难离乡的人们准备以后认祖归宗用的凭据。精巧的陶器工艺制作,表明它是古代陶业的继承和发展。明万历《安丘县志》也说景芝的瓦缶挺出名。优良的陶器是酿酒的重要器具。1992年在景芝酒厂以西、原东花市街路南住户宅基下面,挖出了元末明初的小烧锅框子和发酵池子,这进一步勾画出了景芝烧酒史上限的大概轮廓。

明代，万历年间的《莱州府志》和《安丘县志》中均出现了"景芝镇"字样。当然，景芝称镇会在此间之前。安丘"明志"还说它是"商渊也"，表明它已是个商镇。

清代的酒政，禁止民间私自踩曲酿酒。但由于景芝处在县与县的"边区"，景芝高烧声望高，获利厚，所以上边屡禁不止。乾隆八年（1743）山东巡抚喀尔吉善给皇帝上奏折，报告中点了景芝的名，说"商贾在于高房邃室踩曲烧锅，贩运渔利……潜藏影射未能尽无"。这是我们发现的关于记载景芝酒的最早文献。其后称扬景芝酒的史志就多起来了。光绪末年的《安丘县乡士志》中在"物产"条目内记道："酒曲以小麦制之……烧酒以高粱制之，出自景芝者最醇，他处所不逮，为特产大宗。"民国四年《山东通志》说安丘的"贸易较繁之区首推景芝镇，南关次之"，"烧酒以安丘景芝镇为最盛"。据《胶济铁路沿线经济调查报告汇编》载，景芝产的酒"酒味香醇，名驰远近"。读清代诸城诗人刘子羽《安丘道中访友》中"桃花流水春开瓮，细雨斜风客到门"诗句，起初不知其所指，待看了台湾出版的李江秋所著的《安丘述略·经济物产》后就明白了。文中说："景芝镇最大宗出产为高粱酒（白乾酒），闻

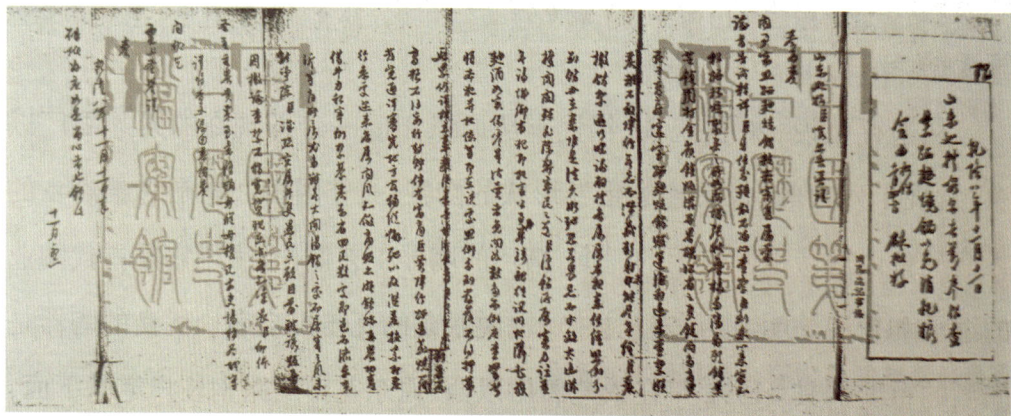

清乾隆朱批（现藏国家第一档案馆）

名左近各县,并远销青岛及东北。最盛时期有烧锅七十二家,品质居全省之冠,不逊于兰陵美酒,有'迎风倒''十里香'及'景芝桃花美酒'等佳名。"原来,这里有传统美酒"桃花瓮"。酿这种酒冬天装料,立春时倒瓮,经过精工制作,桃花开时启瓮,芳醇之味,清新之气,格外令人陶醉。

名酒带动了名吃,形成了昌盛的饮食文化。景芝的三页饼、金丝面、五瓣火烧、潍河鲤鱼、鸡脯丸子、绿豆糕、芝麻片、状元糕等,均工艺独到,风味特出,饮誉海内外。

清咸丰十一年(1861)春,捻军进入景芝镇内。地方官为防捻军再入,遂修筑围墙,将后疃庄划入。围墙周长十里以上,设有阜康、永贞、镇东、众成、启文、景阳、保元、望阙、障浯等九门。镇内除中心街道外,还包括东南前疃、西南前疃、后疃三大部分。

民国时期,景芝镇分属安丘县第三区和高密县第八区,设两个镇公所,分属两县,各行其是。镇内分为东南隅、西南隅、正东隅、正北隅、西北隅五个隅。需要统一办事时,就消除两县的界限。高密部分仅有东南隅和菜园村,绝大部分属安丘。不仅安丘县第三区区公所在镇内,同时还设安丘县公安局景芝分局。景芝镇内统一的地方武装机构叫"景芝镇保卫总局",五隅各设分局,武装人员称保卫团,统一领导,不分县界。商会是商界的群众组织,后来这部分武装人员即改称"商团",由商界供给。景芝在当时不仅是附近的诸城、安丘、高密、昌邑等县土产、粮食的集散地,也是胶济铁路沿线各站及青岛、济南等地烧酒业的货源。每年夏收后,满载小麦的山区独木轮手推车排成长列,前车已到粮食市,后车还在启文门内外,几乎连日不绝。秋天收获了高粱亦复如是。启文门偏在镇之东南,并非交通要道,尚且如此,而在正南面的阜康门里那就更热闹了,推想其他各门也不会冷落。原因是胶济铁路沿线及青岛、济南等地的烧酒厂多在这里收购小麦就地踏成酒曲,收集高粱运去烧酒。他们不仅相信这里出的酒曲和高粱烧的酒成色高,更相信景芝烧酒工人的手艺和经验。往往聘请这里的工人去外地酒厂当把头,这种情形一直延续到 1937 年。

1937 年,日军初进景芝,虽未久驻,而乱象已生。当时原属韩复榘部的山东特别侦探第二大队大队长张步云率部返回诸城、安丘一带,扩编队伍,景芝成为他筹粮备饷的源泉;原潍县县长厉文礼当上了山东省第八区行政督察专员兼游击队司令官,为避日军,率部离开潍县城,窜至安丘乡间驻防,景芝这块"肥肉"他也不肯放过。张部踞镇内,既有坚固围墙可守,又有粮食可恃;厉部则驻景芝周围村庄。双方互相攻击,战乱不止,致使景芝由活地变为死地。之后,张步云投靠日军编为伪军,得到弹药补充,打退厉部。日伪军在景阳门上修筑碉堡,拆除在其射程以内的若干民房,设置障碍,九个大门严密封锁了八个,仅留驻有伪警备队的启文门,出入行人横加盘查。集市完全挪到启文门外已拆除的铁佛寺底子和菜园村去。办事机构由初期的维持会、调办所,改为伪安丘县第三区区公所和伪安丘县景芝镇镇公所,仍分为五个隅。

在此期间,就诸、安、高一带来说,前屯村、王官疃、景芝街等地的抗日活动比较早,而且活跃,贡献巨大,涌现出一批优秀的革命者和爱国者,谱写出了光辉的历史篇章。

1945 年夏,景芝及附近地区陆续解放,即以景芝为中心划为淮安县(后改称潍安县),县委、县府设于镇内,把景芝改为淮安县景芝区区辖镇,将附近村庄划入区内,镇内划成十多个行政村。从此打破了六百多年的数县分治状态,正式统一起来,消除分治造成的隔阂。1952 年 6 月,潍安县并入安丘,将景芝划为直属县的独立镇,当时连菜园村也划到第十六区去了,只保留镇内的阜康、启文、景阳东、景阳西、镇东南、镇东、保元、永贞、红旗、庆安、永和、仁安、保安、太平十四个行政村。1958 年 9 月成立景芝人民公社,将彭旺、东庄子两乡并入,后又将孙孟公社的贾戈庄、于家庄、薛家付岗、高家庄划入。至此,西起王官疃,南至郭岗、东以渠河崖,北含菜园村等,这历代隶属高密的浯、渠、潍水流域的三十多个村庄,就归安丘县景芝公社所辖了。1984 年 4 月撤销公社,改建景芝镇,其范围、面积未变,除镇内的十四个行政村外,周围辖有六十八个自然村。

以前镇内水湾颇多,除在大街上的阜康门里湾,郝宅湾、大湾、小湾等外,尚有九个较大的湾在僻静处,故有"九湾不显"之说。另外在镇东门有个苇园约百市亩,在东南隅、西南隅之间还有一个较小的苇园。这两个苇园常年积水,非上厚冻时不能割苇子。严冬湾里结厚冰,可达半尺,此时各烧酒厂一概不用井水烧酒,派专人在各个湾里砸大冰块,运往厂内装锅,据说用这冰块烧出来的酒质量特别好,极受欢迎。现在景芝酒业内的"松下古井"就与原先镇东门外的大苇园相距不远,厂房也大半建在原先的大苇园上,水塔也是在沉积多年的苇园上面,其水质之优,可以想见。酿酒者用现代科学嫁接传统工艺,所以酒业蒸蒸日上。景芝酒业成了安丘县的经济支柱产业。(该篇作者为李春颂先生,有删改。)

漫话景芝古酿

景芝镇素以酿酒业闻名遐迩。据史料载,自元朝始历代王朝无不派员涉足此地。在这里元朝设巡检司,明朝设通判,清朝设县丞,民国期间设县公安分局和征税专员。从前,景芝镇的酒业是以酿制老酒(亦称黄酒或米酒)为主,后逐渐转为白酒(俗称烧酒),到元末,各酿酒户酿制白酒的小烧锅就已初具规模。进入明朝,白酒的酿酒业户便由少到多,由小到大,由小户分散酿制到数家合作经营。以其酿酒户数和产酒数量、质量而言,已经名冠齐鲁,波及全国。因之,当时景芝酿酒业的财政税收也相当可观,有"日进斗金"的说法。景芝之所以被称为山东古镇,与长期兴盛的酿酒业有很大的关系。

元朝时,景芝的酿酒业都是各家酿制老酒,独自经营,临街房舍开酒店,后院搭棚为作坊。工具很少,只要有一口煮米用的锅,一个发酵用的缸和一个淋酒用的瓮就行。用黍米、麦曲和碾糠作原料。其酿制方法是:先把黍子碾细去糠,用水淘净沙土等杂质后,连同适量清水一起倒入锅内,经生火煮至九成熟,冷到刚烫手时(约九十度)再加入冷却至六十度左右的麦曲,待凉透后装入发酵缸内。根据气温的高低,及时调节室温,以达到糖化发酵的目的。

黍米(俗称黄米)粥在缸中经过糖化发酵后,逐渐变成酒醪,呈现米与水分离状(方言叫"解离")时,就可装入底部钻有圆孔,内铺纱布的瓮(方言叫

淋瓮子)中过滤。装料前用木塞暂把底孔塞住,装好后拨开,从孔中流出的液体即是老酒。

将酒渣取出加入少量的麦曲和水再次装入缸中发酵,再次过滤,直至三四次后只剩余少量酒渣为止。

经过上述工艺酿制的老酒,第一次出的酒度数高,色泽橙黄,酒液黏稠,质量最好。这种酒甘甜醇厚中略带酸味,醇香可口,气味馥郁芬芳,有"喝时不觉醉,出门迎风倒"之说。此酒存放时间越长越好喝,因此,一般当时不出售,只有二淋以下的酒才及时卖出。

到了元末明初,老酒的酿造业逐渐衰落,为新兴的白酒业所替代,原来的老酒作坊大部分改为酿制白酒。当时用小烧锅酿制白酒，规模比较小，工具也比较简单。用如同做饭用的两口大锅(一口作底锅，一口当浮锅)，一个木甑，一个接酒盘和发酵用的几个大瓮。原料很单纯，只用高粱、麦曲和谷糠。其工艺流程也很简单。当时，这种小规模的白酒作坊遍布景芝镇各个街巷，多达上百家。其经营方式多是单一的，相当现在所谓的前店后厂。

到明朝中叶，景芝镇的酿酒业逐步繁荣起来。原来各家各户的小烧锅，已远远不适应发展的需求，而这种小本经营的酿酒户多是农工商相兼，农业的丰歉直接影响到酿酒业兴衰。可是当时的农业生产经受不了水旱灾害的袭击，时丰时歉，极不稳定。因此有许多经营酿酒业的小户破产而被大户所兼并，部分小户不甘心被兼并而走向了联合酿制各自出售的道路。这样逐步趋向酿制和销售两相分开的局面。由一二百家各户酿制的小烧锅，演变成数十家大烧锅，他们的财力、物资、厂地都相对地集中了。出房屋厂地的时称"房主"，有酿酒工具负责经营酿造的称"锅主"，受锅主雇佣来烧酒的劳力称"烧包子"。烧包子当中又分"大把头""二把头""瓮把头""打水的""锨上""打灰的"(打杂)等。大把头负责全面工作，如联系"排日"，观看酒的成色，分发工资等。二把头分工装甑、搅锅、烧火等烧酒流程的具体工作、瓮把头负责对酒糟的装出池(瓮)和酒糟的发酵等。打水的分管挑水。锨上分管晾酒糟和运料。打灰的分管买办饭菜、打糟和帮二把头搅锅、烧火、装甑等。他们都明确分工，各司其职。

经营白酒的商号，事前把小麦磨碎加水在模子里踩成块状，发酵制成曲，把高粱也磨成喋子。另外将谷糠(或高粱糠)、烧柴等也准备好，然后和烧酒厂的大把头联系排定日期，交上所规定的加工费。轮到商定的"排日"时，只派人到厂子里照料着，待酒酿出后就送到店铺里，缴上官钱(营业税)就可卖酒。

经过上述变革,景芝酿酒业有了一次大的飞跃,主要是酿酒手工业和白酒贸易的分开,作坊成了白酒加工厂。酿酒作坊虽然相对减少了,可是产酒数量却较 前增加了几倍甚至十几倍,其质量也有很大的提高,因之,官钱事费(财政税金)也增加了不少。据明万历《安丘县志》载,全县每年"酒税课银一百锭四贯",而景芝镇的酒税居全县首位。

景芝的酿酒业,在上述生产关系的变动过程中,酿酒工具也有很大的改进,除把原来用的小底锅改成大的平沿底锅外,甑筒、浮锅等工具也都由小改大。所用发酵容器,天气热时用瓮,冷天则改用发酵池。

那时酿制白酒的流程是屋内挖一个二至三米深的方形大坑,名曰火坑,在火坑壁上建炉,有一火道经炉底直通烟囱。炉上安置平沿大底锅,底锅之上放甑,并固定封好使其不漏气。甑内放一竹篦子。把锅里的水烧开以后,把发酵好的酒糟和原料、谷糠等拌匀,慢慢装入甑内。装甑时不能操作过急,以不漏气为原则,如果发现哪里冒气就先往哪里装。甑装满后,先把比甑周围宽出十公分,中间有出气孔的木盘放到甑上,把锡制的接酒盘放到木盘上,再抬上浮锅(壶状,中空,底悬,底部边沿有一排水孔)。浮锅内添足冷却水,并慢慢搅动。甑内的酒糟经蒸馏产生酒气,气体上升遇冷结成水珠就是白酒。这白酒顺浮锅底壁流入接酒盘内,再顺着接酒盘嘴流到酒篓里。如浮锅内的冷却水温度过高时就更换凉水。当换第二锅水后刚接的酒叫二锅头,口味比较醇和。

以上所述酿酒工具的运用、酿制白酒的工艺流程,一直沿用到解放前夕。在此期间,除对烧酒锅的大小,甑的粗细等略有改动和配料比例有所变动外,其他方面基本上没有变更。可是,由于旱涝、瘟疫等天灾人祸而使景芝的酿酒业易主、移地等现象却时有发生。

由于社会的安定或动乱,农业的丰产或歉收等原因,使得酿酒业也时兴时衰。到清末民初景芝著名的烧酒厂子有"井东""松树底""南棚""益太场""下崖""庙角子""南苇湾""西高场""巷子里""南楼""明楼""家庙东""明楼后""西草市""郝家湾""元隆场""后牛市"等十几家。而产酒数量多质量好的厂子要数"井东""松树底""南棚""益太场""下崖"等几家。

每个烧酒厂子为经营白酒的商号投料加工的家数多少不一，多者二十几家，少者几家或十几家。根据商号的资本和经营规模，每次投料加工的数量也不同。

烧酒厂子的"大把头"要根据同客户所协商时间的早晚，投料的多少，气候的寒暖，安排加工的具体日期。按来料能装甑的次数而分为烧"五甑""六甑"或"七甑"不等。

酿制白酒的具体过程是将已经发酵的酒醅从池子里或瓮里取出，再按比例拌入已粉碎的高粱和谷糠（或高粱糠），拌匀后装甑蒸馏而出酒。所出的酒称"大查酒"。将"查"的糟不加新料再投入池中，待一个发酵周期后取出，蒸馏所得的酒叫"回酒"。将"回"的糟再投入池内，经过发酵后取出，为了松散只拌入少量的糠，再蒸馏出酒。这第三道工序叫"挑"，"挑"的糟便成废料。

所有工序烧出来的酒都叫原酒，将"查""回""挑"三道工序所出的酒混合在一起，存放一段时间后才能出售。

酒在卖时要现看成色（酒度）。在过去没有测量酒内含酒精多少的仪器，只好用眼睛观看酒的透明度和"酒花"来判断"成色"。

观测的方法是用酒提先向聚口（锡制漏斗）内量入十等份酒，拿聚口的手中指堵住聚口嘴，暂且不使酒漏出，待酒倒足后放开中指，上下提拉，使通过聚口嘴流到提内的酒泛起泡来。这时细心观察"酒泡"的多少和停留时间的长短以确定酒的成色。酒的成色术语有"三站""四跑""五没有"。"三站"是酒泡在提内停一段时间才破灭。这样的酒十等份只能加入三等份水为直浆。"四跑"是酒泡从提中央滑到提周围然后消逝。这样的酒十等份能加入四等份水为直浆。"五没有"是在观测时大酒泡很快破碎,酒提内没有酒泡和水泡,这样的酒十等份能加入五等份水为直浆。

另一种观测方法是根据原酒的成色掺入不同数量的水,使混合酒达到一定的标准(直浆),以原酒与所掺水的比例来确定原酒的质量。其具体方法是先提入十二等份酒,再逐等份加入水,通过两手提拉看混合酒流入提内冲出的酒泡。加入五等份水时是"直浆",其名为"十二个五"。用以上方法再各加一等份原酒和水,即十三等份酒掺入六等份水为"直浆"的,其名为"十三个六"。按"直浆"为标准的酒,相当于现在仪器所测的五十度左右。以上观测方法,一直沿用到中华人民共和国成立前夕。

清朝中叶景芝镇内经营白酒较为著名的铺号有"益太""元隆""协和""益利""德源""德茂""太和""德顺""洪太"等。以上铺号资本较雄厚,多数本身是经营白酒业者又兼酿酒的"锅主"和"房主"。后来由于人口的繁衍而分户和市场的竞争等原因,先后出现过很多经营白酒的商号。如"益"字号的有"益太""益隆""益盛""益昌太";"茂"字号的有"德茂""广茂""益茂";"德"字号的有"德源""德元复""德顺";"太"字号的有"太和""太和顺""太和楼""太和信"等。另外还有"三顺""风顺""慎源""瑞源""天和太""顺和"

南校场烧锅遗址

"日升祥""永源""汇丰""中和""德聚""源盛永""广盛永""元亨利""裕兴""益源""华昌和"等。到民国初年,景芝镇经营白酒较兴盛的商号要数"太和""裕兴""裕顺"等几家。单"裕兴"一家,经常把自己酿造的白酒和其他土特产用火车运出,而把"洋广杂货"和东北的高粱运回景芝。"裕华"和"太和"两家还各自都有发电机和粉碎烧酒原料用的粉碎机,这是当时一般商号所望尘莫及的。(该篇作者为冯培基先生,有删改。)

醉世神工

景芝白乾酿造工艺特征

甲、原料（高粱、小麦）粉碎要求"梅花瓣，无跑生"。

乙、整个操作过程的工具虽然很原始，但不用铁制工具。

丙、配料要求"无团糟、无白眼"，入池发酵根据季节与气温变化，合理调整水分和酸度。

丁、糊化要求"熟而不粘，内无生心"。

戊、传统制曲多集中于夏季踏制，俗称"伏曲"。踏曲时，先在曲模内放入三片半干而柔软的苘叶，放入曲坯后，上面再盖一片叫三页瓦带顶叶，和曲坯一起踏实后，苘叶就像曲的一层衣，可以保持曲块的水分，使曲皮很薄。成品曲好的有三道（火）圈；曲香浓郁、皮薄，是优质中温曲。

己、酿造工艺：窖池，传统的方式是冬天在土池里发酵，一到桃花盛开时节，把池子用土填上，在原地放一排排大瓮当发酵容器，这是一种砂质的陶器，高约一米，直径一米二，瓮口用配套的大盆（叫瓮头）扣住，瓮头之下的酒醅上面要泥上一层泥，瓮口也用泥封住。夏季，可以用凉棚遮阴，酷热时可以喷水降温。秋季，寒露前后，就把填了的池子掘出来，加以修整，酒醅又入池发酵。这样可以使发酵保持较适宜的温度,以第一排上甑酒最好,叫"桃花甑酒"。

庚、配料:最显著的特点是淀粉浓度高,估计在百分之二十五之百分之三十,用糠量小,当时用的是谷糠,估计用量百分之十以下。蒸馏装甑用簸箕,用普通大锅当底锅,立式炉灶,烧木柴、高粱秸、干草之类,蒸馏缓慢。冷却用的是天锅,所以酒的温度较高,天锅的冷却水温度升高就要换水,出甑时向甑内泼热浆,出甑后的散热是在地上晾凉的,其间也翻一下,但不是扬片的方式,可以推断其入池温度较高,入池水分百分之五十左右。加曲的数量百分之三十左右。曲的粉碎也比较特殊,先用铡刀或曲刀切碎,切碎的小块白天晾晒,晚上放雾露,几天后用旧木车轴砸碎,而后用石磨磨细使用。总的看,入池的淀粉浓度高,水分小,酸度大,用曲量大,用糠量小,出酒率约百分之三十。

辛、装甑(将拌好的酒醅装进蒸锅)要求"轻、松、匀、薄、准、平"。

景阳春酿造工艺特征

景阳春采用典型的五粮浓香酿造工艺,以景酒千百年代代相传的二十一字纯粮酿造真经为基础:粮必精、水必甘、曲必陈、器必洁、工必细、储必久、管必严。

风格特点上,尤以"三香"(闻着香、入口香、回味香)、"三正"(酒体正、酒味正、酒香正)的独有风格成为鲁酒的浓香鼻祖。

酿酒原料方面,景阳春使用的是优质小麦、玉米及东北生产的高粱,江淮一带生产的大米和糯米,多种原粮合理配比,是景阳春酒丰满、醇甜、爽净的基础。

酿造用水方面,景阳春的酿造用水取自地下深井水,经山东省地矿局检测分析,酿酒用水已经达到矿泉水标准,被定名为"山东景芝饮用天然矿泉水"。

一品景芝酿造工艺特征

一品景芝之所以能形成珍稀的芝麻香,与其独特的发酵酿造工艺是分不开的。总结其生产酿造工艺要点可为二十四个字:清蒸续碴,泥底砖窖,大麸结合,多微共酵,三高一长(高氮配料、高温堆积、高温发酵、长期贮存),精心勾调。

清蒸续渣工艺:

为了驱除粮食中的邪杂味,增加产品的净爽感。即原料粉碎后,先用水润料,再与刚出甑的热糟按比例混匀,闷堆,蒸料,出甑后再与蒸酒后的糟醅按比例混合,通风晾渣,加水、曲和生香酵母,拌匀堆积,入窖发酵。

泥底砖窖发酵容器:

一品景芝酒独特的芝麻香型风格,与窖池的独具一格是分不开的。一品景芝酒发酵窖池为泥底砖窖,既有别于浓香型白酒的泥窖发酵,又有别于清香型白酒的地缸发酵,与酱香型白酒的碎石窖或条石窖,具有相似性,只是泥底砖窖用的人工窖泥栖息了数量更多的己酸菌、甲烷菌等窖泥微生物,使一品景芝酒乙酸乙酯的含量高于其他香型白酒。

大麸结合、多微共酵:

大麸结合、多微共酵是芝麻香型白酒保持"芝麻香突出,诸味协调,丰满细腻,回味悠长"之特性的关键工艺,是一品景芝酒传统工艺之精华。

高氮配料：

芝麻香型白酒的生产，主要原料除高粱外，还辅以适量的小麦、麸皮，以提高发酵过程中的氮碳化，可使蛋白质的含量提高百分之十以上，有利于吡嗪类化合物的形成，对芝麻香型白酒的独特风格具有十分重要的作用。

高温堆积：

高温堆积是对芝麻香型白酒工艺的一大改革。根据一年季节气温变化，适当调节堆积高度和堆积形状，以利于粮糟的老熟，当堆积糟表层生出大量的白色斑点，酵母菌大量增殖，即可翻堆入池，此工艺可使有益菌大量繁殖，同时抑制细菌、霉菌、放线菌等有害细菌的生长。

高温发酵：

高温堆积培养了大量的微生物，其中不乏耐高温的假丝酵母和细菌等。这些耐高温微生物的大量存在，使高温发酵成为可能。高温发酵又为芝麻香型白酒香味成分的最终生成创造了良好的发酵条件。

长期贮存，精心勾调：

蒸馏出的原酒必须在地窖中贮存老熟，准确掌握在贮存过程中的变化规律，确立合理的贮存时间，使酒体达到丰满醇厚以及独特的芝麻香味。

后 记

甲辰立秋,金风初始,《兰台之魅》终于在广大读者的期盼声中杀青付梓了。尽管从本书的策划、组稿、编写到出版社编辑的三审三校,几经易文,几易其稿,心头虽感忐忑,但还是颇感欣慰。

《诗经》云:"维桑与梓,必恭敬止。"以何种态度对待历史,是一个厚重而又鲜活的命题;现代历史学家、国学大师钱穆在其皇皇巨著《国史大纲》的"引论"中曾言:"凡读本书者请先具下列诸信念……尤必附随一种对其本国已往历史之温情与敬意。"改革开放以来,国人历史观念的最大变化,就是重树了这种对历史的"温情与敬意"。所谓"温情",是对前人的理解与崇敬,对传统的热爱与继承。所谓"敬意",则是在历史面前应有的严肃、忠诚和敬重态度,不存半丝弄虚作假或亵渎之心。

安丘是华夏古文明发祥地之一,数千年历史风云在这块热土上留下了独特记忆。这些记忆以古迹、文物、史料、谱牒等形式长久留存,可以统称为历史档案,这是一笔无法估量的精神财富,值得后人发掘、研究、整理。作为档案管理人员,我们有责任承担这一历史性的突破。

今天编纂、出版的这本《兰台之魅》,是全体编委会成员对档案管理工作的一个重要总结,我们在对历史档案的整理、搜集、研究方面注重史实资料,追本溯源,孜孜矻矻,反复推敲,力求完美,以期达到"对历史负责,为现实服务,替未来着想"的目标。同时"抛砖引玉",意求吸引更多的人们热爱档案、参与档案、研究档案、剖析历史、泽润后世,让更多的人看到对吾土吾民光辉发展历程有更加深刻的热爱和自豪。

浩瀚的历史档案在岁月的长河中慢慢留下了很多支流,透过纷繁复杂的表象发掘历史真相不是一件容易的事。由于流传下来的版本记载各有不同,甚至有矛盾和冲突,我们还是恪守"史德",在治学态度上力求严谨,博古通今,四处搜寻有关史料古籍,尽可能排除主观干扰,但由于"史才"、"史学"、"史识"所限,加上时间、精力等方面的因素,本书许多地方可能不尽完美,纰漏和错舛势难避免,恳请方家、读者不吝指正。

本书在编写过程中,得到冯金玉、王振山、辛如杰、牛鹏志等多位专家学者的支持、帮助。特别是中共安丘市委党史研究中心主任陈鑫同志,不惮劳烦,条分缕析,使我们获益良多,为本书增光添彩。在此,一并表示崇高敬意和衷心感谢!

编 者

二〇二四年八月